전국시대 다이묘들

증보판

일본사傳 ①

전국시대
다이묘들

구태훈

HUMANMAKER

차례

증보판을 내면서   7
책을 내면서   11

제1부 전국시대와 다이묘   17

CHAPTER1. 전국시대란 무엇인가?   19
CHAPTER2. 오닌의 난   30
           – 전국시대의 문을 연 내란
CHAPTER3. 전국시대를 수놓은 다이묘들   54

제2부 하극상 시대의 풍운아   71

CHAPTER1. 호조 소운   75
           – 떠돌이의 성공담
CHAPTER2. 사이토 도산   96
           – 나라를 훔친 기름 장수

CHAPTER3. 마쓰나가 히사히데　　　　　　　　116
　　　　　- 악역무도한 자의 대명사
CHAPTER4. 모리 모토나리　　　　　　　　　151
　　　　　- 권모술수의 화신

제3부 불세출의 영웅　　　　　　　　　　187

CHAPTER1. 일본인이 숭배하는 난세의 맞수　　189
CHAPTER2. 다케다 신겐　　　　　　　　　　209
　　　　　- 인사의 귀재 용병의 달인
CHAPTER3. 우에스기 겐신　　　　　　　　　256
　　　　　- 의리에 살고 정의를 위해 싸운 생애

참고문헌　　　　　　　　　　　　　　　　302
무로마치 시대 연표　　　　　　　　　　　305
인물별 연표　　　　　　　　　　　　　　310
색인　　　　　　　　　　　　　　　　　　322

증보판을 내면서

　전국시대는 일본 중세中世의 '겨울'에서 근세近世의 '봄'으로 크게 전환하는 과도기였습니다. 오다 노부나가·도요토미 히데요시·도쿠가와 이에야스는 전국시대 후반에 활약한 인물이었습니다. 그들의 일대기를 조명하는 것이 곧 일본 근세로의 여정을 추체험하는 가장 좋은 방법일 것입니다. 그래서 필자는 그동안『오다 노부나가』(2018년 4월)·『도요토미 히데요시』(2022년 11월)·『도쿠가와 이에야스』(2023년 10월)를 잇따라 출간했습니다.

그런데 필자는 『오다 노부나가』와 『도요토미 히데요시』를 출간한 후에야 전국시대의 실상을 우리나라 독자들에게 설명할 필요가 있다는 것을 절감했습니다. 전국시대는 무로마치 막부의 권력이 제대로 기능하지 못했던 시기로, 일본 각지에서 다이묘라는 호걸들이 일어나 세력을 다투던 시대였습니다. 이러한 시대를 이해하지 못하면 노부나가·히데요시·이에야스는 왜 그런 생각을 했고, 그렇게 행동할 수밖에 없었는지 알 수 없습니다.

필자는 독자에게 전국시대의 실상을 간략하게 소개하면 된다는 가벼운 마음으로 『전국시대 다이묘들』(2023년 3월)을 세상에 내놓았습니다. 그래서 이 책과 『오다 노부나가』·『도요토미 히데요시』·『도쿠가와 이에야스』는 내용의 깊이는 물론 서술 방식도 다릅니다. 세 권의 책은 연구자들이 참고해도 무방하지만 『전국시대 다이묘들』은 일반 독자가 재미있게 읽을 수 있도록 쓴 교양서입니다. 독자에게 '읽는 맛'을 선사하기 위해 소설식 글쓰기 방식을 도입했습니다.

『전국시대 다이묘들』을 출간한 후, 필자가 조명한 여섯 명의 다이묘 중에서 특히 다케다 신겐과 우에스기 겐신에 관한 내용이 소략하다고 비판하는 독자들이 많다는 것을 알고 신선한 충격을 받았습니다. 우리나라 독자 중에도 신겐과 겐신에 대하여 깊이 알고 싶은 분들이 생각보다 많다는 사실에 고무되었습니다.

이번에 다케다 신겐과 우에스기 겐신에 관한 내용을 보완했습니다. 제2부에 등장하는 네 명의 인물들보다 구체적인 내용을 추가했습니다. 지면이 늘어나면서 새로 등장한 인물과 생소한 지명이 읽는 재미를 반감시킬 것입니다. 하지만 천천히 읽으면서 내용을 음미하면 다케다 신겐과 우에스기 겐신을 누구보다도 잘 알 수 있게 될 것입니다. 나아가 『오다 노부나가』·『도요토미 히데요시』·『도쿠가와 이에야스』를 읽을 수 있는 기초가 다져질 것입니다.

필자가 이 책을 내면서 『일본무장열전日本武将列伝』3·4(秋田書店, 1972)을 비롯한 구와다 타다치카桑田忠親가 집필한 전국시대 다이묘 관련 서적을 참조했습니다. 여기에 호조 소운은 사오토메 미쓰구早乙女貢, 사이토 도산은 하라다 도모히코原田伴彦, 모리 모토나리는 구와다 타다치카, 다케다 신겐은 닛타 지로新田次郎, 우에스기 겐신은 난조 노리오南條範夫 등의 서술 방식을 참고했습니다. 이들의 글은 모두 『人物日本の歴史9 戦国の群雄』(小学館, 1975)에 수록되어 있습니다.

필자가 인용한 사료는 『명장언행록名将言行録』1·2(岩波書店, 1943년 초판)에 실려있는 내용입니다. 이 책은 다테바야시번館林藩의 무사 오카노야 시게자네岡谷繁実(1835~1920)가 1854년부터 1869년까지 15년의 세월에 걸쳐서 집필한 역작입니다. 연구자료로 이용하기에 충분하다고 할 수는 없지만, 전국시대 다이묘들의 언행과 일화를 생동감 있게 표현했습니다. 전국시대 다이묘들의 삶을 조명하는 데 이보다 나은 사료는 없다고 할 수 있습니다. 필자가 선별한 사료가 독자들의 호기심을 자극하는 촉매제가 된다면 더 바랄 것이 없겠습니다.

2023년 10월

구 태 훈

책을 내면서

역사가는 정제된 사실을 과거라는 시간 속에 논리적으로 배열하는 작업을 합니다. 배열은 시대구분時代區分 즉, 역사의 흐름을 일정한 기준에 따라 나누는 작업입니다. 장과 절을 구성하는 작업이기도 합니다.

시대구분은 관점에 따라 여러 설이 있으나 흔히 원시, 고대, 중세, 근대, 현대 따위로 구분합니다. 서양사나 한국사 연구자들은 3분법 즉, 고대, 중세, 근대라는 시대구분 방법을 채용하는 경우가 많습니다. 그런데 일본사에서는 중세와 근대 사이에 근세近世라는 시대를 설정합니다.

근세는 정치사적으로 에도江戶 시대 즉, 도쿠가와 이에야스가 에도 막부를 개설한 1603년부터 메이지 정부가 성립한 1867년까지이지만, 전공에 따라 시대를 달리 구분하기도 합니다. 경제사적으로는 오다 노부나가 시대부터 메이지 시대 전기까지, 사상사적으로는 17세기 중엽부터 18세기 말까지로 구분하기도 합니다. 문화사적으로는 또 다른 구분법이 있을 수 있습니다.

일본사의 근세를 3분법에 적용한다면, 중세라는 '틀'에 포함할 수밖에 없을 것입니다. 그런데 일본의 근세는 중세적인 가치 · 질서 · 양상으로 모두 설명되지 않습니다. 근세라는 '틀' 속에 이미 근대적인 가치 · 질서 · 양상이 두드러지게 드러나 있었기 때문입니다. 일본사에서 근세와 근대는 연속선상에서 파악하는 것이 오히려 자연스럽습니다. 이에 비하여 중세에서 근세로 이행하는 과도기에는 다른 세계의 역사에서는 볼 수 없는 비약 · 단절 현상이 비교적 선명합니다. 그래서 중세와 근세는 연속선상에서 파악할 수 없는 경우가 적지 않습니다.

시대구분 방법에 3분법만 있는 것은 아닙니다. 2분법으로 구분하기도 합니다. 연구자에게 시대를 2분법으로 구분하라고 하면, 그들의 대부분이 근대와 전근대로 구분할 것입니다. 특히 서양사에서는 전근대에서 근대로 이행하는 과도기를 전환 축으로 하여, 그 이전과 이후의 세계가 질적으로 명확하게 구분됩니다. 물론 일본사도 2분법으로 구분할 수 있습니다. 그러나 그 경우에 중세에서 근세로 이행하는 과도기의 비약·단절이 근세에서 근대로 이행하는 과정에서의 그것보다 너무나 두드러집니다. 요컨대, 일본사에 2분법을 적용하려면 근대와 전근대보다 고대·중세와 근세·근대로 구분하는 것이 오히려 합리적일 때가 있습니다.

1921년 교토제국대학 사학과 교수 나이토 고난內藤湖南이 「오닌의 난에 대하여」라는 주제로 강연했습니다. "대체로 오늘날의 일본을 알기 위해 일본의 역사를 연구하는 데에는 고대의 역사를 연구할 필요가 거의 없습니다. 오닌의 난應仁の乱 이후의 역사를 알고 있으면 그것으로 충분합니다. 그 이전의 일은 외국의 역사와 같은 정도로밖에 느껴지지 않지만, 오닌의 난 이후는 정말로 우리들의 신체골육身體骨肉에 직접 영향을 미친 역사입니다. 이것을 제대로 알아두면 그것으로 일본 역사는 충분하다고 할 수 있습니다."

오닌의 난은 슈고守護 가문의 후계자 지위를 둘러싼 내분이 원인이 되어 일어난 내란이었습니다. 내란은 1467년부터 77년까지 11년간 이어졌습니다. 내란을 거치며 일본의 심장부라고 할 수 있는 교토京都와 그 주변 지역이 폐허로 변했습니다. 또 내란은 일본 사회가 크게 변화하는 계기가 되었습니다. 장원제도가 붕괴했습니다. 교토에서 700년 이상 살던 귀족이 몰락했습니다. 천황은 물론 무로마치 막부의 쇼군

將軍 권위가 실추했습니다. 이 무렵부터 막부는 다이묘大名들을 통제할 수 없게 되었습니다. 전국시대戰國時代가 개막되었습니다.

전국시대는 난세 또는 하극상 시대라고도 합니다. 이 시대의 주역은 다이묘였습니다. 이 시대는 승리만이 존립을 보장하는 시대였습니다. 다이묘들은 부국강병 정책을 추진하며 군사력을 길렀습니다. 무력을 앞세워 이웃한 다이묘나 호족의 영지를 침탈하며 지배 영역을 확장했습니다. 독자적인 법률을 제정하여 민중을 일원적으로 지배하는 다이묘가 등장했습니다.

하극상 시대를 마무리한 것은 오다 노부나가의 후계자 지위를 쟁취한 도요토미 히데요시였습니다. 히데요시가 활약했던 시대 역시 신분제 사회였지만, 신분제와 상극이라고 할 수 있는 능력주의가 잠시 허용된 시대였습니다. 능력주의는 전국시대가 가져다준 '특별한 선물'이었습니다. 재능이 있으면 신분이 비천한 자도 무사가 될 수 있었고, 실력이 있으면 출세하여 일본 최고지도자의 지위에 오를 수 있었습니다.

하극상은 '위'에서 보았을 때는 기존의 가치와 질서를 파괴하는 힘이었습니다. 기득권을 일거에 날려버리는 공포이기도 했습니다. 하지만 '아래'에서 보았을 때는 새로운 가치와 질서를 창조하는 힘이었습니다. 새로운 시대를 단박에 여는 희망이기도 했습니다. 오닌의 난은 '아랫것들'이 출세할 수 있는 무대의 막을 연 역사적인 사건이었습니다.

이 책의 집필 목적은 센고쿠다이묘戰国大名의 일생을 조명하는 것입니다. 그러나 모든 센고쿠다이묘가 살다 간 자취를 추적할 수 없는 일입니다. 그래서 먼저 그들이 활동했던 무대라고 할 수 있는 전국시대가 어떤 시대였는지 알아보고, 그 시대의 문을 연 오닌의 난 전개 과정을 살펴보았습니다. 그리고 일본 열도 각지에서 두각을 나타낸 센고쿠다이묘 가문의 역사를 간략하게 소개했습니다.

그 다음에 여러 센고쿠다이묘 중에서 특히 여섯 명 즉, 호조 소운, 사이토 도산, 마쓰나가 히사히데, 모리 모토나리, 우에스기 겐신, 다케다 신겐 등을 가려내어 그들의 일생을 조명해 보았습니다. 앞의 네 명은 하극상의 화신으로 일컬어지는 존재이고, 뒤의 두 명은 많은 일본인들이 숭배하는 인물입니다.

필자는 2018년 4월에 『오다 노부나가』(휴먼메이커), 2022년 11월에 『도요토미 히데요시』(휴먼메이커)를 출간했습니다. 노부나가와 히데요시는 전국시대의 마지막을 장식했던 인물입니다. 특히 도요토미 히데요시는 전국시대에 종지부를 찍었습니다. 노부나가와 히데요시를 좀 더 깊이 이해하려면 전국시대를 헤쳐나온 다른 다이묘들을 조명할 필요가 있다고 생각했습니다.

순서가 바뀌었지만, 이번에 『전국시대 다이묘들』이라는 책을 출간하게 되었습니다. 독자들에게 조금이나마 도움이 되었으면 합니다.

2023년 봄

구 태 훈

제1부

전국시대와 다이묘

CHAPTER1. 전국시대란 무엇인가?

　일본 중세는 무사 사회의 도료棟梁 즉, 지도자 가문이 막부幕府를 열고 천황과 조정의 통치권을 빼앗아 일본을 다스리던 시대였다. 11세기 말부터 무사들은 미나모토씨源氏와 다이라씨平氏를 지도자 가문으로 받들었다. 두 가문은 권력을 놓고 다퉜으나 12세기 말에 미나모토노 요리토모源賴朝가 다이라씨 정권을 멸망시키고 최후의 승리를 쟁취했다. 1192년 7월 미나모토노 요리토모가 정이대장군征夷大將軍에 취임하면서 가마쿠라 막부鎌倉幕府를 열었다. 일본인들은 정이대장군을 줄여서 쇼군将軍이라고 했다. 가마쿠라 시대(1192~1333)를 중세 전기로 구분한다.

1333년 5월 가마쿠라 막부가 멸망했다. 그 후 가마쿠라 막부 타도에 앞장섰던 고다이고 천황 後醍醐天皇(재위:1318~39) 이 약 2년 동안 정권을 잡았다. 고다이고는 모든 정치 질서를 가마쿠라 막부 성립 이전으로 되돌리려고 했다. 가마쿠

미나모토노 요리토모

라 막부 타도에 공을 세운 무사들이 불만을 품었다. 1335년 10월 아시카가 다카우지足利尊氏(재위:1338~58)가 고다이고 천황에게 반기를 들었다. 다카우지는 천황을 받드는 세력을 물리치고 1336년 11월에 독자적인 법률을 제정하며 사실상 무로마치 막부室町幕府를 열었고, 1338년 8월에 정이대장군에 취임했다. 무로마치 막부는 1573년 7월 오다 노부나가織田信長에 의해 멸망했다. 무로마치 시대(1336~1573)를 중세 후기로 구분한다.

전국시대는 원래 중국 주나라 위열왕 때부터 진나라 시황제가 천하를 통일할 때까지를 이르는 시대 개념이었다. 이 시기에 중국이 여러

지역으로 분할되었고, 각 지역에서 군웅이 나타나 왕을 칭했다. 중국인들은 정치 질서가 무너진 이 시대를 전국시대라고 했다. 일본의 역사가들은 무로마치 시대 후기 일본 사회가 중국의 전국시대와 같은 난세라고 보았다.

전국시대의 구분 또는 기간에 정설이 있는 것은 아니다. 오닌의 난応仁の乱이 일어난 1467년 5월부터 도요토미 히데요시豊臣秀吉가 전국을 통일한 1590년까지를 이르기도 하고, 1491년 호조 소운北条早雲이 이즈伊豆(시즈오카현 남부)에서 자립한 때 또는 1493년 4월 호소카와 마사모토細川政元가 무로마치 막부의 10대 쇼군 아시카가 요시타네足利義稙를 폐하고 아시카가 요시즈미足利義澄를 11대 쇼군으로 추대한 메이오明応의 정변 때부터 오다 노부나가가 아시카가 요시아키足利義昭를 받들고 교토로 입성한 1568년 9월에 이르는 기간을 말하기도 한다.

다이묘大名라는 명칭은 원래 장원제도와 깊은 관련이 있었다. 장원 중에 묘덴名田 즉, 경작자의 이름을 붙인 토지를 많이 점유한 자를 다이묘타토大名田堵라고 했다. 그런데 무로마치 막부 초기부터 무너지기 시작한 장원제도는 15세기 중엽 오닌의 난이라는 미증유의 혼란기를 거치며 완전히 무너졌다. 그 후 다이묘는 일본 열도의 토지를 나누어 점유하고 다스린 권력자를 일컫는 용어로 사용되었다. 그런데 무로마치 시대 다이묘와 1603년 2월 도쿠가와 이에야스가 에도江戸(도쿄)에 막부를 개설한 후, 일본 각지의 지배권을 부여한 200여 명의 다이묘는 그 성격이 달랐다. 전자는 막부의 통제를 거의 받지 않았다. 그만큼 독립성이 강한 지역 정권이었다. 그러나 후자는 에도 막부의 강력한 통제를 전제로 독립성이 용인된 지역 정권이었다.

무로마치 시대의 다이묘는 시기에 따라 슈고다이묘守護大名와 센고쿠다이묘戰國大名로 크게 구별한다. 15세기 후반의 정치·사회적 격변기를 전환 축으로 하여, 그 이전을 슈고다이묘, 그 이후를 센고쿠다이묘로 나누는 것이 일반적이다. 매우 거친 표현이지만, 슈고다이묘의 영지와 권력은 무로마치 막부의 쇼군이 부여한 것이고, 센고쿠다이묘의 그것은 스스로 쟁취한 것이었다.

슈고다이묘는 가마쿠라 시대의 슈고守護에서 유래했다. 1185년 11월 미나모토노 요리토모는 고시라카와 법황後白河法皇(1127~92)을 협박하여 전국에 슈고를 임명할 수 있는 권리를 얻어냈다. 8세기 초 조정은 율령제에 따라 일본 열도에 66개 구니國를 두었는데, 막부는 원칙적으로 1개 구니에 한 명의 슈고를 임명했다. 슈고의 지위는 세습되었다.

슈고의 직무는 오반야쿠大番役의 독려, 모반자 검거, 살인자 체포 등이었다. 오반야쿠는 천황이 있는 교토와 쇼군이 있는 가마쿠라의 경비를 담당하는 임무였다. 슈고에게는 지배지의 고케닌御家人 즉, 가마쿠라 막부의 쇼군에 직속한 무사를 지휘할 수 있는 권한이 있었다. 대사원의 조영과 수리, 도로와 숙역을 정비하고 관리하는 것도 슈고의 일이었다. 슈고는 지배지의 치안을 유지하면서 지방관의 역할도 겸했다. 막부는 슈고가 고케닌들과 주종관계를 맺는 것을 엄하게 금했다.

14세기 중엽부터 남북조 내란이 이어졌다. 무로마치 막부는 슈고가 다스리는 지역에 거주하는 무사에 대한 지배권을 광범위하게 위임했다. 특히 막부는 슈고에게 군량미와 조세를 징수할 수 있는 권한을 위임했다. 이 무렵부터 다양한 방법으로 장원과 공령公領을 탈취하여 직접 지배하는 슈고가 늘어났다. 슈고는 지배지 내의 지토地頭 즉, 장원을 관리하며 치안과 징세 업무를 담당하던 무사는 물론 호족도 지배했다. 이와 같이 지배지를 사유화한 슈고를 가마쿠라 시대의 슈고와 구별하여 슈고다이묘라고 한다.

그런데 슈고다이묘는 원칙적으로 교토에 상주하면서 슈고다이守護代 즉, 영지에 거주하면서 슈고다이묘의 직무를 대행하는 가신에게 영지의 지배권을 다시 위임하는 경우가 대부분이었다. 슈고다이는 현지에서 대를 이어 실권을 행사하면서 권력과 부를 축적했다. 그들 중에는 경제력과 군사력이 슈고다이묘를 능가하는 자도 있었다.

오닌의 난 후, 무로마치 막부는 일본 사회를 총괄하는 공권력으로 기능하지 못했다. 일본 사회는 정치·경제·사회적 변혁기에 접어들었다. 슈고다이묘의 영지에서 정변의 위기가 고조되었다. 그러자 교토에 상주하던 슈고다이묘들이 자신의 영지로 내려가 성을 쌓거나 저택을 마련하고 그곳에 머물러 살면서, 그동안 슈고다이에게 맡겨두었던 영국을 직접 경영했다. 이 무렵부터 슈고다이묘가 무로마치 막부의 통제에서 벗어나기 시작했다. 무로마치 막부의 지배력이 미치는 범위는 교토와 그 주변 지역으로 한정되었다.

무로마치 막부의 존재가 유명무실해진 것과 동시에 슈고다이묘의 가신·호족에 대한 지배력이 현저하게 저하되었다. 오닌의 난 때 슈고들이 오랫동안 교토에 주둔하면서 가신·호족에 대한 통제력이 느슨해졌고, 재정 상태가 부실해진 것이 직접적인 요인이었다. 몇몇 슈고다이묘는 부국강병 정책을 추진하고, 권력 기반을 강화하며 센고쿠다이묘戰國大名로 거듭날 수 있었지만, 이미 오닌의 난 기간에 스스로 몰락하거나 가신에게 권력을 빼앗긴 슈고다이묘가 늘어났다.

주군의 영향력에서 벗어나 자립을 모색하는 슈고다이묘의 가신·호족이 늘어났다. 그들 중에서 슈고다이묘를 살해하거나 몰아내고 영지를 차지하는 자가 출현했다. 이들이야말로 하극상을 되풀이하며 권력의 정점에 도달한 전형적인 센고쿠다이묘였다. 센고쿠다이묘는 무로마치 막부의 쇼군에게 지배권을 승인해 달라고 요청하지 않았다. 인접한 다이묘나 호족이 다스리는 지역을 침략하면서 영토를 확장했다. 스스로 법을 제정하여 영토와 농민을 일원적으로 지배했다.

전국시대는 하극상 풍조가 만연한 난세였다. 그러나 이 시대가 반드시 암흑기였던 것만은 아니었다. 분열 성향이 극에 달하면서 통일을 지향하는 움직임이 나타났다. 전란이 끊이지 않으면서 정치력과 권위를 상실한 귀족 또는 귀족화한 상층 무사 가문에 대신하여 아래로부터 치솟아 오르는 세력이 대두했다. 이 책에서 조명할 호조 소운, 사이토 도산斎藤道三, 모리 모토나리毛利元就 등과 같은 인물이 바로 전국시대에 혜성같이 등장한 호걸들이었다. 그들의 활약으로 중세적 가치·권위·질서가 무너지고, 근세적 가치·권위·질서가 싹을 내밀었다.

전국시대의 투구와 갑옷

전국시대는 근세 사회를 맞이하기 위한 과도기였다고 할 수 있다. 이 시기에 (1) 토지제도의 개혁이 있었다. 전국시대 다이묘들은 토지의 면적과 생산량을 파악하기 위해 겐치検地 즉, 토지조사를 시행했다. 겐치는 에도 막부의 막번체제幕藩體制 즉, 쇼군과 여러 지역의 다이묘가 협력하여 일본 열도를 다스리는 정치체제의 기초가 되었다. (2) 화폐폐경제가 발달했다. 전국시대 다이묘들은 광산을 개발하여 금·은을 채굴하고, 그것으로 금화와 은화를 주조했다. (3) 도시가 발달했다. 오늘날 일본의 지방 도시 대부분이 전국시대 다이묘들이 건설한 조카마치城下町 즉, 다이묘가 거성 주변에 조성한 도시에서 유래했다. (4) 상

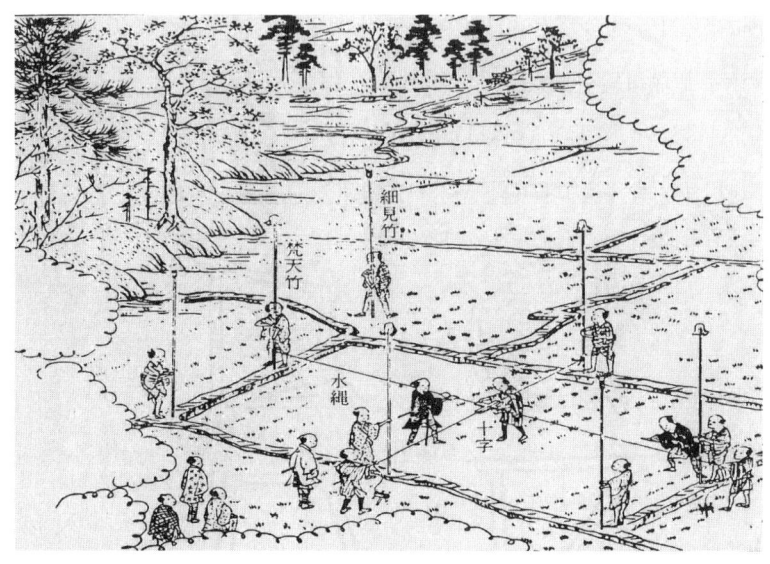
겐치 풍경

공업이 발달했다. 다이묘는 상공인을 조카마치로 유치하기 위해 그들에게 토지를 지급하고 부담을 면제하는 등 과감한 상공인 우대 정책을 추진했다. 상공인들이 자유롭게 활동할 수 있는 환경이 조성되었다. (5) 교통이 발달하고 도로가 정비되었다. 특히 통행세가 폐지되면서 상공인들의 활동 범위가 넓어졌다. 민중이 큰 어려움 없이 일본 각지를 여행할 수 있게 되었다.

전국시대에 다양한 문화가 일본 사회에 뿌리를 내렸다. 전국시대 다이묘의 문화 정책에 힘입어 다도, 예능, 미술, 공예 그리고 정원 등 일본의 전통문화가 꽃을 피웠다. 특히 무라타 주코村田珠光(1432~1502)가

모래와 돌로만 조성한 竜安寺 정원

선禪의 정신을 다도에 접목하면서 와비차詫茶의 세계를 열었다. 다실을 장식하기 위해 꽃꽂이가 발달했다. 주택 내부에 도코노마床の間 즉, 일본식 방 한구석에 바닥을 한층 높게 만든 공간의 벽면에 족자를 걸고, 바닥에 꽃병, 도자기, 투구와 갑옷 등 다양한 장식물을 배치하는 문화가 보급되었다.

16세기 중엽부터 포르투갈과 스페인 상인들이 일본을 왕래했다. 그 영향으로 일본인들이 서양 문화를 접할 수 있게 되었다. 서양인들이 일본을 왕래하면서 크리스트교가 전파되었다. 서양의 상인과 선교사들은 종교·문학·회화뿐만이 아니라 과학, 의학, 지리 등 학문 발달에

1. 전국시대란 무엇인가? 27

성모상

프란시스코 사비에르 초상

상륙하는 포르투갈 선원들

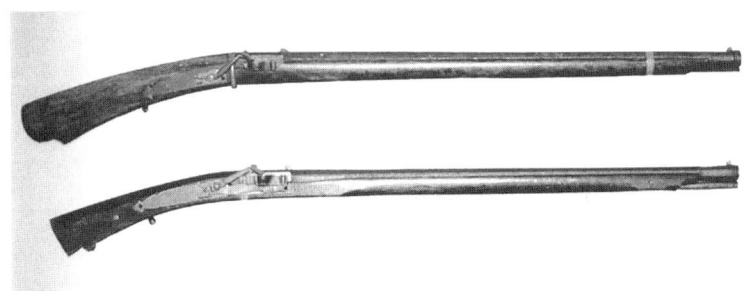

서양에서 전래한 화승총(위),
일본에서 제작한 화승총(아래)

크게 공헌했다. 서양 문화가 일본인의 언어, 풍속, 생활 등에도 적지 않은 영향을 미쳤다.

뎃포鉄砲 즉, 화승총이 전래된 것도 전국시대였다. 1543년 8월 명나라로 향하던 포르투갈 배가 규슈의 남쪽에 있는 섬 다네가시마種子島에 표착했다. 그 배에 타고 있던 포르투갈 상인들이 뎃포를 갖고 있었다. 다네가시마의 영주 다네가시마 도키타카種子島時堯(1528~79)가 거금을 주고 뎃포 2정을 손에 넣었다. 도키타카는 가신에게 화약 제조법, 기술자에게 총기 제조법을 배우게 했다. 뎃포는 다시 사카이堺(오사카부 사카이시)로 전해졌다. 그 후 뎃포는 사카이뿐만 아니라 구니토모国友(시가현 나가하마시), 히라도平戸(나가사키현 히라도시) 등에서 생산되었다.

1. 전국시대란 무엇인가? 29

CHAPTER2. 오닌의 난
- 전국시대의 문을 연 내란

　무로마치 막부의 정치기구는 가마쿠라·에도 막부의 그것과 달랐다. 교토에 있는 무로마치 막부의 쇼군과 가마쿠라에 설치한 가마쿠라부鎌倉府의 간토쿠보関東公方가 권력을 나누어 가진 이원적 구조였다. 가마쿠라부는 주로 간토 지방과 그 이북을 지배하는 막부의 분신이라고 할 수 있었다. 간토쿠보의 지위는 무로마치 막부를 창립한 아시카가씨 일족이 세습했다.

그런데 교토의 쇼군 가문은 물론 가마쿠라의 간토쿠보 가문도 권력 기반이 취약했다. 무로마치 막부는 유력한 슈고들의 연합정권이라는 성격을 띠고 있었다. 막부는 간레이管領라는 직책을 두었다. 간레이는 막부의 쇼군을 보좌하며 정치를 총괄했다. 오늘날 대한민국의 총리에 해당하는 직책이라고 할 수 있다.

특정한 슈고 가문이 간레이에 취임했다. 무로마치 막부 초기에는 시바씨斯波氏와 호소카와씨細川氏가 교대로 간레이에 취임했다. 그러나 1398년 6월에 하타케야마 모토쿠니畠山基国(1352~1406)가 간레이에 취임한 이후에는 시바씨, 호소카와씨, 하타케야마씨가 교대로 간레이에 취임하는 것이 관례가 되었다. 간레이는 퇴임한 후에도 쇼군의 자문에 응하는 등 항상 권력의 중심에 있었다.

1408년 5월 무로마치 막부의 3대 쇼군 아시카가 요시미쓰足利義満(재위:1369~95)가 사망하면서 쇼군의 권력이 점점 약화했다. 1423년 3월 막부의 4대 쇼군 아시카가 요시모치足利義持(재위:1394~1423)가 물러나고 아시카가 요시카즈足利義量(1407~25)가 5대 쇼군에 취임했으나 재위 3년 만에 사망했다. 1429년 3월에 아시카가 요시노리足利義教(재위:1429~41)가 6대 쇼군에 취임했다. 그러나 6대 쇼군 요시노리는 1441년 6월에 살해되었다. 가키쓰의 난嘉吉の乱이었다.

오닌의 난은 무로마치 막부가 무너지는 계기가 되었다. 막부 창립 초기부터 쇼군 가문과 간레이 가문에서 내분이 끊이지 않았다. 무로마치 막부의 쇼군은 유력한 슈고의 경제력을 압도하는 직할지나 자산을 보유하지 않았다. 쇼군 권력은 슈고를 통제하지 못하면 약화할 수밖에 없는 구조 위에 놓여 있었다. 3대 쇼군 아시카가 요시미쓰를 제외하면, 슈고를 위압할 수 있는 실력을 갖춘 쇼군이 거의 없었다. 쇼군은 유력한 슈고 세력을 견제하면서 가까스로 권력을 유지했다. 쇼군이 슈고를 통제할 수 없는 상황에 직면했을 때, 언제든지 내란이 일어날 가능성이 있었다.

오닌의 난은 무로마치 막부의 쇼군 가문과 간레이 가문의 당주 지위 승계 문제가 일시에 표면화되면서 촉발했지만, 내란의 원인은 이미 가키쓰의 난 때부터 싹트고 있었다. 무로마치 막부의 5대 쇼군 요시카즈가 요절하자, 출가한 그의 숙부 요시노리가 환속하여 6대 쇼군에 취임했다. 요시노리는 여러 명의 후보자 중에서 한 사람을 고르는 추첨방식으로 선임된 인물이었다. 슈고들이 6대 쇼군 요시노리의 명령에 따르려 하지 않았다. 그러자 쇼군 요시노리는 폭력을 앞세워 권력을 강화하려고 했다. 잔혹한 행위도 서슴지 않았다. 소송을 제기한 20여 명의 농민을 모두 죽이고, 간토쿠보의 가족을 몰살하고, 출가한 동생을 죽이기도 했다. 귀족은 물론 무사들도 쇼군 요시노리를 경원했다.

6대 쇼군 요시노리는 간레이 가문의 상속 문제에도 관여했다. 시바 가문과 하타케야마 가문의 후계자를 물러나게 하고, 다른 사람이 후계자가 되게 했다. 시시키四職 즉, 막부의 군사를 통솔하고 교토의 치안과 징세 업무를 관장하는 장관에 취임할 수 있는 야마나山名・교고쿠京極・잇시키一色 가문의 후계자도 폐하고, 다른 사람에게 후계자 지위를 물려주라고 명령했다. 6대 쇼군 요시노리의 폭정에 피해를 입지 않은 것은 호소카와・아카마쓰赤松 가문뿐이었다. 아카마쓰 가문의 당주 아카마쓰 미쓰스케赤松満祐(1381~1441)는 하리마播磨(효고현)・비젠備前(오카야마현 남동부)・미마사카美作(오카야마현의 동북부)의 슈고를 겸하고 있었다. 6대 쇼군 요시노리는 아카마쓰 가문이 강성해지는 것을 경계했다.

항간에 쇼군 요시노리가 아카마쓰 가문을 멸망시키기 위해 군사를 움직인다는 소문이 돌았다. 당시 쇼군 요시노리는 간토쿠보의 가족을 몰살한 후, 대사원과 유력한 슈고의 저택을 순회하면서 위세를 부리고 있었다. 6대 쇼군이 아카마쓰 미쓰스케의 저택을 방문하여 연극을 관람하고 있을 때, 미쓰스케의 동생 아카마쓰 노리시게赤松則繁(1400~48)가 가신들을 거느리고 6대 쇼군을 급습하여 목을 베었다. 아카마쓰 미쓰스케가 선수를 친 것이다. 이것이 가키쓰의 난이었다.

아카마쓰씨 일족은 6대 쇼군의 수급을 장대에 매달고 본거지 하리마로 돌아갔다. 아카마쓰 미쓰스케는 쇼군 요시노리를 암살해도 슈고들이 자기편을 들 것이라고 믿었다. 그러나 그것은 오산이었다. 아카마쓰 가문의 영지를 노리는 슈고들이 적지 않았다. 특히 다지마但馬(효고현 북부)・이나바因幡(돗토리현 동부)・호우키伯耆(돗토리현 중부・서부)를 다스리던 야마나 모치토요山名持豊(1404~73)는 이 기회를 놓치지 않았다. 6대 쇼군이 살해된 지 한 달이 되었을 때, 야마나 모치토요가 "쇼군의 원수를 갚자."고 외치며 군대를 움직였다. 다른 슈고들도 아카마쓰 미쓰스케 토벌에 합류했다.

막부군이 아카마쓰군을 사방에서 포위했다. 그러자 아카마쓰씨 일족 중에 미쓰스케를 배반하고 막부군에 합류하는 자들이 나타났다. 가문의 통솔자 미쓰스케가 사라지면, 그 대신에 하리마·비젠·미마사카의 슈고가 되려는 야심을 품은 자들이었다. 그런데 가장 먼저 미쓰스케의 수급을 올린 것은 야마나 모치토요였다. 모치토요는 원래 다스리던 다지마·이나바·호우키·이와미石見(시마네현 서부)·빈고備後(히로시마현 동부)에 아카마쓰 미쓰스케의 영지 하리마·비젠·미마사카를 더하여 8개 구니国를 영유하게 되었다.

6대 쇼군 요시노리가 살해된 후, 아시카가 요시카쓰足利義勝(1434~43)가 7대 쇼군에 취임했으나 2년 만에 사망했다. 그의 뒤를 이어 7살 난 아시카가 요시마사足利義政(재위:1449~74)가 8대 쇼군에 취임했다. 요시마사는 정치에 관심이 없었다. 정치는 간레이나 측근에게 위임하고 자신은 놀이에 빠져 지냈다. 8대 쇼군 요시마사 시대에 쇼군 가문과 간레이 가문의 후계자 다툼이 원인이 되어 오닌의 난이 일어났다.

8대 쇼군 요시마사는 오닌의 난의 주역은 아니었으나 혼란을 자초한 인물이었다. 그는 매우 우유부단한 성격이었다. 슈고들의 요구를 거절하지 못했다. 측근과 간레이의 주장을 그대로 받아들였다. 쇼군 요시마사의 부인은 귀족 가문의 딸 히노 도미코日野富子(1440~96)였는데, 그녀는 매우 자유분방하고, 자기주장이 강하고, 자비심이나 수치심이 없는 여인이었다. 쇼군 요시마사는 도미코의 참언에 휘둘려 모친을 추방형에 처한 다음, 귀양지로 호송하는 도중에 죽이라고 명령한 자였다. 히노 도미코가 사실상 막부의 정치를 좌지우지했다.

8대 쇼군 요시마사가 15살이 되었을 때 하타케야마 가문에서 후계자 지위를 둘러싼 소동이 일어났다. 하타케야마 모치쿠니畠山持国(1398~1455)는 조카 마사나가政長(1442~93)에게 당주의 지위를 물려주었는데, 그 후 모치쿠니의 첩이 아들 요시나리義就(1437~91)를 낳았다. 마음이 변한 모치쿠니는 조카 마사나가를 몰아내고 아들 요시나리에게 하타케야마 가문의 대를 잇게 했다. 그러자 당시 간레이 지위에 있던 호소카와 가쓰모토細川勝元(1430~73)가 마사나가를 비호하고, 하타케야마 가문의 가신들에게 소송을 제기하라고 부추겼다. 8대 쇼군 요시마사는 호소카와 가쓰모토의 진언을 수용하여 하타케야마 모치쿠니에게 아들 요시나리와 절연하라고 명령했다. 몇 년 후 하타케야마 마사나가가 간레이에 취임했다. 하지만 쇼군 요시마사의 마음이 언제 변할지 알 수 없었다.

8대 쇼군 요시마사가 30살이 되었을 때, 그는 쇼군의 지위에서 물러나 여생을 편안하게 보낼 생각에 골몰해 있었다. 그와 히노 도미코 사이에 자식이 없었다. 1464년 12월 쇼군 요시마사는 이미 출가한 동생 아시카가 요시미足利義視(1439~91)에게 환속하여 자신의 후계자가 되라고 권유했다. 쇼군 요시마사는 다음과 같이 말하며 천지신명에게 맹세했다. "네가 환속하여 쇼군 가문의 대를 잇는다면, 만일 훗날 내가 아들을 낳아도 어릴 때 출가시킬 생각이다. 쇼군의 후계자는 절대로 바뀌지 않을 것이다." 그러자 요시미가 환속하여 쇼군의 후계자가 되었고, 그의 후견인으로 호소카와 가쓰모토가 임명되었다. 그런데 바로 다음 해인 1465년 11월에 히노 도미코가 아들 요시히사義尚를 낳았다.

8대 쇼군 요시마사의 처지가 난감해졌다. 그는 이미 동생 요시미에게 어떠한 일이 있어도 쇼군 지위를 물려주겠다고 약속했다. 그런데 히노 도미코는 자기가 낳은 아들에게 쇼군의 지위를 물려주지 않으면 안 된다고 말했다. 그녀는 이미 쇼군의 지위에서 물러나기로 작정한 요시마사에게 계속 그 자리에 머물도록 설득하는 한편, 당시 일본에서 가장 강력한 무력을 보유한 야마나 모치토요에게 아들 요시히사의 후견인이 되어달라고 부탁했다.

야마나 모치토요는 히노 도미코의 요청을 기꺼이 받아들였다. 모치토요는 아카마쓰 마사노리赤松正則(1455~96)를 견제하려면 히노 도미코의 지원이 필요하다고 생각했다. 마사노리는 가키쓰의 난을 일으킨 아카마쓰 미쓰스케의 조카였다. 모치토요는 미쓰스케의 목을 벤 후, 아카마쓰씨 일족을 철저하게 소탕했다. 그런데 마사노리가 살아남아 8대 쇼군 요시마사의 총애를 받고 있었다. 더구나 호소카와 가쓰모토와 하다케야마 마사나가가 아카마쓰 마사노리를 비호했다. 가쓰모토는 야마나 모치토요의 사위였지만, 8대 쇼군 요시마사의 측근이면서 쇼군의 동생 아시카가 요시미의 후견인이기도 했다. 야마나 모치토요는 히노 도미코의 편이 되어 호소카와 가쓰모토와 하타케야마 마사나가를 정계에서 몰아내고, 마사나가의 적인 하타케야마 요시나리를 후원하기로 작정했다.

이 무렵에 간레이 가문의 하나인 시바 가문에서도 후계자 승계를 둘러싸고 내분이 일어났다. 시바 가문의 당주가 사망했지만, 가문을 이을 아들이 없었다. 그래서 일족인 오노 모치타네大野持種(1413~75)의 아들 요시토시義敏를 후계자로 맞아들였다. 하지만 가로家老 가이씨甲斐氏 · 아사쿠라씨朝倉氏 · 오다씨織田氏가 요시토시를 탐탁하게 여기지 않았다. 당시 8대 쇼군 요시마사는 이세 사다치카伊勢貞親(1417~73)를 총애했는데, 사다치카의 여러 첩 중에 가이씨의 누이가 있었다. 세 명의 가로는 그녀를 통해 요시토시가 시바 가문의 상속자가 되는 것이 불가하다는 소송을 제기했다.

8대 쇼군 요시마사는 가로들의 뜻을 받아들여 시바 요시토시斯波義敏(?~1508)를 추방했다. 세 명의 가로들은 시바 가문의 일족 시부카와씨澁川氏 가문에서 요시카도義廉를 맞이하여 후계자로 삼으려고 했다. 그런데 당시 이세 사다치카가 특히 총애하던 또 다른 첩이 요시토시의 첩과 자매 관계였다. 시바 요시토시는 첩을 통해서 이세 사다치카에게 자신을 사면해 달라고 청원했다. 8대 쇼군 요시마사는 요시토시를 사면했다. 요시토시가 시바 가문의 당주 지위를 승계했다. 쇼군 요시마사는 시바 요시카도斯波義廉(1445~?)에게 거주하는 저택을 요시토시에게 넘겨주라고 명령했다.

이 무렵 야마나 모치토요는 시바 요시카도를 사위로 맞아들였다. 쇼군 요시마사가 요시카도에게 저택을 양도하라고 명령했다는 소식을 들은 모치토요는 분노했다. "상식에 어긋난 명령에 복종할 필요가 없다. 설령 쇼군의 명령이라도 상관없다. 내가 요시카도의 저택으로 들어가 쇼군이 보낸 사자와 일전을 불사할 것이다." 모치토요는 자신의 영지에서 군사를 불러 전투 준비에 들어갔다. 시바 요시카도도 저택의 경비를 강화했다.

야마나 모치토요의 가신들은 주군이 쇼군과 맞서는 것이 두려웠다. 13명의 가신이 모치토요에게 다음과 같이 간언했다. "막부의 명령에 따르지 않으면 가문의 앞날이 위험합니다. 위를 향하여 활을 겨눈다면 우리는 모두 출가하겠습니다." 모치토요가 다음과 같이 말했다. "윗물이 맑아야 아랫물이 맑다. 정치가 어지러우면 백성이 복종하지 않는다. 쇼군의 부친이며 6대 쇼군이셨던 아시카가 요시노리가 아카마쓰 미쓰스케에게 살해되었을 때, 그 원수의 목을 벤 것이 바로 나다. 부친의 원수와는 하늘을 함께 이지 않는다고 했거늘, 아카마쓰 마사노리를 친근하게 대하는 쇼군이 아닌가? 나는 쇼군을 받들고 제멋대로 행동하는 놈들을 모두 쳐서 울분을 달랠 것이다." 일본 최고의 실력자 야마나 모치토요의 일갈에 8대 쇼군 요시마사는 두려움을 느꼈다. 쇼군 요시마사는 시바 요시카도를 사면하고, 이세 사다치카 일당을 유배형에 처했다. 아카마쓰 마사노리는 자취를 감췄다.

8대 쇼군에 맞서 승리한 야마나 모치토요의 다음 상대는 간레이 하타케야마 마사나가였다. 마사나가에게 대항하기 위해서는 하타케야마 가문의 상속 싸움에서 패배하여 산속에 숨어지내는 하타케야마 요시나리를 교토로 불러들일 필요가 있었다. 모치토요는 히노 도미코에 청하여 요시나리를 사면했다. 1466년 12월 하타케야마 요시나리가 5000여 명의 군사를 이끌고 교토로 돌아왔다.

하타케야마 요시나리가 상경한 후, 8대 쇼군 요시나리의 마음이 변했다. 해가 바뀌어 1467년 새해가 밝았다. 슈고들은 정월 초하룻날에 쇼군을 알현한 후 간레이 가문이 마련한 음식을 먹고, 초이틀에는 간레이 가문의 저택을 방문하는 것이 예부터의 관례였다. 그런데 정월 초하룻날 8대 쇼군 요시마사가 간레이 하타케야마 마사나가에게 말했다. "내일 간레이 저택으로 가지 않을 것이다. 당분간 그대도 출근하지 말아라." 분위기가 갑자기 바뀐 것이다.

야마나 모치토요는 기회를 놓치지 않았다. 정월 보름날 모치토요는 30여 명의 슈고를 거느리고 쇼군 요시마사에게 직접 아뢰었다. "쇼군이 하타케야마 요시나리를 사면했다면 당연히 그가 살던 저택으로 들어가야 합니다. 그런데 호소카와 가쓰모토가 하타케야마 마사나가를 편들어 반항하려고 합니다. 이것은 쇼군의 의사에 반하는 반역입니다. 사자를 파견하여 가쓰모토가 마사나가를 지원하는 것을 금해 주시기 바랍니다." 쇼군 요시마사는 모치토요의 청을 받아들여 호소카와 가쓰모토에게 사자를 보냈다. 그러나 가쓰모토는 쇼군의 명령에 따르지 않았다.

야마나 모치토요는 호소카와군이 쇼군 저택으로 몰려올 것을 염려했다. 군사를 동원하여 쇼군 저택을 경비했다. 야마나군에 하타케야마 요시나리가 이끄는 군대가 합류했다. 그러자 호소카와 가쓰모토도 군대를 동원했다. 야마나군과 호소카와군이 쇼군 저택 주변에서 대치했다. 그러자 8대 쇼군 요시마사가 다음과 같이 명령했다. "이대로라면 천하의 대란이 일어날 것이다. 하타케야마 가문 내에서 즉, 마사나가와 요시나리가 서로 싸워 승부를 내라. 다른 가문은 편들거나 지원하지 말라." 야마나 모치토요는 불만이었다. 하지만 하타케야마 요시나리가 자신이 직접 승부를 결정짓겠다고 말했다. 쇼군 요시마사는 호소카와 가쓰모토에게 사자를 보내 말했다. "하타케야마 마사나가를 돕는다면 적으로 간주하겠다." 가쓰모토는 쇼군의 명령에 따르겠다고 약속했다.

1467년 1월 18일 하타케야마 마사나가는 자신의 저택에 불을 지르고 고료신사御靈神社(교토시 가미교쿠) 근처에 진을 쳤다. 이 소식을 들은 하타케야마 요시나리가 유사 나가나오遊佐長直(?~1493)의 군대를 선봉으로 마사나가군을 공격했다. 전투는 오후까지 이어졌는데, 유사 나가나오가 이끄는 군대의 사상자만 600명이 넘었다. 전투가 요시나리군에게 불리하게 전개되자 야마나 모치토요가 약속을 어기고 싸움에 개입했다. 하지만 호소카와 가쓰모토는 약속을 지켜서 싸움에 개입하지 않았다. 호소카와군이 오지 않는다는 소식을 들은 하타케야마 마사나가는 고료신사에 불을 지르고 잠적했다. 야마나 모치토요의 완승이었다.

1467년 2월 잠적한 하타케야마 마사나가 대신에 야마나 모치토요가 후원하는 시바 요시카도가 간레이에 취임했다. 3월에는 야마나씨 일족과 야마나 모치토요 추종 세력이 예복을 갖추어 입고 쇼군 저택에 모여 8대 쇼군 요시마사를 알현하는 의식을 거행했다. 호소카와 가쓰모토와 그 추종 세력은 출사하지 않고 전쟁 준비에 들어갔다. 그러자 야마나 모치토요도 군사를 결집하기 시작했다. 교토는 혼란스러웠다. 3월 5일 조정은 평화를 기원하는 염원을 담아서 연호를 오닌応仁으로 개정했다.

출진하는 무사들

1467년 4월부터 여러 지방 군사가 교토로 모이기 시작했다. 5월에는 떼도둑이 활개를 치고 피난하는 민중이 줄을 이었다. 이 무렵에 죽었다고 소문이 난 하타케야마 마사나가가 군대를 이끌고 교토로 돌아와 호소카와 가쓰모토 진영에 합류했다. 호소카와군은 쇼군 저택 주변에 진을 쳤고, 야마나군은 서쪽 평야에 진을 쳤다. 양군의 진지는 교토의 동쪽과 서쪽에 있었다. 사람들은 호소카와군을 동군, 야마나군을 서군이라고 칭했다. 이리하여 천하를 양분하는 전쟁이 시작되었다.

동군·서군에 속하는 슈고는 각기 군사를 교토에 상주시켰다. 동군은 호소카와씨 일족, 하타케야마 마사나가, 시바 요시토시, 아카마쓰 마사노리, 교고쿠 모치키요京極持清(1407~70), 다케다 구니노부武田国信

(1437~90) 등 오늘날 교토부·오사카부 주변 24개 구니國 군사 16만, 서군은 야마나씨 일족, 시바 요시카도, 하타케야마 요시나리, 잇시키 요시나오一色義直(?~1498), 도키 시게요리土岐成賴(1442~97), 롯카쿠 다카요리六角高賴(?~1520) 등 20개 구니國 군사 9만이라고 알려졌다. 양군 25만이 넘는 군사가 교토에 집결했다.

당황한 쇼군 요시마사는 동생 요시미를 야마나 모치토요와 호소카와 가쓰모토에게 보내 타일렀다. 그러나 모치토요와 가쓰모토는 이미 지도력을 상실한 쇼군의 중재를 거부했다. 더구나 8대 쇼군 요시마사의 부인 히노 도미코는 전쟁의 종식에는 관심이 없었다. 동군과 서군을 가리지 않고 고리대로 돈을 빌려주고 높은 이자 소득을 챙겼다. 전쟁의 원인을 제공한 하타케야마 마사나가도 히노 도미코에게서 1000관문貫文을 빌렸다. 도미코는 고리대업으로 번 돈으로 다시 쌀을 매점하여 동군과 서군의 군사들에게 되팔아 막대한 부를 축적했다.

1467년 5월 말 동군이 서군에 속한 잇시키 요시나오의 저택을 점령하면서 전쟁이 시작되었다. 호소카와 가쓰모토는 일찍부터 8대 쇼군 요시마사를 자기편으로 끌어들이는 방법을 찾고 있었다. 쇼군 요시마사는 마음이 약하고 변덕이 심한 인물이었다. 측근의 요청을 뿌리치지 못하고 명령서를 남발했다. 가쓰모토는 쇼군 요시마사의 바로 그런 점을 이용하려고 했다.

호소카와 가쓰모토는 적과 내통하는 자를 검거한다는 명분으로, 6000여 명의 군사를 동원하여 쇼군 저택 주변을 수색했다. 그리고 다음과 같이 소문을 냈다. "쇼군 요시마사도 야마나 편을 들고, 쇼군 측근들도 모두 서군이 이겼다는 소리를 들으면 힘이 나서 웃음 짓고, 동군이 유리하다는 소리를 들으면 오히려 걱정스러운 표정을 짓는다." 당황한 쇼군 요시마사는 가쓰모토 편을 들었다. 6월 4일 쇼군 요시마사는 막부의 군기를 동군 진영으로 보내며 서군을 토벌하라고 명령했다. 호소카와 가쓰모토의 지략으로 동군이 관군이 되고, 서군이 역적이 되었다.

동군과 서군이 교토 시내에서 때때로 공방전을 벌였다. 귀족의 저택이 불타고 조정의 재정이 고갈되었다. 천황과 그 일족도 생계를 걱정해야 하는 상황이었다. 막부가 동군을 관군으로 인정하자, 호소카와 가쓰모토는 고쓰치미카도 천황後土御門天皇(재위:1464~1500)과 고하나조노 상황後花園上皇(재위:1428~64)을 동군 진영에 있는 쇼군 저택으로 맞아들였다. 천황 일족은 전쟁이 끝날 때까지 쇼군 저택에서 지냈다. 천황이 동군 진영에 거주하면서 자연스럽게 서군이 조적이 되었다.

동군이 국지전에서 승리하면서 우세를 점했다. 이미 심리적으로 위축된 서군은 군사력 면에서도 열세를 면치 못했다. 야마나 모치토요는 자신의 영지에서 군사를 불러 보충하고, 서부 일본의 실력자 오우치 마사히로大内政弘(1446~95)와 이요伊予(에히메현)의 슈고 고노 미치하루河

野道春(1421~82)에게 상경해 달라고 요청했다. 1467년 8월 드디어 오우치 마사히로가 2만여 명의 대군을 이끌고 교토로 향했다. 오우치군은 도중에 고노 미치하루가 거느린 2000여 명의 군대와 합류하고, 동군의 방어선을 돌파하여 서군 진영에 이르렀다. 오우치 가문이 전쟁에 가담하면서 서군이 우세한 형국이 되었다. 그러자 야마나 모치토요는 1468년 11월에 쇼군 요시마사의 동생 아시카가 요시미를 무로마치 막부의 새로운 쇼군으로 추대하며 대항했다.

서군은 동군의 수송로를 차단하고, 천황 궁전에서 가까운 곳에 진을 친 동군의 다케다 노부카타武田信賢(1420~71)를 공격하여 승리했다. 서군은 동군의 거점인 쇼코쿠지相国寺(교토시 가미교쿠)도 공격했다. 서군은 쇼코쿠지 승려를 매수하여 사원에 불을 지르고 쳐들어갔으나 동군을 이기지 못하고 물러났다. 동군과 서군 어느 쪽도 결정적인 승리를 거두지 못하고 지루한 공방전이 이어졌다.

계속되는 시가전으로 교토에 있는 대사원이 연이어서 불타거나 파괴되었다. 교토를 더욱 황폐하게 한 것은 용병으로 동원된 아시가루足輕의 난폭한 행동이었다. 아시가루는 정규군이 아니라 대부분이 고용된 자들이었기 때문에 군기가 문란했다. 그들은 활동하기 편리한 가벼운 갑옷을 걸치고, 떼를 지어 몰려다니며 건물에 불을 지르거나 약탈을 일삼았다. 전란 중에 사원이나 귀족 가문이 보관하던 보물이나 서책이 불에 타거나 없어졌다.

약탈하는 아시가루

전란이 교토 주변 지역으로 확산했다. 동군은 가쓰라가와桂川 인근의 농민을 동원하여 서군의 배후를 공격했다. 1470년 여름 동군은 서군에 속해있던 시바 가문의 중신 아사쿠라 다카카게朝倉孝景(1428~81)를 우군으로 끌어들였다. 동군은 셋쓰摂津(오사카부의 중부와 북부)·단바丹波(교토부 북부·효고현 북동부·오사카부 북부)·하리마(효고현)에 이어서 에치젠越前(후쿠이현 북부)을 세력권에 포함하면서 전략상 유리한 거점을 확보했다. 열세였던 동군이 다시 세력을 만회했다.

1473년 3월 18일 서군의 총대장 야마나 모치토요가 병사했다. 향년 70세였다. 그로부터 2개월이 채 되지 않은 5월 11일에 동군의 총대장

오닌의 난 때 전투하는 무사들 「真如堂縁起絵巻」

호소카와 가쓰모토가 세상을 떠났다. 향년 44세였다. 동군과 서군의 지도자가 사망했지만, 양군은 교토에 계속 주둔했다. 양군은 때때로 국지전을 벌이면서 무료한 시간을 보냈다. 떼도둑이 날뛰었다.

1473년 12월 8대 쇼군 아시카가 요시마사의 아들이 겐푸쿠식元服式 즉, 성인식을 올리고 요시히사義尙라는 이름을 정식으로 사용했다. 당시 요시히사는 9살이었다. 그로부터 10일 후에 8대 쇼군 요시마사가 요시히사에게 쇼군의 지위를 물려주었다. 아시카가 요시히사(재위:1473~89)가 무로마치 막부의 9대 쇼군에 취임함과 동시에 하타케야마 마사나가가 다시 간레이에 임명되었다. 그 후에는 하타케야마 요시

무네畠山義統(?~1497)가 간레이에 취임했다.

1474년 4월 호소카와 가쓰모토의 아들 호소카와 마사모토細川政元(1466~1507)와 야마나 모치토요의 아들 야마나 마사토요山名政豊(1441~99) 사이에 강화가 성립되었다. 그러나 전쟁의 불씨는 여전히 남아 있었다. 내란의 실마리를 제공한 하타케야마 마사나가와 요시나리가 화해하지 않았

아시카가 요시마사가 쇼군의 지위에서 물러난 후 기거한 銀閣

고, 서군의 최대 세력인 오우치 마사히로가 여전히 교토에 머물고 있었기 때문이다.

오우치 마사히로는 8대 쇼군의 부인 히노 도미코에게 많은 뇌물을 바치며 말했다. "더 넓은 영지를 하사하면 교토에서 물러나겠습니다." 1476년 9월 8대 쇼군 아시카가 요시마사가 오우치 마사히로에게 종4위의 관위를 수여하고, 이미 보유하고 있는 서부 일본의 영지에 더하여 규슈 북부 지역의 지배권을 부여할 터이니 귀국하라고 종용했다. 12월

에는 한때 서군 편에서 쇼군 요시마사와 대립했던 아시카가 요시미가 형 요시마사에게 충성을 서약했다. 요시마사도 동생 요시미의 죄를 묻지 않겠다고 약속했다.

1477년 9월 서군의 주전파 하타케야마 요시나리가 군사를 이끌고 가와치河内(오사카부의 중부와 남부)로 돌아갔다. 오우치 마사히로가 항복하면 고립되는 것이 두려웠기 때문이다. 11월 3일 오우치 마사히로가 동군 진영으로 가서 무로마치 막부에 정식으로 항복했다. 무로마치 막부의 9대 쇼군 아시카가 요시히사는 오우치 마사히로에게 이미 보유하고 있는 서부 일본의 스오周防(야마구치현 동남부)・나가토長門(야마구치현 서부)에 더하여 규슈 북부의 지쿠젠筑前(후쿠오카현)・부젠豊前(후쿠오카현 동부와 오이타현 서・북부)의 슈고직을 부여했다.

11월 11일 목적을 달성한 오우치 마사히로가 교토에서 철수했다. 이때 서군 진영에서 큰불이 나서 막사가 모두 소실되었다. 하타케야마 요시무네가 본거지 노토能登(이시카와현 노토 반도)로 돌아갔다. 도키 시게요리土岐成頼(1442~97)는 서군의 정신적 지주였던 아시카가 요시미 부자를 받들고 미노美濃(기후현 남부)로 돌아갔다. 서군이 해체되었다. 다음날 교고쿠 모치키요와 함께 참전했던 롯카쿠 다카요리六角高頼(?~1520)가 교토에서 물러났다.

내란의 원인을 제공한 하타케야마 요시나리는 교토에서 물러난 후

2. 오닌의 난 - 전국시대의 문을 연 내란 49

에도 막부의 명령에 따르지 않았다. 가와치에 본거지를 두고 야마토大和(나라현)와 야마시로山城(교토부의 중부와 남부)를 침공하며 정적 하타케야마 마사나가와 그 추종 세력을 공격했다. 1485년 7월부터 요시나리군과 마사나가군이 교토 인근에서 대치했다. 교토와 그 인근 지역에 전운이 감돌았다. 그러자 무로마치 막부가 하타케야마 요시나리를 사면했다. 비로소 오닌의 난이 종식되었다.

오닌의 난은 전국시대의 개막을 알리는 신호였다. 이 무렵부터 슈고다이와 호족은 물론 서민에게도 신분이 상승할 수 있는 기회가 찾아왔다. 전쟁의 목적은 승리였다. 그런데 신분이 승리를 보장하는 것은 아니었다. 싸워서 이기는 자가 승리자였다. 승리에 모든 것을 걸었던 전국시대의 다이묘는 신분이 미천해도 전투력이 있는 자를 발탁했다. 아사쿠라 노리카게朝倉教景(1380~1463)는 다음과 같이 말했다. "개 같은 짐승이라고 업신여김을 당해도 이기는 것이 중요하다." 이 말에 전국시대의 정신이 오롯이 깃들어 있다.

오닌의 난을 겪으면서 경제력과 군사력이 슈고다이묘에 뒤지지 않는 호족이 대두했다. 슈고다이묘 가문 교고쿠씨京極氏의 가신이었던 다가 다카타다多賀高忠(1425~86), 슈고다이묘 가문 아카마쓰씨赤松氏의 가신이었던 우라가미 노리무네浦上則宗(1429~1502), 미노美濃(기후현 남부)의 무사였던 사이토 묘친斎藤妙椿(1411~80), 이즈모出雲(시마네현 동부)의 슈고다이 아마고 기요사다尼子清定(1410~88) 등이 대표적인 인물이었다.

　오닌의 난 때 동군과 서군은 서로 경쟁하듯이 기존의 가격家格·신분 질서와 군신 간의 상하관계를 무시하고 전투력이 있는 자를 발탁했다. 동군과 서군의 총대장은 자기편으로 끌어들인 자에게 관직을 수여하거나 슈고의 지위를 부여했다. 서군은 호족에 불과하던 오치 이에히데越智家栄(1432~1500)를 야마토 지역의 슈고에 임명했다. 동군은 슈고다이묘 시바씨斯波氏의 가신으로 서군 편에서 싸우던 아사쿠라 다카카게를 영입하면서 그를 에치젠 지역의 슈고에 임명했다.

　슈고다이묘가 자신들의 영지로 물러가자, 교토에 남은 슈고다이묘는 셋쓰摂津와 단바丹波를 지배하는 호소카와씨 일족뿐이었다. 무로마치 막부의 재정은 고갈되었고, 쇼군은 정치적으로 고립되었다. 쇼군의 지배력이 미치는 범위는 기나이畿内 일대로 한정되었다. 참고로 기나이는 천황이 있는 교토 주변의 구니国를 이르는 행정구역으로, 야마토大和·야마시로山城·가와치河内·셋쓰摂津·이즈미和泉(오사카부의 남서부) 등의 지역이었다.

　한편, 호소카와 가쓰모토가 사망한 후 간레이에 취임한 하타케야마 마사나가는 하타케야마 요시나리와 싸우기 위해 교토를 떠나있었다. 호소카와 마사모토가 막부의 정치·군사권을 장악했다. 1493년 4월에 일어난 메이오明応의 정변은 호소카와 가문과 무로마치 막부의 이해

2. 오닌의 난 - 전국시대의 문을 연 내란　51

관계가 충돌하면서 일어난 사건이었다.

교토는 폐허로 변했다. 교토에 거주하던 귀족의 생활 기반이 무너졌다. 남북조 내란으로 타격을 입은 장원제도는 15세기 중엽의 혼란기를 거치면서 붕괴가 가속화되었다. 오닌의 난으로 교토의 저택이 불타고, 장원을 무사들에게 빼앗긴 귀족은 생계를 걱정해야 할 정도로 곤궁해졌다. 귀족은 조정의 행사에도 참여하지 않았고, 관위官位 승진에도 관심이 없었다. 생계를 잇기 위해 귀족 신분을 버리고 상공업에 종사하는 자들도 있었다. 연고를 찾아 지방으로 이주하여 호족 가문 자제에게 학문, 서예, 시가, 악기, 다도, 꽃꽂이 등을 가르치며 연명하는 귀족도 있었다.

조정의 수입이 격감했다. 궁궐 담장이 무너져도 수리하지 못했다. 천황과 그 일족의 생활은 상상할 수 없을 만큼 궁핍했다. 천황이 기거하는 궁전 지붕에서 비가 새면 옹기그릇을 받치는 것이 고작이었다. 비용을 조달할 수 없어서 즉위식이나 장례식을 치르지 못하는 때도 있었다. 고카시와바라 천황後柏原天皇(재위:1500~26)은 즉위한 지 21년이 지나서야 겨우 즉위식을 올릴 수 있었고, 고나라 천황後奈良天皇(재위:1526~57) 역시 즉위식 때까지 10년이라는 시간을 기다려야 했다. 고쓰치미카도 천황後土御門天皇(재위:1464~1500)이 사망했을 때 다비식을 거행할 비용이 없었다. 그의 시신은 43일간이나 궁중에 방치되었다. 고나라 천황의 시신은 2개월 반이나 궁중에 방치되었다가 겨우 장례식을 치렀다.

오닌의 난으로 교토의 사원과 귀족·슈고守護의 저택 대부분이 불탔지만, 상공업자들이 거주하던 시모쿄下京(교토의 남반부)의 피해가 상대적으로 적었다. 교토 상공인들이 자치단체를 결성하여 폐허가 된 시가지를 복구하고 상공업을 다시 일으켰다. 1500년에는 상공인들의 자치를 상징하는 기온마쓰리祇園祭가 다시 열렸다. 이 무렵부터 교토의 인구가 점차로 증가했다. 교토가 본격적인 부흥기로 접어들면서 상공업이 예전의 활기를 되찾았다.

기온마쓰리 야마보코 순행장면

CHAPTER3. 전국시대를 수놓은 다이묘들

전국시대 다이묘는 지배 지역에 토착하는 호족이나 무사를 가신단에 편입시켰다. 영국을 효율적으로 다스리기 위해서였다. 전국시대 호족들은 자신들이 개척한 토지를 지키기 위해 강력한 다이묘에게 의지하지 않을 수 없었다. 다이묘는 이웃한 다이묘의 영지를 빼앗거나 복종하지 않는 호족의 지배 지역을 합병하면서 영지를 넓혔다. 교토에서 멀리 떨어진 지역 특히 장원제도가 빨리 소멸하고, 토지의 생산력이 높은 간토関東・주부中部・주고쿠中国 지방에서 강력한 센고쿠다이묘가 출현했다.

(1) 간토 지방에서 호조 · 사토미 · 사타케 가문이 출현했다.

호조北条 가문을 말할 때, 가마쿠라 시대에 싯켄執権의 지위를 세습하면서 사실상 가마쿠라 막부의 지배자로 군림했던 호조씨와 전국시대에 혜성같이 등장한 호조 소운과 그 자손을 구분한다. 전자를 가마쿠라 호조씨 또는 싯켄호조씨, 후자를 고호조씨後北条氏라고 한다. 고호조씨의 시조 호조 소운은 원래 이세씨伊勢氏 일족이었는데, 오닌의 난으로 막부의 권위가 무너진 틈을 타 이즈伊豆 지역으로 진출했고, 이어서 오다와라성小田原城(가나가와현 오다와라시)에 근거지를 두고 간토 지방을 지배했다. 고호조씨는 1590년 7월 도요토미 히데요시에게 멸망했다.

사토미里見 가문은 미나모토씨를 본성으로 하는 닛타씨新田氏의 방계 혈족이었다. 닛타 요시토시新田義俊(?~1170)가 지금의 군마현 다카자키시 사토미 마을에 정착하면서 사토미씨를 칭했다. 전국시대에 이르러 아와安房(지바현 남부)와 보소房総 반도를 지배하는 센고쿠다이묘로 성장했다. 간토 지방으로 세력을 확장한 호조씨와 힘겨운 싸움을 되풀이해야 했지만, 사토미 요시요리里見義頼(1543~87)가 도요토미 히데요시에게 접근하여 아와 · 가즈사上総(지바현 중부) · 시모사下総(도쿄토 동부 · 지바현 북부 · 이바라키현 남서부)의 지배권을 승인받았다. 하지만 히데요시의 명령을 위반하여 가즈사와 시모사를 몰수당하고 아와 지역만 지배하게 되었다.

3. 전국시대를 수놓은 다이묘들 55

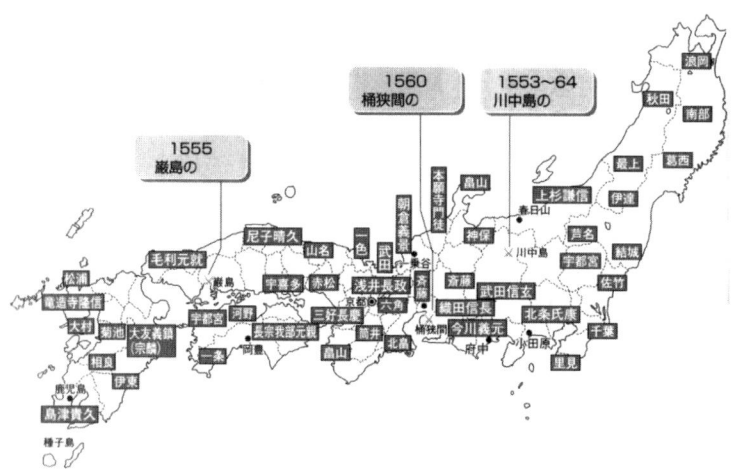

센고쿠다이묘 분포도

사타케佐竹 가문은 미나모토노 요시미쓰源義光(1045~1127)의 손자가 히타치常陸(이바라키현)의 사타케 마을에 정착하면서 발흥했다. 무로마치 시대에 히타치의 슈고다이묘로 성장했고, 전국시대에는 히타치·시모즈케下野(도치기현)·무쓰陸奧(후쿠시마·미야기·이와테·아오모리현)까지 세력을 확대하면서 호조·다테 가문과 세력을 다퉜다. 사타케 요시노부佐竹義宣(1570~1633)가 도요토미 히데요시에게 복종하며 영지를 확장하고 권력을 강화했다. 도요토미 정권 시대에 사타케 가문이 다스리던 영지는 히타치常陸(이바라키현) 일대 54만 석이 넘었다.

일본의 행정구역

Ⓐ홋카이도 지방
Ⓑ도호쿠 지방 : 2.아오모리현 3.이와테현 4.아키타현 5.미야기현 6.야마가타현 7.후쿠시마현
Ⓒ간토 지방 : 8.이바라키현 9.도치기현 10.지바현 11.가나가와현 12.도쿄도
　　　　　　　13.사이타마현 14.군마현
Ⓓ주부 지방 : 15.니가타현 16.시즈오카현 17.야마나시현 18.나가노현 19.아이치현
　　　　　　　20.기후현 21.도야마현 22.이시카와현 23.후쿠이현
Ⓔ긴키 지방 : 24.시가현 25.미에현 26.와카야마현 27.나라현 28.교토부 29.오사카부 30. 효고현
Ⓕ주고쿠 지방 : 31.오카야마현 32.돗토리현 33.히로시마현 34.시마네현 35.야마구치현
Ⓖ시코쿠 지방 : 36.도쿠시마현 37.가가와현 38.고치현 39.에히메현
Ⓗ규슈 지방 : 40.후쿠오카현 41.사가현 42.나가사키현 43.오이타현 44.구마모토현
　　　　　　　45.미야자키현 46.가고시마현 47. 오키나와현

3. 전국시대를 수놓은 다이묘들　57

(2) 주부 지방에서 이마가와 · 다케다 · 우에스기 · 아사쿠라 · 사이토 · 오다 · 마쓰다이라 가문이 출현했다.

이마가와今川 가문은 아시카가씨足利氏의 방계 혈족이었다. 무로마치 시대에 스루가駿河(시즈오카현 중부 · 북동부) · 도토우미遠江(시즈오카현 서부)의 슈고다이묘로 성장했고, 전국시대가 되어서도 스루가 · 도토우미를 다스리는 센고쿠다이묘로 거듭날 수 있었다. 이마가와 요시모토今川義元 시대에 미카와三河(아이치현 동부)도 지배하며 동해 지방 최대의 다이묘로 성장했다. 하지만 요시모토가 1560년 5월 오케하자마 전투에서 전사하면서 쇠퇴하기 시작했다. 요시모토가 전사한 후, 이마가와 우지자네今川氏眞(1538~1615)가 대를 이었으나 1568년 12월 다케다 신겐과 도쿠가와 이에야스의 침략으로 멸망했다.

다케다武田 가문은 미나모토노 요시미쓰를 시조로 하는 가이겐지甲斐源氏의 종가였다. 헤이안 시대 말기부터 전국시대까지 번영했다. 무로마치 시대에 슈고다이묘에서 센고쿠다이묘로 거듭나는 데 성공했다. 다케다 신겐武田信玄 시대에 주부 지방에서 가장 강력한 센고쿠다이묘로 성장했다. 그러나 신겐이 사망하면서 다케다 가문이 쇠퇴의 길로 접어들었다. 1582년 3월 오다 노부나가의 침략으로 멸망했다.

우에스기上杉 가문은 무로마치 시대에 간토 간레이에 임명되었고, 그 자손이 간레이 지위를 세습했다. 우에스기 가문은 오기가야쓰扇谷, 다쿠마宅間, 야마노우치山内, 이누가케犬懸 등 네 가문으로 분파되었는데, 그중에서 오기가야쓰 가문과 야마노우치 가문이 번성했다. 하지만 오기가야쓰 가문이 호조씨에게 멸망했고, 야마노우치 가문의 당주 우에스기 노리마사上杉憲政도 에치고越後(니가타현)로 도망하여 나가오 카게토라長尾景虎에게 당주 지위를 물려주었다. 카게토라가 우에스기 겐신上杉謙信으로 개명했다.

아사쿠라朝倉 가문은 원래 다지마但馬에서 발흥한 씨족이었다. 일족 중에서 에치젠越前(후쿠이현 북부)에 정착한 아사쿠라씨가 가장 번영했다. 에치젠의 아사쿠라 가문은 가이씨甲斐氏・오다씨織田氏와 함께 슈고 시바씨斯波氏를 섬기던 슈고다이 가문이었다. 아사쿠라 가문은 에치젠의 슈고다이를 지내면서 경제력과 군사력을 강화한 후, 시바씨를 몰아내고 에치젠의 센고쿠다이묘로 성장했다. 1573년 8월 오다 노부나가의 침공으로 멸망했다.

사이토씨斎藤氏 일족은 헤이안 시대 이래 간토・주부 지방 여러 곳에 정착했는데, 그중에서 전국시대까지 명맥을 유지한 것은 미노(기후현 남부)의 사이토씨였다. 사이토씨는 미노의 슈고 도키씨土岐氏를 섬기는 슈고다이 가문이었다. 오닌의 난 때 서군의 주력으로 활약하기도 했다. 15세기 말에 나가이 노리히데長井規秀라는 가신이 사이토 가문의 후계자 지위를 쟁취하고 스스로 사이토씨를 칭했다. 노리히데가 훗날 사이토 도산斎藤道三이었다. 도산은 이윽고 미노의 슈고 도키 요리아키土岐頼

氏를 몰아내고 권력을 장악했다. 하지만 도산은 1556년 4월에 아들과 싸우다가 전사했다. 사이토 가문은 1567년 8월에 오다 노부나가의 침공으로 멸망했다.

오다織田 가문은 무로마치 막부의 간레이 가문 시바씨의 중신으로 오와리尾張(아이치현 서부)의 슈고다이의 지위를 세습했다. 오다씨 일족의 발상지는 에치젠의 오다 장원(후쿠이현 뉴군 에치젠초)이었다. 오다씨 일족은 후지와라씨藤原氏 또는 다이라씨平氏를 본성으로 칭했으나 인베씨忌部氏를 칭하는 일족도 있었다. 오와리의 오다씨 일족 중에서 오다 노부나가의 부친 오다 노부히데織田信秀(1511~52)가 가장 강력한 힘을 보유했다. 노부히데의 뒤를 이은 오다 노부나가는 동족을 차례로 몰살하고 오와리를 통일한 후, 세력을 확대하여 일본 통일이라는 목표를 달성하기 직전까지 갔으나 1582년 6월에 가신에게 암살되었다. 그 후 도요토미 히데요시가 노부나가의 후계자 지위를 쟁취하면서 오다 가문이 사실상 멸망했다.

마쓰다이라松平 가문은 무로마치 시대에 미카와三河의 가모군 마쓰다이라 마을(아이치현 도요타시 마쓰다이라초)에서 일어난 호족이었다. 마쓰다이라 기요야스松平清康(1511~35)가 본거지를 오카자키성岡崎城(아이치현 오카자키시 고세이초)으로 옮기는 등 발전의 기틀을 마련했다. 그러나 기요야스는 24세의 젊은 나이에 가신에게 암살당했다. 기요야스의 아들 히로타다広忠(1526~49)는 영지를 넓히기 위해 힘썼으나 뜻을 이루지 못하고 요절했다. 히로타다의 아들 다케치요竹千代는 어린 나이에 이마가와 가문에 인질로 보내졌다. 다케치요는 이마가와 가문에서 성인식을 올리고 마쓰다이라 모도야스松平元康라 칭했다. 1560년 5월 오케하자마 전투에서 이마가와 요시모토가 전사하면서 모토야스가 오카자키성으로 돌아왔다. 모토야스는 이마가와씨로부터 독립하면서 마쓰다이라 이에야스松平家康로 개명했다. 1569년 봄 도쿠가와 이에야스德川家康로 개명했다.

(3) 긴키 지방에서 롯카쿠 · 미요시 · 아자이 가문이 출현했다.

롯카쿠六角 가문은 가마쿠라 시대 오미近江(시가현)의 슈고로 임명된 이래 전국시대까지 오미 남부 지역에서 번영했다. 오닌의 난 때 롯카쿠 다카요리六角高頼가 서군 편에서 싸웠다. 오닌의 난 후, 다카요리는 무로마치 막부의 9대 · 10대 쇼군과 대립했다. 하지만, 다카요리의 차남 롯카쿠 사다요리六角定頼(1495~1552)가 무로마치 막부의 12대 · 13대 쇼군을 연이어 섬기며 롯카쿠 가문이 전성기를 맞이했다. 이 무렵 롯카쿠씨 일족이 교토 일대의 지배권을 둘러싸고 미요시씨三好氏 일족과 대립했다. 롯카쿠 가문은 1568년 9월 오다 노부나가가 상경하면서 센고쿠다이묘의 지위를 상실하고 역사의 무대에서 사라졌다.

미요시三好 가문은 무로마치 시대 아와阿波(도쿠시마현)의 슈고 호소카와씨의 슈고다이였으나 전국시대 중엽에 시코쿠 지방의 동부를 지배하는 한편, 기나이畿内로 진출하여 큰 세력을 형성했다. 1552년 미요시 나가요시三好長慶는 간레이 호소카와 우지쓰나細川氏綱를 앞세우고 무로마치 막부의 실권을 장악했다. 미요시 나가요시가 사망한 후, 나가요시의 양자 미요시 요시쓰구三好義継가 대를 이었지만, 그의 나이가 어렸기 때문에 소위 미요시씨 3인방과 마쓰나가 히사히데松永久秀가 실권을 장악했다. 1565년 5월 미요시 요시쓰구, 미요시씨 일족, 마쓰나가 히사미치松永久通(1543~77) 등이 무로마치 막부의 13대 쇼군 아시카가 요시테루足利義輝를 암살했다. 1568년 9월 오다 노부나가가 상경하자, 미요시씨 3인방은 도망하고 마쓰나가 히사히데는 항복했다. 그 후에도 미요시씨 일족이 오다 노부나가에 대항했으나 이기지 못하고 몰락했다.

아자이浅井 가문은 오미의 슈고 교고쿠씨의 가신이었으나 전국시대에 오미의 북부를 지배하는 센고쿠다이묘로 성장했다. 아자이 스케마사浅井亮政(1491~1542)가 교고쿠씨를 몰아내고 오미 남쪽을 지배하던 롯카쿠씨와 대립했다. 스케마사가 사망하고 아자이 히사마사浅井久政(1526~73)가 대를 이으면서 에치젠의 아사쿠라씨와 동맹을 맺었다. 1567년경 히사마사의 아들 아자이 나가마사浅井長政(1545~73)가 오다 노부나가와 동맹을 맺고, 노부나가의 여동생 오이치お市와 혼인했다. 그러나 1570년 노부나가가 아사쿠라씨의 영지를 침공하자, 아자이 나가마사는 노부나가와의 동맹을 파기하고 오다군을 배후에서 기습했다. 1573년 8월 오다 노부나가의 침공으로 멸망했다.

(4) 주고쿠 지방에서 오우치 · 아마고 · 모리 가문이 출현했다.

오우치씨大內氏 일족은 주로 일본 서부의 여러 곳에 정착했는데, 그중에서 가장 번영한 것은 스오周防(야마구치현 동남부)의 오우치씨였다. 스오의 오우치 가문은 스스로 백제 성왕의 후손이라고 주장하는 고대 이래의 명문이었다. 오닌의 난 때 오우치 마사히로가 서군 편에서 싸웠다. 전국시대에는 오우치 요시오키大內義興가 한때 쇼니씨小弐氏를 멸망시키고 규슈 북부와 주고쿠 지방의 패권을 확립했다. 1528년에 요시오키가 사망하고 오우치 요시타카大內義隆가 가문의 대를 이었다. 아키安芸(히로시마현 서부)의 모리 모토나리가 요시타카를 섬겼다. 요시타카는 이즈모出雲(시마네현 동부)의 아마고씨, 지쿠젠筑前의 쇼니씨 등과 대립했다. 요시타카가 가신 스에 하루카타陶晴賢에게 죽임을 당하면서 사실상 멸망했다.

아마고尼子 가문은 원래 교고쿠씨의 방계 혈족이었다. 교고쿠 다카히사京極高久(1363~91)가 오미의 이누카미군犬上郡(시가현 이누카미군) 아마고 마을에 정착하면서 아마고씨를 칭했다. 당시 교고쿠씨 종가는 이즈모의 슈고였는데, 다카히사의 차남 아마고 모치히사尼子持久(1381~1437)가 이즈모의 슈고다이로 임명되면서 발전의 기틀을 마련했다. 15세기 말 모치히사의 손자 아마고 쓰네히사尼子経久가 교고쿠씨 종가의 지배권을 탈취하면서 센고쿠다이묘로 발전했다. 1537년 쓰네히사의 손자 아마고 하루히사尼子晴久가 대를 이으면서 전성기를 맞이했다. 산인山陰·산요山陽 지방 8개 구니 즉, 이즈모·오키隱岐(시마네현에 속한 섬)·호우키伯耆·이나바因幡·미마사카美作·비젠備前·비추備中(오카야마현 서부)·빈고備後를 지배했다. 1578년 7월에 모리 모토나리의 침공으로 멸망했다.

    모리 가문의 시조는 모리 스에미쓰毛利季光(1202~47)였다. 그가 사가미相模(가나가와현)의 모리 장원에 정착하면서 모리씨를 칭했다. 스에미쓰의 자손이 아키安芸로 진출했는데, 아키의 모리 가문에서 모리 모토나리가 출현했다. 모토나리는 당대에 오우치씨와 아마고씨를 멸망시키고 산요·산인 지방 10개국 즉, 아키·스오·나가토·비추·빈고·이나바·호우키·이즈모·오키·이와미와 규슈의 북부 일부를 영유한 일본 최대의 센고쿠다이묘가 되었다. 모리 모토나리의 아들이 양자로 들어간 깃카와吉川 가문과 고바야카와小早川 가문이 모리씨 종가의 중신으로 활약했다. 모리 모토나리가 사망한 후, 그의 손자 모리 데루모토毛利輝元가 오다 노부나가와 맞섰다. 노부나가가 사망한 후, 데루모토는 도요토미 히데요시에게 복종했다.

(5) 규슈 지방에서 오토모 · 류조지 · 시마즈 가문이 세력을 다퉜다.

오토모大友 가문은 가마쿠라 시대 초기에 사가미의 오토모 마을에 정착하면서 오토모씨를 칭했다. 가마쿠라 막부가 오토모씨를 분고豊後(오이타현의 대부분)의 슈고로 임명한 후, 그 자손이 분고의 슈고 지위를 세습했다. 무로마치 시대에 분고 · 부젠 · 지쿠고筑後(후쿠오카현 서남부)를 지배하는 슈고다이묘로 성장했고, 전국시대에 센고쿠다이묘로 거듭나는 데 성공했다. 오토모 요시시게大友義鎭(1530~87) 시대에 전성기를 맞이했다. 규슈 남부를 지배하는 시마즈씨島津氏의 잦은 침략으로 위기에 처했을 때, 요시시게가 도요토미 히데요시에게 구원을 청했고, 히데요시가 시마즈씨 정벌에 나서면서 위기에서 벗어났다. 그러나 히데요시가 분고의 지배권을 회수하면서 부젠과 지쿠고만 지배하게 되었다. 일찍이 크리스트교를 받아들인 다이묘 가문으로 유명하다.

류조지竜造寺 가문은 무로마치 시대에 히젠肥前의 슈고였던 쇼니씨의 가신이었으나 1535년에 류조지 이에카네竜造寺家兼(1454~1546)가 쇼니씨를 몰아내고 자립했다. 1546년 이에카네는 손자 류조지 다카노부竜造寺隆信(1529~84)에게 당주 지위를 물려주었다. 다카노부 시대에 히젠을 제압하고 규슈 북쪽으로 세력을 넓히면서 전성기를 맞이했다. 그러나 1584년 3월 시마즈씨가 침공했을 때 다카노부가 전사하면서 류조지씨의 일족이며 가신이었던 나베시마 나오시게鍋島直

茂(1538~1618)가 실권을 장악했다. 1607년에 류조지씨 종가의 혈통이 단절되면서 나베시마 나오시게가 류조지 가문의 영지를 차지했다.

시마즈島津 가문은 가마쿠라 시대부터 에도 시대까지 사쓰마薩摩(가고시마현의 서부)와 그 주변 지역을 지배했다. 1118년 8월 시마즈씨의 시조 시마즈 타다히사島津忠久(1179~1227)가 귀족 고노에近衛 가문의 영지였던 시마즈 장원의 관리자로 임명되면서 시마즈씨를 칭했다. 가마쿠라 시대 초대 쇼군 미나모토노 요리토모로부터 사쓰마·오스미大隅(가고시마현 오스미 반도 및 아마미 열도)·휴가日向(미야자키현)의 슈고로 임명되었고, 그 지위를 시마즈 가문의 자손이 세습했다. 그 후 시마즈 가문은 슈고에서 슈고다이묘 나아가 센고쿠다이묘로 거듭나는 데 성공했다. 시마즈 요시히사島津義久(1533~1611) 시대에 규슈 서북부의 강호 오토모씨와 류조지씨를 제압하고, 규슈 대부분을 차지하면서 전성기를 맞이했다. 그러나 도요토미 히데요시가 규슈 정벌에 나서자 이기지 못하고 항복했다. 도요토미 히데요시는 시마즈 가문이 예전과 같이 사쓰마·오스미 그리고 휴가 일부 지역을 지배하도록 했다.

(6) 시코쿠 지방에서 조소카베 가문이 성장했다.

조소카베長宗我部 가문은 도사土佐(고치현)의 오코岡豊(고치현 난코쿠시)에서 발흥한 호족이었다. 오닌의 난 후, 도사를 지배하던 호소카와씨 일족이 교토로 입성하자, 조소카베씨 일족이 그 틈을 노려 세력을 확대했다. 1569년 조소카베 모토치카長宗我部元親(1539~99)가 도사의 동부를 평정하면서 센고쿠다이묘로 성장했다. 모토치카는 1571년에 쓰노씨津野氏, 1575년경에 이치조씨一条氏를 멸망시키고 도사를 통일했다. 그 후 모토치카는 이요伊予(에히메현)와 아와(도쿠시마현)를 침공하여 고노씨河野氏와 미요시씨三好氏를 몰아내고 시코쿠를 거의 통일했다. 1585년 8월 도요토미 히데요시가 대군을 동원하여 시코쿠 정벌에 나섰다. 모토치카가 항전했으나 히데요시군을 이기지 못하고 항복했다. 히데요시는 모토치카가 그동안 점령한 이요·아와를 몰수하고 도사의 지배권만 인정했다.

(7) 오우 지방에서 다테·모가미·아시나·난부 가문이 세력을 다퉜다.

다테伊達 가문은 가마쿠라 막부를 세운 미나모토노 요리토모가 다테 아사무네伊達朝宗(1129~99)가 점유한 무쓰陸奥(후쿠시마현·미야기현·이와테현·아오모리현의 4개 현) 다테군의 지배권을 승인하면서 다테씨를 칭하기 시작했다. 1522년에 무로마치 막부가 다테 다네무네伊達稙宗(1488~1565)를 무쓰의 슈고로 임명하면서 발전의 기틀을 마련했다. 이 무렵 다테 가문은 독자적인 법률을 제정하여 무사단의 통제를 강화했다. 1584년에 다테 마사무네伊達政宗(1567~1636)가 영토를 확장했다.

1589년에 아이즈会津(후쿠시마현의 서부)를 다스리던 아시나씨를 멸망시키고 무쓰의 남부를 지배했다. 도요토미 히데요시가 마사무네에게 복종하라고 압박했다. 1590년 마사무네는 오다와라 정벌에 나선 히데요시를 찾아가 충성을 서약했다. 히데요시는 마사무네가 점령한 아이즈, 이와세岩瀬(후쿠시마현 이와세군), 아사카安積(후쿠시마현 아사카군) 등을 몰수하고, 예부터 다테 가문이 다스리던 지역과 아다치군安達郡(후쿠시마현 아다치군), 시다군志田郡(미야기현의 시다군), 모노우군桃生郡(미야기현 모노우군)의 일부 지역을 다스리도록 했다.

모가미最上 가문은 간레이 가문 시바씨의 방계 혈족이었고, 오우奥羽(후쿠시마현·미야기현·야마가타현·이와테현·아키타현·아오모리현의 6개 현)의 탄다이探題 직위를 세습하는 가문이었다. 전국시대에 들어서면서 데와出羽(야마가타현·아키타현)의 센고쿠다이묘로 성장했다. 1564년경 모가미 요시모리最上義守(1521~90)가 딸 요시히메義姫를 다테 데루무네伊達輝宗(1544~85)에게 시집보냈다. 요시히메가 다테 마사무네를 낳았다. 1570년 요시모리와 그의 아들 모가미 요시아키最上義光(1546~1614)의 사이가 나빠져 내분이 일어났으나 곧 화해하고, 그해 5월에 요시아키가 당주 지위를 승계했다. 요시아키는 1590년 도요토미 히데요시가 오다와라 정벌에 나섰을 때 참전했다. 히데요시는 모가미 요시아키가 다스리던 영지 24만 석의 지배권을 승인했다.

아시나芦名 가문은 원래 미우라씨三浦氏의 방계 혈족이었는데, 사가미의 미우라군 아시나 마을(가나가와현 요코스카시)에 정착하면서 아시나 씨를 칭했다. 전국시대에 들어서면서 아시나 가문은 다테 가문과 어깨를 나란히 할 정도로 번영했다. 그러나 아시나 가문은 가신을 효과적으로 통제하지 못했다. 아시나 모리우지芦名盛氏(1521~80) 만년에 후계자 지위를 둘러싸고 내분이 일어났다. 1580년 모리우지가 사망하면서 아시나 가문이 쇠퇴하기 시작했다. 1589년 6월 다테 마사무네가 침략하자, 당주 아시나 요시히로芦名義広(1575~1631)가 도주하면서 아시나 가문이 멸망했다.

난부南部 가문의 시조 난부 미쓰유키南部光行(?~1236)가 가이甲斐의 난부 마을(야마나시현 미나미코마군 난부초)에 정착하면서 난부씨를 칭했다. 가마쿠라 막부가 멸망하고, 잠시 고다이고 천황이 정권을 잡았을 때 오우 지방의 관리로 임명되면서 발전의 기틀을 마련했다. 무로마치 시대에 오우 지방의 북쪽으로 세력을 확대했다. 처음에는 산노헤三戸(아오모리현 산노헤군 산노헤마치)에 거성을 마련했는데, 1591년 9월 구노헤 마사자네九戸政実(1536~91)의 난을 진압한 후, 구노헤성을 후쿠오카성福岡城(이와테현 니노헤시)으로 개칭하고 그곳으로 본거지를 옮겼다. 그 후 도요토미 히데요시가 난부 가문에게 더 넓은 지역을 다스리게 하자, 본거지를 모리오카盛岡(이와테현 모리오카시)로 옮겼다.

제2부

하극상 시대의 풍운아

호조 소운, 사이토 도산, 마쓰나가 히사히데, 모리 모토나리 등은 군웅이라기보다는 하극상의 화신으로 알려진 존재이다. 소운은 스루가의 다이묘 이마가와 가문의 식객으로 지내다가 간토 지방을 지배하는 다이묘가 되었다. 사이토 도산은 어디에서 태어났는지도 모르는 기름장수 출신으로 하극상을 되풀이하며 미노를 지배하는 다이묘가 되었다. 마쓰나가 히사히데는 주군 미요시 요시오키를 독살하고, 무로마치 막부의 13대 쇼군 아시카가 요시테루를 암살하고, 나라奈良 도다이지東大寺의 대불전을 불태우는 등 보통 사람이라면 차마 할 수 없는 짓을 벌인 자라고 알려진 인물이다. 모리 모토나리는 아키(히로시마현 서부)의 호족 가문에서 태어나 오우치 가문을 멸망시키고 스오·나가토를 손에 넣었고, 이어서 아마고 가문을 멸망시키고 서부 일본의 패자가 되었다. 이들은 모두 모략·간계·배반을 일삼았던 난세의 풍운아들이었다.

사이토 도산은 1494년, 모리 모토나리는 1497년에 태어난 것으로 알려졌다. 1500년경에 호조 소운이 오다와라성을 빼앗아 세상을 깜짝

놀라게 했는데, 그때 소운의 나이는 이미 70을 바라보고 있었다. 소운은 도산·모토나리와 나이 차이가 났다. 사이토 도산과 모리 모토나리는 기지를 발휘하여 비교적 짧은 기간에 센고쿠다이묘로 성장했다. 그러나 소운은 이즈伊豆에서 거병해서 사가미를 손에 넣을 때까지 25년이라는 시간이 걸렸다. 그것도 간토 간레이 우에스기 가문을 비롯한 전통적인 권위를 영악하게 이용하며 이룬 성과였다. 마쓰나가 히사히데는 1510년에 태어나서 주로 교토와 그 주변 지역에서 활약했으나 끝내 성공하지 못하고 좌절했다. 하극상의 화신으로 알려진 네 사람이지만, 서로 다른 삶을 살면서 전국시대라는 난세를 돌파한 인물들이었다.

CHAPTER1. 호조 소운
- 떠돌이의 성공담

전국시대라는 대문을 처음 연 사람이 바로 호조 소운北条早雲(?~1519)이었다. 그는 센고쿠다이묘 호조 가문의 창립자였다. 소운은 원래 이세 신쿠로伊勢新九郎라는 인물이었다. 성씨를 이세씨에서 호조씨로 바꾼 것은 소운의 아들 호조 우지쓰나北条氏綱(1487~1541) 시대였다. 소운 생전에는 스스로 이세 신쿠로 또는 이세 소즈이伊勢早瑞라고 서명했다. 소운은 나이가 들어 출가하여 소운암早雲庵이라는 절을 짓고 살았다. 이때부터 소운이라고 불렸던 것 같다. 그가 실제로 사용했던 이름은 나가 우지長氏, 우지시게氏茂, 모리모리氏盛 등으로 알려졌으나 당시 사료에서 찾아볼 수 없다. 훗날에 호조 소운의 계보를 작성하면서 창작되었을 가능성이 있다.

호조 소운은 이세伊勢(미에현·아이치현 일부)에서 간토 지방으로 진출한 낭인이라는 것

호조 소운

이 통설이었다. 하지만 그것은 메이지 시대에 널리 퍼진 이야기에 불과했다. 근년에 사료가 발굴되고, 실증적인 연구가 진전되면서 소운의 실체가 드러나기 시작했다. 최근의 연구에 따르면, 소운은 빗추備中(오카야마현 서부)에 기반을 둔 이세 모리사다伊勢盛定의 차남이었다. 그는 이세 신쿠로로 불렸지만, 정식 이름은 모리토키盛時였다. 그의 모친은 이세씨 본종가 이세 사다쿠니伊勢貞国(1398~1454)의 딸이었다는 설이 가장 유력하다.(小和田哲男『後北条氏研究』)

호조 소운은 1432년에 태어났다는 것이 통설이다. 소운이 88세에 사망했다는 기록에서 역산한 것이다. 그러나 당시 사료에는 소운의 나이에 대한 기록이 없다. 그가 출생한 연도가 기록된 것은 1725년에 성립된 군기물軍記物 즉, 전쟁 이야기를 주로 한 소설과 18세기 말에 에도

막부가 편찬한 『간세이초슈쇼카후寬政重修諸家譜』에 실린 호조 가문의 가계도였다. 17세기 중엽에 에도 막부가 편찬한 『강에이쇼카케이즈덴寬永諸家系図伝』에 실린 호조 가문의 가계도에는 소운의 나이가 기재되지 않았다. 물론 소운의 아들과 후손들의 나이는 기재되어 있다. 소운의 후손도 그의 나이를 정확하게 알지 못했다고 보아야 할 것이다. 그렇다면 소운이 88세에 사망했다는 설도 그대로 믿을 수 없다.

호조 소운은 아시카가 요시미足利義視를 섬기게 되었다. 요시미는 무로마치 막부 8대 쇼군 아시카가 요시마사의 동생으로, 승려가 되었으나 오닌의 난 직전에 환속하여 쇼군 요시마사의 후계자가 되었던 인물이다. 소운은 아시카가 요시미를 따라 이세에서 교토로 올라갔고, 그 후 어떤 일이 있었는지 모르지만, 오와리(아이치현 서부)를 거쳐 스루가(시즈오카현 중부·북동부)에 이르렀던 것 같다.

소운이 역사에 등장하는 것은 이세 신쿠로가 스루가에 모습을 드러내면서부터였다. 1478년경 스루가·도토미遠江(시즈오카현 오이가와 서쪽)는 이마가와 요시타다今川義忠(1436~76)가 다스리고 있었는데, 요시타다는 원정에서 돌아오던 중 적의 기습으로 사망하고 말았다. 그 후 이마가와 가문에서 후계자 지위를 둘러싸고 내분이 일어났다. 이 무렵에 이세 신쿠로라는 자가 갑자기 나타나서 이마가와 가문이 지배하는 지역의 성주가 되었다. 그의 등장이 너무나 이례적이었다.

호조 소운은 이마가와 가문과 어떠한 인연이 있었을까? 이마가와 요시타다의 처 기타가와도노北川殿가 소운의 누나라는 것이 통설이다. 17세기 중엽에 성립된 군기물이나 가계도에도 기타가와도노가 소운의 누나라고 기록되어 있다. 역시 같은 시기에 에도 막부가 편찬한 『寬永諸家系図伝』에 수록된 이마가와 가문의 가계도와 『이마가와키今川記』 등에도 기타가와도노가 소운의 누나라고 되어 있다. 1467년경에 기타가와도노와 이마가와 요시타다가 혼인했을 것으로 추정된다. 1469년경에 딸이 태어났고, 그로부터 2년 후인 1571년에 아들 다쓰오마루竜王丸가 태어났다.

이마가와 가문의 내분은 이마가와 요시타다의 아들 다쓰오마루를 주군으로 추대하려는 세력과 일족 중에 능력이 있는 자를 후계자로 영입하려는 세력이 대립하면서 표면화되었다. 전자는 중신파, 후자는 일족파로 불렸다. 당시 요시타다의 아들 다쓰오마루는 나이가 너무 어렸다. 그래서 일족파는 오시카 노리미쓰小鹿範満(?~1487)를 추대하려고 했다. 중신파와 일족파의 대립은 다쓰오마루가 성인이 될 때까지 오시카 노리미쓰가 이마가와 가문의 당주 권한을 대행하는 것으로 합의하면서 충돌을 피할 수 있었다.

이마가와 가문의 당주 권한을 대행하게 된 오시카 노리미쓰는 이마가와 가문의 저택으로 들어갔고, 다쓰오마루는 중신의 집에서 기거하게 되었다. 1479년 무로마치 막부 8대 쇼군의 지위에서 물러났으나 여전히 실권을 행사하던 아시카가 요시마사는 다쓰오마루가 성인이 되면 그에게 가문의 대를 잇게 하라고 명령했다. 그러나 노리미쓰는 실권을 장악한 지 10년이 지나고, 다쓰오마루가 15살이 넘어서도 이마가와 가문의 당주 지위를 물려주려고 하지 않았다.

오시카 노리미쓰가 이마가와 가문의 당주 권한을 대행할 수 있었던 것은 간토 간레이 우에스기 사다마사上杉定正(1443~94)의 지원이 있었기 때문에 가능한 일이었다. 사다마사는 중신 오타 도칸太田道灌(1432~86)을 이마가와 가문으로 파견했다. 오타 도칸은 300여 명의 군사를 거느리고 이마가와 가문으로 달려가서 내분 문제 해결을 주도했다. 오시카 노리미쓰는 오타 도칸 덕분에 이마가와 가문의 당주 권한을 대행할 수 있었다.

오시카 노리미쓰가 당주 지위를 다쓰오마루에게 물려주려고 하지 않은 배경에도 오타 도칸이 있었다. 그러나 1486년 7월에 우에스기 가문에서 내분이 일어났다. 이 무렵 이마가와 가문의 내분에 직접 관여했던 오타 도칸이 주군 우에스기 사다마사에게 참살되었다. 오타 도칸이라는 후원자를 잃은 노리미쓰의 권력 기반이 급격하게 무너졌다.

그러자 이세 신쿠로가 움직였다. 1487년 신쿠로가 스루가(시즈오카현 남부)로 달려가 다쓰오마루를 보좌하면서 이시와키성石脇城(시즈오카현 아이즈시)에서 동지를 결집했다. 그해 11월 신쿠로는 군사를 이끌고 오

1. 호조 소운 - 떠돌이의 성공담 79

시카 노리미쓰와 그 일족을 몰살하고 다쓰오마루를 이마가와 가문의 저택으로 들여보냈다. 그로부터 2년 후 이윽고 다쓰오마루가 이마가와 가문의 대를 이었다. 이 무렵부터 다쓰오마루는 정식으로 이마가와 우지치카今川氏親(1471~1526)를 칭했다.

이마가와 우지치카를 추대하는 데 공을 세운 이세 신쿠로는 이즈伊豆에서 가까운 고코쿠지성興国寺城(시즈오카현 누마즈시 네고야)과 야하타야마성八幡山城(시즈오카현 시즈오카시) 일대의 영지를 하사받았다. 신쿠로가 이마가와 우지치카로부터 처음으로 하사받은 성은 마시즈군益頭郡(시즈오카현 시다군)에 있는 이시와키성이라는 설도 있다. 이때부터 신쿠로는 이마가와 가문의 가신이 되었다.

이 무렵에 이세 신쿠로의 가신단이 형성되었다. 신쿠로가 오시카 노리미쓰를 죽일 때 불러 모은 무사는 다이도지 시게도키大道寺重時, 아라카와 마타지로荒川又次郎, 아라키 효고荒木兵庫, 야마나카 사이시로山中才四郎, 다메 곤페이多目権平, 아리타케 효에在竹兵衛 등이었다. 이들 6명은 신사에서 기도하고 이세 신쿠로를 주군으로 받들기로 맹세했다. "두 마음을 품지 말자. 만약 맹약을 어기면 신벌이 내릴 것이다."

이세 신쿠로가 고코쿠지성의 성주가 되었을 때 이들 6명이 약속한 대로 가신이 되었다. 일설에 따르면 다이도지 시게도키는 이세 신쿠로의 종형제였다고 한다.『오다와라큐키小田原旧記』에 따르면, 이들 여섯 명의 자손은 다른 가문보다 한 단계 높은 대우를 받았다. 이들 다음으로 마쓰다씨松田氏가 이세 신쿠로의 가신이 되었다. 사가미(가나가와현)의 명문 가문이었던 마쓰다씨는 이세 신쿠로가 오다와라성을 공략할 때 공을 세우며 가신단의 일원으로 합류했을 것으로 여겨진다.

그밖에 스루가에서 네 가문, 이즈에서 열두 가문, 사가미에서 열네 가문 등 모두 46가문이 이세 신쿠로를 주군으로 받들던 초창기 공신들이었다. 이들은 그 후에 가신단의 일원으로 편입된 가문과 다른 대우를 받았다. 이 무렵부터 초창기 가신이 된 여섯 가문이 가로家老가 되어 봉록을 받기 시작했다.

고코쿠지성은 후지산의 남쪽 편에 있는 아시타카야마愛鷹山(시즈오카현 동부에 있는 산) 기슭에 있었다. 누마즈시와 후지시에 걸쳐 있는 풍광이 광활한 요충지였다. 호조 소운이 이즈伊豆를 공략하기 위한 거점으로 삼기에 부족함이 없는 곳이었다. 소운은 이즈의 니라야마韮山(시즈오카현 다가타군 니라야마초)를 노리고 있었다.

앞에서 말했지만, 무로마치 막부는 가마쿠라에 가마쿠라부를 설치하고, 그곳의 장관으로 가마쿠라쿠보를 두었다. 그 지위는 초대 가마쿠라쿠보 아시카가 모토우지足利基氏(1340~67)의 자손이 세습했다. 무로마치 막부는 가마쿠라쿠보와 함께 가마쿠라쿠보를 보좌하는 간토 간레이라는 직책을 두었다. 간토 간레이는 가마쿠라쿠보를 섬겼지만, 그

의 임명권은 교토에 있는 막부의 쇼군에게 있었다. 간토 간레이의 지위
는 우에스기 가문이 세습했다.

1438년 4대 가마쿠라쿠보 아시카가 모치우지足利持氏(1398~1439)가
무로마치 막부의 6대 쇼군 아시카가 요시노리와 대립했다. 그러자 간
토 간레이 우에스기 노리자네上杉憲実(?~1466)가 막부와 상의하여 아시
카가 모치우지를 죽이고 가마쿠라부를 멸망시켰다. 그 후 우에스기 가
문이 간토 지방을 다스렸다. 하지만 가마쿠라쿠보 추종 세력이 우에스
기 가문의 명령에 따르지 않으면서 혼란한 상황이 이어졌다. 우여곡절
끝에 전 가마쿠라쿠보 아시카가 모치우지의 아들 아시카가 시게우지
足利成氏(?~1497)가 가마쿠라쿠보에 취임했다. 시게우지는 간토 간레이
우에스기 노리타다上杉憲忠(1433~55)를 암살했다. 막부는 이마가와 노
리타다今川範忠(1408~61)에게 아시카가 시게우지 토벌을 명했다. 가마
쿠라쿠보 아시카가 시게우지가 고가古河(이바라키현 고가시)로 도망했다.
이때부터 세상 사람들이 아시카가 시게우지를 고가쿠보古河公方라고 불
렀다.

무로마치 막부는 고가쿠보를 견제하기 위해 아시카가 마사토모足利
政知(1435~91)를 가마쿠라쿠보에 임명했다. 마사토모는 8대 쇼군 아시
카가 요시마사의 동생이었다. 그런데 당시 간토 지방에서 30년 가까이
내란이 이어지고 있었다. 더구나 고가쿠보 아시카가 시게우지는 자신
이야말로 가마쿠라쿠보의 정통 후계자라고 주장했다. 그는 막부가 새

로 가마쿠라쿠보에 임명한 아시카가 마사토모를 인정하지 않았다. 시게우지는 마사토모가 가마쿠라에 입성하는 것을 필사적으로 막았다. 군사력이 약한 마사토모는 시게우지에 맞설 수 없었다.

아시카가 마사토모가 하코네箱根(가나가와현 하코네마치)까지 왔지만 가마쿠라에 입성할 엄두도 내지 못하고 호리코시堀越(시즈오카현 이즈노쿠니시)에 머물렀다. 호리코시는 후지산이 그림처럼 보이는 전망이 매우 좋은 곳이었다. 모리야마守山라고 하는 산이 북쪽에서 바람을 막아주었고, 남동쪽으로 가노가와狩野川가 흐르고 있었다. 이즈 지역의 다이묘와 호족들이 예의를 갖추어 아시카가 마사토모를 맞이했다. 그들은 호리코시에 마사토모가 기거할 넓은 저택을 지었다. 세상 사람들은 마사토모를 호리코시쿠보라고 불렀다.

호조 소운은 늦은 나이에 간토 지방을 쟁취한다는 목표를 세웠다. 그는 실패에서 배울 시간이 없었다. 그래서인지 그는 매우 신중하게 행동했다. 공격할 때는 먼저 주변의 정세와 지리적 이점을 살폈다. 달이 뜨고 지는 시각은 물론 바람이 부는 방향까지 관찰했다. 그리고 인심을 자기편으로 끌어들이는 작업을 했다. 때가 무르익었다고 판단하면, 질풍처럼 진격하여 목표물을 단숨에 장악하는 전략을 구사했다. 소운은 큰 난관에 봉착하지 않고 간토 지방을 손에 넣었다. 그가 매우 신중하고 세심하게 행동했기 때문일 것이다.

전국시대는 전투의 양상이 크게 변하는 과도기였다. 중세 시대 무사들의 전투는 기마전 중심의 전투였다. 그러나 전국시대에 들어서면서 보병의 활약이 두드러졌다. 가벼운 갑옷을 입고 전쟁터를 누비는 아시가루足輕나 잡병들이 전투의 승패를 좌우했다. 그들의 태반이 강제로 동원된 농민이거나 돈을 받고 임시로 고용된 존재였다. 전국시대에는 그들이 진심으로 믿고 따를 수 있는 통솔자가 요구되었다. 호조 소운은 누구보다도 '아랫것들'의 심리를 잘 알고 있었다.

니라야마성에는 호조씨 일족이 거주하고 있었다. 호조씨는 가마쿠라 시대 이래의 명문 가문이었다. 이세 신쿠로는 고코쿠지성 성주가 되었을 때부터 호조 가문의 명망을 훔칠 생각에 골몰했다. 때마침 니라야마 호조씨 당주가 사망했다. 이세 신쿠로는 호조씨의 중신 중에서 믿을 만한 사람을 중매쟁이로 내세워 호조 가문의 미망인과 혼인했다. 신쿠로는 호조 가문의 미망인을 배필로 맞이하면서 호조씨를 칭했고, 자연스럽게 니라야마성도 차지할 수 있게 되었다. 호조씨 일족과 가신들도 절묘한 타협을 한 셈이었다. 능력이 있는 이세 신쿠로를 영입함으로써 호조 가문의 명맥을 유지할 수 있었고 자신들의 처지도 안정되었다.

이 무렵에 호리코시쿠보 가문에서 소동이 일어났다. 아시카가 마사토모는 전처와의 사이에 차차마루茶々丸, 후처와의 사이에 요시즈미義澄와 준潤이라는 아들을 두고 있었다. 그런데 마사토모는 10여 살이 된 차차마루를 행실이 불량하다는 죄목으로 옥에 가두었다. 마사토모의 후처가 자신이 낳은 아들을 후계자로 세우기 위해 차차마루를 미친 사람으로 몰아 옥에 가두었다는 소문이 돌았다. 마사토모는 어린 아들 쥰을 후계사로 삼았다. 가신들이 차차마루를 내치는 것이 부당하다고 간언했으나 마사토모는 듣지 않았다. 요시즈미는 1487년 6월에 이즈를 떠나 교토로 가서 출가했다.

1491년 4월 호리코시쿠보 아시카가 마사토모가 병사했다. 옥에 갇힌 차차마루는 저항하지 않고 생활하며 옥졸들을 안심시켰다. 그러던 어느 날 그는 손톱을 깎아야 하니 작은 칼을 달라고 했다. 대수롭지 않게 여긴 옥졸이 작은 칼을 넣어 주었다. 그러자 차차마루는 그 칼로 옥졸을 죽이고 탈옥했다. 그때 몇몇 가신들이 그의 탈옥을 도왔다. 1491년 7월이었다. 『오닌고키応仁後記』에 따르면, 차차마루는 부엌을 통해 침실로 숨어들어 계모와 어린 이복동생 쥰을 죽였다.

계모와 이복동생을 죽이고 반대파를 숙청한 차차마루는 사실상 호리코시쿠보의 지위에 올랐다. 그러나 차차마루는 행실이 바르지 못하고 가신들을 함부로 대해 폭군이라는 소리를 들었다. 그가 옥에서 탈출할 때 도왔던 가신들이 간언했지만 차차마루는 듣지 않았다. 오히려 가신들에게 할복하라고 명령했다. 차차마루는 가신들의 인망을 얻지 못했다.

호리코시쿠보 가문의 내분은 호조 소운이 기다리고 기다리던 기회

1. 호조 소운 - 떠돌이의 성공담

였다. 1493년 10월 고코쿠지성에 머물던 소운이 군사를 동원했다. 이때 이즈의 몇몇 호족들도 소운의 명에 따라 출진했다.『応仁後記』에는 당시의 상황이 다음과 같이 기록되어 있다. "서둘러 의병의 기치를 올리고 군사를 재촉하여 이즈로 달려가서 차차마루를 공격했다. 이즈의 무사들이 모두 '차차마루는 부모를 죽인 악인이다. 이 자를 돕는 것은 있을 수 없는 일'이라고 하며 모두 차차마루를 배반하고 이세 신쿠로의 편에 섰다."

호조 소운은 200여 명의 무사를 거느리고 이세 방향으로 진격했다. 이때 호리코시쿠보 저택은 경비를 서는 무사들 뿐으로 비어있는 것이나 다름없다는 정보가 입수되었다. 소운이 호리코시쿠보 저택으로 진격할 때 이마가와 우지치카가 보낸 300여 명의 무사가 합류했다. 그들은 가쓰라야마씨葛山氏 일족이었다. 가쓰라야마씨는 가즈라야마성(시즈오카현 스소노시)에 본거지를 두고 슨토군駿東郡의 중부와 남부를 지배하던 호족이었다. 가쓰라야마씨 일족은 일찍부터 이마가와 가문을 섬기고 있었다. 그러니까 호리코시쿠보 저택 급습 작전은 호조 소운과 이마가와 가문의 합동 군사작전이었다고 할 수 있다.

호조 소운은 500여 명의 무사를 10여 척의 배에 나누어 태우고 시미즈우라清水浦(시즈오카시 시미즈쿠에 있는 항만)를 출발했다. 아침부터 배를 저어 한낮에 이즈 반도의 남서쪽에 있는 마쓰자키松崎(시즈오카현 가모군) 인근에 상륙했다. 소운은 호리코시쿠보 저택을 에워싸고 외쳤다. "불을 질러라. 칼을 겨누는 자는 베어버려라." 소운의 군사들이 사방에서 활을 쏘며 포위망을 좁혔다. 저택을 지키는 무사들이 항전했으나 소운의 군사를 막아낼 수 없었다. 소운이 순식간에 호리코시쿠보 저택을 점령했다.

차차마루는 이즈의 니라야마로 도망하여 간조주인願成就院(시즈오카현 이즈노쿠니시)이라는 사원에서 자살했다고 전하기도 하고, 도망하여 아라이성新井城(가나가와현 미우라시 미자키초) 성주 미우라 요시아쓰三浦義同(1451~1516)에게 도움을 청했다고 전하기도 하고, 호리코시쿠보 저택에서 호조 소운에 참살당했다고 전해지기도 한다. 그러나 최근의 연구에 따르면, 소운에 의해 이즈에서 추방된 후 재기를 모색했으나 1498년 8월 가이甲斐(야마나시현 가이시)에서 호조군에 체포되어 살해되었다.

호조 소운은 니라야마성을 손에 넣은 후 간토 지방을 경략한다는 야망을 품었을 것이다. 그러나 뜻을 품었다고 일이 이루어지는 것은 아니다. 더구나 소운이 멸망시킨 호리코시쿠보 가문은 일개 호족이 넘볼 수 있는 상대가 아니었다. 무로마치 막부의 권력이 제대로 기능했다면 불가능한 일이었다. 그렇다면, 소운이 호리코시쿠보 가문으로 진격할 당시 무로마치 막부의 권력 구도에 문제가 발생했고, 소운은 그 틈을 놓치지 않고 군사를 움직였다고 보는 것이 타당할 것이다.

1493년 10월에 호조 소운이 호리코시쿠보 가문을 급습했는데, 그해 4월에 교토 무로마치 막부에 큰 사건이 일어났다. 당시 간레이 지위에 있던 호소카와 마사모토가 10대 쇼군 아시카가 요시타네足利義稙(재위:1차 1490~93/2차:1508~22)을 몰아내고 아시카가 요시즈미足利義澄(재위:1495~1508)를 11대 쇼군으로 추대하는 정변이 일어났다. 이 정변에 막부의 8대 쇼군 아시카가 요시마사의 처 히노 도미코日野富子도 관여했다. 10대 쇼군 요시타네는 아시카가 요시미의 아들이었고, 11대 쇼군에 취임한 요시즈미는 호리코시쿠보 아시카가 마사토모와 그의 후처 사이에 태어난 아들이었다.

호리코시쿠보 가문에서 정변이 일어났을 때, 아시카가 요시즈미는 교토로 가서 출가했기 때문에 다행히 죽음을 면할 수 있었다. 차차마루는 11대 쇼군 요시즈미의 모친과 동생을 죽인 불구대천의 원수였다. 그런데 호리코시쿠보 가문에서는 아시카가 마사토모 후처파와 차차마루파가 대립했고, 그것이 1491년 7월의 내분으로 폭발했을 것으로 여겨진다. 소운은 교토 무로마치 막부의 실권을 장악한 호소카와 마사모토와 친밀한 관계를 유지했고, 호리코시쿠보 가문과의 관계에서는 마사토모 후처파와 원만한 관계를 유지했다.

호조 소운이 차차마루를 제거한다는 명분으로 호리코시쿠보 가문을 급습했을 때, 교토 무로마치 막부의 간레이 호소카와 마사모토는 움직이지 않았고, 11대 쇼군에 취임한 요시즈미 또한 모친과 동생의 원수 차차마루를 응징하기 위해 거병한 소운을 제지할 이유가 없었다. 그리고 호리코시쿠보 가문 내부에서도 이미 마사토모 후처파가 소운과 내통하고 있었다. 소운은 큰 어려움 없이 호리코시쿠보 가문을 멸망시킬 수 있었고, 정치적 부담도 질 필요가 없었다.

이 무렵에 호조 소운이 출가하여 법명을 소즈이宗瑞라 칭했다. 일본에서는 천황이나 막부의 쇼군은 물론 다이묘도 나이가 들면 출가하는 습속이 있었다. 16세기 이후에는 호상들도 만년에 출가하는 경우가 많았다. 출가했다고 해서 속세를 떠나 사원에 거주하면서 수행한 것은 아니었다. 머리를 깎고, 승려 복장을 하고, 법명을 사용하며 지내는 것뿐이었다. 오히려 출가 전보다 왕성하게 활동하는 자들이 대부분이었다.

『기타노샤케닛키北野社家日記』에 따르면, 호조 소운은 1491년 5월까지 문서에 '伊勢新九郞'라고 서명했으나 1495년 2월에 발급된 공문서에는 '伊勢宗瑞'라고 서명했다. 이 무렵부터 소운은 스스로 소운안早雲庵 소스이宗瑞라고 칭했다. 소운은 1491년 5월부터 1495년 2월 사이에 출가했을 것이다. 그의 법명 소즈이는 일본 선종의 본산 임제종 다이토쿠지大德寺에서 받은 것이었다. 소운이 한때 임제종 사원 겐닌지建仁寺와 다이토쿠지에서 지냈던 인연이 있었기 때문일 것이다.

호조 소운은 어떤 계기로 출가를 결심하게 되었을까? 그는 1493년 호리코시쿠보 가문을 멸망시킨 것을 계기로 출가를 결심했던 것 같다. 일본에서는 어떤 결정적인 정치적 계기와 동시에 출가하는 경우가 많았다. 소운이 호리코시쿠보 가문을 멸망시킨 사건은 그야말로 목숨을 건 도박이었다. 당시 막부의 권력이 흔들리지 않았다면 엄두도 못 낼 일이었다. 출가는 스스로 거듭나는 정치적 의식이었다. 소운은 불가능에 가까운 일을 성취한 후, 한 차원 높은 신분으로 비약하겠다는 야망을 품고 출가 의식을 거행했을 것이다.

호리코시쿠보 가문을 멸망시킨 호조 소운은 이즈 지역 통치에 전념했다. 이 무렵 소운은 자신이 원래 호조씨 일족이었다는 소문을 퍼뜨렸다. "내가 지금 이세씨를 칭하지만, 사실 나는 호조씨였다. 1337년 가을 고다이고 천황의 여덟째 아들이 간토 지방으로 진출할 때 나의 선조 호조 도키유키北条時行가 친왕을 수행하여 이세 지역으로 들어왔다. 그 후 이세 도키유키라고 개명하고 그 지역에서 숨어 지냈다. 세월이 흘러 내가 태어났다. 이윽고 인연 따라 이곳 니라야마에 오게 되었고, 다시 호조 가문의 당주 지위를 승계했다. 모두 하늘이 도와 본성 호조씨를 칭할 수 있게 되었다. 이제 내가 어찌 이세씨를 칭하겠는가?"

호조 소운은 인심을 얻기 위해서라면 무슨 짓이라도 하는 사람이었다. 자신이 원래 호조씨였다는 소문을 퍼뜨린 것도 인심을 얻기 위해서였을 것이다. 그는 특히 무사들의 환심을 사기 위해 노력했다. 급전을 빌려준 무사가 진심으로 감사의 뜻을 표하고 예의를 갖추어 공경하면 빚을 탕감해 주었다. 그러면 무사들이 스스로 원하여 소운의 가신이 되었다. 소운은 자신의 저택 주변에 집을 지어 무사들이 살게 했다. 소운을 섬기는 무사들이 점점 많아졌다.

생활이 안정되면 정치도 안정되는 법이다. 호조 소운은 그것을 알고 있었다. 그는 농민들의 연공年貢 즉, 조세 부담을 줄였다. 당시 연공은 6공4민六公四民 즉, 영주가 수확량의 60퍼센트를 수취하고, 농민이 40퍼센트를 갖는 것이 일반적이었다. 7공3민을 고수하는 영주도 적지 않았다. 그런데 소운은 무사들에게 줄 봉록이 부족해도 4공6민의 원칙을 지켰다. 소운이 인정을 베풀자 농민들이 복종했다. 『応仁後記』에 다음과 같은 기록이 있다. "삼백 리 이내는 모두 호조 소운의 위풍에 복종했다."

『고요군칸甲陽軍鑑』에 호조 소운의 정치에 대하여 다음과 같은 기록이 있다. "이세 신쿠로는 백성들을 잘 다스렸다. 연공을 가볍게 부과하고, 농사와 양잠을 장려하고, 군사를 잘 조련하고, 백성이 어려움을 겪는지, 질병에 시달리지 않는지 세밀하게 살폈다. 쌓아둔 재산을 나누어주고, 이자를 싸게 하여 농민들에게 대여했다. 백성이 서로 사이좋게 지내고, 군사들이 기꺼이 임무를 수행하는 것이 마치 사지가 몸통에 붙어있는 것과 같이 자연스러웠다."

호조 소운은 니라야마성에 본거지를 두고 이즈 일대를 다스렸다. 『호조고다이키北条五代記』에는 "이 무렵부터 세상 사람들이 소운을 호조님이라고 부른다."는 기록이 있는데, 그것을 뒷받침하듯이 『누마즈

잣키沼津雜記』에 다음과 같은 기록이 있다. "고코쿠지성과 삼마이바시성 두 성을 이마가와 가문에 돌려주었다." 그의 야심이 이미 이즈 지역으로 옮겨갔고, 그곳을 발판으로 간토 지방을 제패할 수 있다는 자신감을 얻었다는 것을 알 수 있다. 『고쿠시지쓰로쿠国史実録』에 다음과 같은 기록이 있다. "소운이 성을 호조씨로 바꿨는데, 간토 지방을 노리겠다는 야망도 이 무렵에 싹텄다."

호조 소운이 노리던 곳은 사가미(가나가와현)의 오다와라성이었다. 오다와라는 하코네의 동쪽 편에 있는 간토 지방의 관문이었고, 하코네의 험준한 지형이 에워싸고 있는 난공불락의 요새이기도 했다. 오다와라를 차지하지 못하면 간토 지방으로 진출할 수 없었다. 1494년에 오다와라성 성주 오모리 우지요리大森氏頼(?~1494)가 사망하고, 아들 오모리 후지요리大森藤頼(?~1503)가 대를 이었다.

오모리 후지요리와 호조 소운은 나이 차가 많이 났지만, 두 사람은 잘 알고 지내는 사이였다. 둘은 모두 간토 간레이 가문의 일족인 우에스기 사다마사上杉定正(1443~94)의 가신이었기 때문이다. 소운은 먼저 오모리 후지요리에게 진귀한 선물을 보내며 안심시킨 다음, 후지요리에게 하코네 일대에서 사냥하고 싶으니 허락해 달라고 청했다. 후지요리는 무심코 소운의 청을 들어주었다. 그러자 소운이 군사들을 사냥꾼으로 변장시켜 험준한 하코네산을 넘어 오다와라성을 급습했다고 전해진다. 그러나 위의 내용은 여러 군기물에 나오는 이야기일 뿐이다.

사실로 인정하기 어렵다.

호조 소운이 오다와라성을 급습한 것은 1495년 9월로 알려졌지만, 1496년에 작성된 것으로 추정되는 우에스기 아키사다上杉顯定(1454~1510)의 서신에는 소운이 오다와라성을 공격했으나 미우라 가문이 원군을 보내 물리쳤다고 기록되어 있다. 그렇다면 소운이 오다와라성을 공략한 것은 그 후에 일어난 일일 것이다. 최근 연구에 따르면, 늦어도 1501년경에는 호조 소운이 오다와라성을 손에 넣었던 것 같다.

호조 소운이 오다와라성에서 오모리씨를 몰아낸 후, 오모리씨 일족의 영지를 빼앗아 그것을 직할령으로 삼거나 가신들에게 나누어주었다. 그리고 오모리씨가 거느리던 무사들을 자기편으로 끌어들이는 일에 힘을 기울였다. 이때 오모리씨의 가신으로 니시군西郡(가나가와현 니시군)에서 가장 넓은 영지를 보유한 마쓰다씨松田氏・이타베오카씨板部岡氏・난조씨南条氏, 그리고 시노쿠보씨篠窪氏・도야마씨遠山氏・시마즈씨島津氏・오바타씨小幡氏・오타씨太田氏 등이 소운의 가신단에 편입되었을 것으로 추정된다.

1508년까지 호조 소운이 군사를 움직인 것은 대부분이 이마가와 가문의 작전에 참여하기 위해서였다. 그러나 1509년 8월 소운의 군사작전 성격이 일변했다. 소운이 사가미의 슈고 우에스기 도모요시上杉朝良

(?~1518), 간토 간레이 우에스기 아키사다上杉顯定(1454~1510) 등과 사이가 틀어졌기 때문이다. 이때부터 소운은 이마가와 가문의 군사작전에 참가하지 않고, 독자적으로 작전을 전개하여 우에스기 가문의 영지를 침공하기 시작했다. 소운의 전략은 간토 지방의 내란 상황과 밀접한 관련이 있었다.

호조 소운은 우에스기 도모요시의 영지를 침공하고, 나카군中郡의 두 곳에 요새를 구축했다. 소운은 우에스기 도모요시의 가신을 회유하여 곤겐야마성權現山城(가나가와현 요코하마시)에서 반란을 일으키도록 했다. 1510년 5월 소운은 우에스기 아키사다의 영지를 침략하여 아키사다의 중신이 지키는 구누기다椚田(도쿄토 하치오지시) 요새를 공격했다. 그러자 우에스기 가문이 대군을 동원하여 호조군을 공격했다. 소운이 반격했지만, 우에스기군의 공세에 밀렸다. 소운의 사가미 침략이 일시 좌절되었다.

이 무렵 우에스기 가문에서 당주 지위 승계를 둘러싸고 내분이 일어났다. 1512년 6월 호조 소운이 그 틈을 노려 다시 가마쿠라로 진출했다. 1513년 정월 소운은 가마쿠라 인근에서 적과 전투를 벌여 승리했다. 4월에는 미자키성三崎城(가나가와현 미우라시 시로야마마치)을 공격하고, 7월에는 스미요시성住吉城(가나가와현 즈시시逗子市)을 점령했다. 그러나 미우라씨 일족이 항전하는 미자키성 공략이 쉽지 않았다. 소운이 군사를 총동원했다. 7월 11일 소운은 기어이 미자키성을 점령했다. 미자키성을 본거지로 하던 미우라씨가 멸망했다.

1516년 11월 호조 소운이 가즈사上総(지바현 중부)로 건너가 모바라茂原(지바현 모바라시)를 침략했다. 1517년 윤10월 소운의 가신이 에도만 일대에 금령을 내린 것으로 보았을 때, 소운이 해상에서 군사작전을 벌였다는 것을 알 수 있다. 당시 가즈사 지역에서는 호족 다케다씨武田氏와 오유미하라씨小弓原氏가 영토 쟁탈전을 벌이고 있었다. 다케다씨는 마리야쓰성真里谷城(지바현 기사라즈시 마리야쓰)에 본거지를 두고 가즈사의 서부를 차지하고 있었고, 오유미하라씨는 오유미성小弓城(지바현 지바시 주오쿠)에 본거지를 두고 시모사下総(도쿄토의 동부·지바현의 북부·이바라키현의 남서부)의 에도만 일대를 지배하고 있었다. 두 세력은 가즈사의 북부를 차지하기 위해 싸웠다. 소운은 다케다씨를 지원한다는 명분으로 가즈사로 진출했다.

소운은 1518년 2월에서 8월 사이에 호조 가문의 당주 지위를 아들 호조 우지쓰나北条氏綱(1487~1541)에게 물려주었을 것으로 추정된다. 호조 우지쓰나는 본거지를 오다와라성으로 옮겼다. 소운은 니라야마성에서 여생을 보내다가 1519년 8월 15일에 파란만장한 삶을 마감했다. 그의 시신은 슈젠지修禅寺(시즈오카현 이즈시)로 옮겨져 다비식을 거행했다. 1521년에 호조 우지쓰나가 소운지早雲寺(가나가와현 아시카라시모군 하코네마치)를 창건하고, 그곳에 소운의 유골을 안치했다.

CHAPTER2. 사이토 도산
- 나라를 훔친 기름 장수

 일본인들에게 센고쿠다이묘라는 이미지에 가장 적합한 인물이 누구냐고 묻는다면 아마 십중팔구는 사이토 도산斎藤道三(?~1556)이라고 대답할 것이다. 센고쿠다이묘 사이토 도산을 다른 다이묘들과 비교해 보았을 때, 그의 역사적 역할은 그다지 크지 않다. 그러나 이상하게도 여러 센고쿠다이묘 중에서 그의 이름이 가장 많이 알려져 있다. 그 이유는 무엇일까?

사이토 도산은 하극상 시대를 대표하는 인물이었다. 그래서인지 그의 별명은 미노美濃(기후현 남부)의 살모사였다. 살모사는 한자로 殺母蛇라고 쓴다. 어미를 잡아먹는 뱀이라는 뜻이다. 도산이 이러한 별명으로 불리게 된 것은 자신을 보호하고 성장할 수 있는 기회를 제공한 주군을 살해하고 그 영지를 차지한 교활함 때문일 것이다. 실제로 도산은 목적을 달성하기 위하여 온갖 음험한 술책을 다 썼다. 최후에는 아들에게 죽임을 당했다. 그의 생애는 결코 평범하지 않았다.

사이토 도산

그런데 전국시대 다이묘들의 삶은 누구라고 할 것 없이 평범하지 않았다. 전국시대는 전쟁의 시대였으며 하극상의 시대였다. 권모술수에 능한 사람만이 그 살벌한 시대를 돌파할 수 있었다. 하극상을 되풀이하면서 다이묘 지위에 올랐지만, 비참한 최후를 맞이한 것이 비단 사이토 도산만이 겪었던 일은 아니었다. 사건의 내용만 달랐을 뿐, 다른 센고쿠다이묘도 하극상을 되풀이하면서 나이가 들었고, 권력을 지키기 위해 가족과 친족을 죽였다. 말년까지 무탈하게 지내다가 천수를 다한 사람은 거의 없었다. 그런데도 예부터 유독 도산에게 효웅, 미노의 살모사라는 악명이 따라다녔고, 양심이 티끌만큼도 없는 흉악한 인물이라고 알려졌다.

중세 시대 기름을 파는 행상

사이토 도산은 기름을 파는 행상인이었다. 전국시대 상인은 점포를 소유한 자와 각지를 떠돌아다니며 물건을 파는 행상으로 구분되었다. 전자는 비교적 부유한 상인이었고 후자는 자본이 부족한 상인이었다. 사이토 도산은 후자에 속하는 떠돌이 기름 장수였다. 도산은 온갖 수단을 동원하여 아부라자油座 즉, 기름을 파는 조합의 구성원이 되었다. 처음에 교토와 그 주변 지역에서 행상을 시작했으나 나중에는 미노 지역으로 진출했다. 도산은 장사 수완이 남달랐다.

사이토 도산의 전기라고 할 수 있는 『미노코쿠쇼큐키美濃国諸旧記』에 다음과 같은 일화가 소개되어 있다. "사이토 도산은 이치몬센一文錢이라는 동전 구멍을 통해 기름을 병에 부었고, 기름을 동전 위에 단 한 방울이라도 떨어뜨리면 돈을 받지 않겠다고 말했다." 다른 기름 장수는 깔때기를 이용하여 병에 기름을 부었지만, 도산은 깔때기 대신에 동전의 구멍을 통해 기름을 부으며 그 장면을 고객에게 보여주었다. 사람들을 모아놓고 마치 길거리 공연하듯이 기름을 팔았다.

사이토 도산이 기름 장수가 되어 교토에서 미노로 진출할 때까지의 경력을 살펴보면 대략 다음과 같다. 도산은 1494년 야마시로山城의 오토쿠니군乙訓郡 니시오카西岡(교토시 니시쿄쿠 나가오카시 · 무코우시 · 나가오카쿄시의 일부) 지역에서 마쓰나미 모토무네松波基宗의 아들로 태어났다고 알려졌다. 하지만 그의 출생지를 그대로 믿기 어렵다. 『美濃国諸旧記』에 따르면, 도산은 1494년에 태어났다. 하지만 1504년에 태어났다는 설도 있다. 그의 출생 연도 또한 정확하지 않다.

사이토 도산의 부친 마쓰나미 모토무네는 호쿠멘의 무사北面の武士였다고 전해진다. 호쿠멘의 무사는 11세기 말에 시라카와 법황白河法皇(1053~1129)이 창설한 경비 조직으로 주로 상황이나 법황의 궁궐을 경호하는 무사단이었다. 그들은 비교적 높은 지위였다. 그러나 무로마치 막부의 권력이 약화하고, 천황의 권위가 실추하면서 호쿠멘의 무사 조직이 축소되었다. 조정이 궁핍하여 호쿠멘의 무사에게 봉록을 줄 형편이 안 되었기 때문이다. 낭인 신세가 된 마쓰나미 모토무네는 오토쿠니군의 니시오카로 옮겨 살게 되었다고 전한다.

사이토 도산의 아명은 미네마루峰丸였다. 그는 어렸을 때부터 매우 영리했고, 키도 크고 인물이 수려했다고 한다. 집안이 가난했던 마쓰나미 모토무네는 그의 아들 미네마루를 교토 묘카쿠지妙覺寺(교토시 가미교쿠)의 승려 니치젠日善의 제자로 들여보냈다. 묘카쿠지는 니치렌종日蓮宗 44본산의 하나였다. 미네마루는 출가하여 호렌보法蓮坊라는 법명을 받았다. 호렌보는 얼마 지나지 않아 두각을 나타내기 시작했다. 승려의 자질을 갖추었고, 학문에도 뛰어난 수재라고 이름이 났다.

그러나 사이토 도산이 수재였다는 기록을 그대로 믿을 수는 없을 것 같다. 『美濃国諸旧記』에 "묘카쿠지에 입문하여 호렌보를 칭했다."는 기록은 사실과 부합하지만, "불교 서적뿐만 아니라 유학·군사학에도 능통하고 궁술과 포술에도 뛰어났다."는 기록은 사실이라고 믿기 어렵다. 필자는 『美濃国諸旧記』의 저자가 도산의 재능을 강조하기 위해 빌려다 쓴 상투어에 불과하다고 생각하고 있다.

사이토 도산이 몇 살 때인지 알 수 없지만, 승복을 벗고 나라야 마타베에奈良屋又兵衛의 딸을 아내로 맞아들였고, 그 후 장인의 배려로 기름장수가 되었다. 우리나라에서는 승려가 환속하면 계율을 지키지 못하고 수행에 실패한 자라고 비난하지만, 일본 전국시대에 승려의 환속은 매우 흔한 일이었다. 결코 부끄러운 일이 아니었고, 남에게 비난받을 일은 더욱 아니었다.

기름 장수가 된 사이토 도산은 야마자키야 쇼고로山崎屋庄五郎라고 개명했다. 그 후 도산은 교토에서 미노로 진출하게 되지만, 그사이에 어떤 일이 있었는지 알 수 있는 자료가 없다. 이치몬센이라는 동전의 구멍을 통해 기름을 붓는 길거리 공연을 시도한 행상인이라는 이야기가 생겨난 것도 그의 젊은 시절의 이력이 분명하지 않았기 때문일 것이다. 도산이 기름 장수였다는 것이 사실이라면, 상당한 기간 그 일에 전념했을 것이고, 분명히 기름 장수의 신분으로 교토와 지방 각지를 왕래하며 장사를 했을 것이다.

　사이토 도산이 미노에 정착할 수 있었던 것은 묘카쿠지에서 승려로 생활할 때 함께 공부했던 동료 니치운日運의 도움이 컸다. 도산은 자기보다 늦게 승려가 된 니치운과 친하게 지냈던 것 같다. 당시 미노의 슈고는 도키씨土岐氏였는데, 니치운의 친형 나가이 도시타카長井利隆(1445~1515)는 도키 가문의 중신이었다. 그래서 니치운은 묘카쿠지에서 수행을 마치고 귀국하여 이나바야마성稲葉山城(기후현 기후시 이나바야마에 있던 성)의 조카마치에 있는 조자이지常在寺의 주지가 되었다.

　『美濃国諸旧記』에 따르면, 사이토 도산이 사원에서 공부할 때 학문에도 조예가 깊었지만, 말재주 또한 뛰어났다. 니치운이 도산을 믿고 따랐고, 도산도 니치운을 보살펴주었다. 그런 인연으로 기름 장수가 된 사이토 도산이 먼저 니치운을 찾아갔는지, 아니면 도산의 실력과 인품을 잘 아는 니치운이 도산을 불렀는지 알 수 없다. 하지만 사이토 도산의 움직임을 보면, 그가 교토와 미노를 몇 번 왕래하는 동안에 니치운과 점점 가까워졌던 것 같다.

사이토 도산은 기름을 팔아서 적지 않은 부를 축적했다. 그러던 어느 날 도산에게 기름을 산 무사가 말했다. "당신은 기름 파는 재주가 뛰어나다. 그런데 장사하는 재주를 무예를 익히는 데 쓴다면 정말 훌륭한 무사가 될 수 있을 것 같다." 사이토 도산은 그 무사의 말을 듣고 정신이 번쩍 들었다. 무사가 되어야겠다고 결심한 도산은 즉시 장사를 그만두고 창술·검술·궁술을 익히기 시작했다. 얼마 지나지 않아 도산은 무예의 달인이 되었다.

사이토 도산은 니치운을 찾아가 자신의 속마음을 털어놓았다. 니치운은 도산을 친형 나가이 도시타카에게 소개했다. 니치운은 미노의 군사·행정 책임자이며 이나바야마성 성주였던 나가이 나가히로長井長広(?~1533), 미노의 슈고다이 사이토 도시나가斎藤利良(?~1538) 등에게도 도산을 소개했다. 그 후 사이토 도산은 미노의 명문 나가이·사이토 가문을 동시에 출입하게 되었다. 모두 니치운 덕분이었다.

사이토 도산은 나가이·사이토 가문에 출입했지만, 두 가문의 가신이 되지는 않았다. 나가이 나가히로가 도산을 가신으로 삼지 않고, 그를 슈고 도키 마사후사土岐政房(1457~1519)에게 추천했다. 나가히로는 도산이 훗날 자신을 위해 도움이 될 수 있는 인물이라고 생각했을 수도 있다. 도키 마사후사도 도산이 마음에 들었던 것 같다. 마사후사는 도산을 가신으로 삼으려고 했다. 그러나 마사후사의 아들 도키 요리타케土岐賴武(?~1530)가 반대했다. 도산이라는 인물이 싫었을 수도 있고, 다른 지방 사람을 가신으로 들이는 것이 마음에 걸렸을 수도 있다. 그러나 도산은 도키 가문의 가신이 되는 것을 포기하지 않았다. 나가이 나가히로의 소개로 요리타케 동생 도키 요리아키土岐賴芸(1502~82)의 가신이 되었다.

사이토 도산이 도키 가문의 가신이 되려고 했던 것은 도산 자신의 야심 때문만은 아니었을 수도 있다. 나가히로가 믿을 수 있는 인물을 도키 가문으로 들여보내려고 했을 수도 있다. 도키 요리타케가 도산이 도키 가문의 가신이 되는 것에 반대했던 것은 나가이씨 세력이 가까이에 침투하는 것을 경계했다고 볼 수도 있다. 어쨌든 사이토 도산은 자의반 타의반으로 미노의 권력 쟁탈전 와중에 몸을 던졌다. 사이토 도산이 도키 요리아키를 섬기게 되었을 무렵 그의 나이는 아직 20대였다.

사이토 도산에게 절호의 기회가 찾아왔다. 미노의 슈고 도키 마사후사 가문에 내분이 일어났다. 후계자 지위를 둘러싸고 마사후사의 두 아들 요리타케와 요리아키가 다툼을 벌이게 되었다. 사이토 도산이 분쟁을 일으켰다고 알려졌지만, 전국시대 무사 가문에서 후계자 지위를 둘러싼 분쟁은 일상다반사였다. 도산은 다만 가문의 내분이라는 절호의 기회를 잘 이용했을 뿐이라고 보는 것이 타당하다.

전국시대는 내분의 시대였다고 해도 과언이 아니다. 싸움으로 날이 새고 졌던 전국시대 다이묘들 대부분이 정략결혼을 했다. 그래서 처와 첩 사이에도 파벌이 있었고, 그녀들의 손에 양육된 자식들도 각각 가신들을 거느렸다. 가문의 당주가 생존해 있을 때는 평온했지만, 그가 사망하면 자제들이 후계자 지위를 쟁취하기 위해 싸웠다. 그들의 의지와 상관없이 가신단의 힘에 밀려 어쩔 수 없이 싸움에 앞장서지 않을 수 없는 경우가 대부분이었다.

당시 무사 사회에 일자상속제가 정착했다. 상속자가 모든 권력과 자산을 물려받았다. 무사 가문의 당주 승계 문제는 단지 상속자 개인의 문제로 국한되지 않았다. 장남을 받드는 무사들과 차남을 섬기는 무사들이 대립했다. 무사들이 당주 지위 승계를 둘러싼 싸움에 개입하면, 무사단 상호 간에 목숨을 거는 싸움으로 발전했다. 한쪽이 권력과 재산을 상속하면 다른 쪽에 속했던 무사들은 실업자가 되었다.

도키 가문 내분의 실마리는 도키 가문의 당주 도키 마사후사가 제공했다. 그가 장남 요리타케를 제쳐두고 차남 요리아키를 후계자로 지목했기 때문에 분쟁이 일어났다. 도키 가문의 내분은 가신단 상호 간의 투쟁으로 발전했다. 『美濃国諸旧記』의 저자는 도산의 음모를 매우 두드러지게 묘사했지만, 그것을 모두 믿을 수는 없다. 하지만 도산이 도키 가문의 내분에 적극적으로 개입하여 자신이 섬기는 차남 요리아키를 후계자로 세우고, 장남 요리타케의 공격을 막아낸 것은 사실이었다.

당시 무로마치 막부는 도키 가문의 내분에 간섭할 여력이 없었다. 도키 마사후사가 사망한 후, 도키 가문이 슈고다이묘에서 센고쿠다이묘로 거듭나는 데 성공하느냐 그렇지 않으냐는 후계자 지위를 놓고 싸웠던 장남 요리타케와 차남 요리아키가 가신들을 힘으로 누르고 영지를 지배할 수 있는 실력이 있느냐 없느냐에 달려있었다. 그러기 위해서는 먼저 힘으로 상대를 물리치지 않으면 안 되었다. 그러나 요리타케와 요리아키에게 그러한 실력이 없었다.

도키 가문에 내분이 일어났을 때, 당주 도키 마사후사와 나가이 나가히로는 차남 요리아키를 지원했고, 슈고다이 사이토 도시나가는 도키 요리타케를 지지했다. 1517년 싸움에서 장남 도키 요리타케가 승리하여 기선을 잡았다. 하지만 다음 해에 나가이 나가히로와 도키 요리아키가 반격에 성공했다. 패배한 장남 요리타케는 처자식을 데리고 에치젠(후쿠이현 북부)으로 도망하여 아사쿠라 가문에 도움을 요청했다. 1519년 도키 마사후사가 사망하자, 장남 요리타케가 아사쿠라 가문의 군사를 이끌고 와서 차남 요리아키를 몰아내고 미노의 슈고 자리를 차지했다.

그로부터 몇 년이 지난 후, 나가이 가문의 가신 니시무라 마사모토西村正元에게 자식이 없어 대가 끊기게 되었다. 그러자 도키 요리아키와 나가이 나가히로는 도산에게 니시무라 가문의 당주 지위를 승계하도록 했다. 사이토 도산은 니시무라 간쿠로西村勘九郎로 개명했다.

1526년 12월 도키 요리아키는 자신의 애첩을 도산에게 '하사'했다. 1527년 6월에 도산의 장남 사이토 요시타쓰斎藤義竜(1527~61)가 태어났다. 요시타쓰는 도산이 주군 도키 요리아키로부터 첩을 '하사'받은 지 6개월 만에 태어났다. 요시타쓰가 도키 요리아키의 자식이라는 소문이 돌았다.

1526년경 사이토 도산은 나가이 도시타카와 함께 계략을 꾸몄다. 1527년 8월 도산과 도시타카는 도키 요리아키를 슈고로 추대하고, 5500여 명의 군사를 동원하여 슈고 도키 요리타케를 급습했다. 아사쿠라 가문의 군사력에 의지하던 슈고 요리타케는 가와테성川手城(기후현 기후시 쇼호지초)을 지키지 못하고 도주했다. 도키 요리타케를 몰아낸 도키 요리아키가 가와테성으로 들어가 실권을 장악했다. 그 공으로 사이토 도산에게 넓은 영지가 주어졌다. 도키 요리아키는 도산을 더욱 신임했다.

도키 요리아키가 도키 가문의 당주가 되면서 슈고에 취임했다. 도산이 요리아키의 최측근이 되면서, 도산의 위세에 대항할 수 있는 자가 없었다. 도산이 미노를 훔칠 수 있는 여건이 무르익었다. 이때부터 도산은 도키 요리아키를 조종하고, 그의 권위를 이용하여 미노 지역의 지배권을 장악하기 위해 권모술수를 부리기 시작했다. 도산이 야망을 이룰 수 있었던 배경에는 도키 요리아키가 도산을 신뢰했고, 그가 하는 대로 맡겨두었다는 점에 주목해야 한다.

사이토 도산이 도키 요리아키를 처음 섬겼을 때부터 그를 추방할 때까지 20여 년의 세월이 걸렸다. 그동안 도산은 요리아키의 두 아들에게 자기의 두 딸을 차례로 시집보냈고, 요리아키의 첩을 아내로 맞아들이는 밀월의 시간을 보냈다. 모두가 권모술수라고 단정할 수 없는 두 사람의 끈끈한 유대관계가 있었던 것이 사실이다.

하여튼 사이토 도산은 도키 요리아키를 받들면서 자신의 야망을 펼칠 수 있는 기반을 마련했다. 도산이 도키 가문의 권력을 훔치기 위해서는 우선 대항 세력을 몰아내야 했다. 도산이 가장 먼저 제거하려고 했던 것은 바로 자신을 도키 가문에 추천했던 은인 나가이 나가히로였다. 당시 슈고는 도키 요리아키였지만, 미노 지역을 사실상 지배한 것은 군사·행정을 담당하던 나가이 나가히로였다. 도산은 도키 요리아키와 나가이 나가히로 사이를 이간하고, 요리아키를 방패 삼아 나가히로를 제거할 계획을 세웠다.

전국시대 다이묘의 중신이라면 자신의 거성과 영지를 보유하고 있었다. 도키 요리아키는 형 도키 요리타케를 몰아낸 후, 사이토 도산에게 이코야마성祐向山城(기후현 모토스시)을 하사했다. 그곳은 에치젠에서 미노로 진입하는 요충지였다. 도산은 쫓겨난 도키 요리타케가 에치젠 아사쿠라 가문의 군사를 빌려 미노로 쳐들어오는 것을 방어하겠다는 명분으로 이코야마성 성주를 자청했을 가능성이 있다. 하지만 도키 가문의 권력을 사실상 장악한 도산은 이나바야마성을 노렸다. 그곳이 바로 나가이 나가히로의 거성이었다.

사이토 도산은 1530년경에 자객을 보내 나가이 나가히로를 암살했다. 이어서 도산은 나가이 가문을 강제로 장악하고, 스스로 나가이 가문의 당주 지위를 승계했다. 그리고 니시무라 간쿠로에서 나가이 노리히데長井規秀로 개명했다. 그리하여 도산은 슈고의 거성보다 웅장한 이나바야마성을 차지했다. 도산이 슈고 가문을 능가하는 실력자가 되었다. 도산은 나가이씨 일족의 공격을 받았지만, 일단 피신한 후에 중신을 중재자로 내세워 사태를 무마하기도 했다.

이나바야마성을 손에 넣은 사이토 도산은 미노 지역의 통솔자가 되겠다는 야망을 거침없이 드러냈다. 도산은 호족들을 포섭하여 가신단의 규모를 확대했다. 그리고 자신의 권위를 높이는 작업을 했다. 1533년 사이토 도산은 미노의 명문가 아케치 미쓰쓰구明智光継(1468~1538)의 딸 오미노카타小見の方를 처로 맞아들였다. 오미노카타는 도산의 정실이 되었고, 그녀가 낳은 딸 노히메濃姬가 훗날 오다 노부나가의 정실이 된다.

1538년에 슈고다이 사이토 도시나가가 병사했다. 그에게 자식이 없었다. 그러자 사이토 도산은 다시 사이토 가문의 당주 지위를 승계하고, 사이토 도시마사斎藤利政로 개명했다. 1539년에는 이나바야마성의 산기슭을 정비하는 것을 시작으로 대대적인 축성공사를 했다. 이 무렵 조정은 사이토 도산에게 야마시로노카미山城守라는 관직을 수여했다. 사이토씨는 미노의 슈고다이를 세습하는 가문이었다. 도산이 사이토씨를 칭하게 되면서 언제라도 도키 요리아키에 대신하여 미노를 다스려도 이상하지 않은 분위기가 조성되었다.

기후성 : 오다 노부나가가 이나바야마성을 점령하고 개축한 후 기후성으로 개칭했다.

미노와 이웃한 오와리尾張(아이치현 서부)에서는 오다 노부나가의 부친 오다 노부히데織田信秀가 실력자로 부상했다. 오다 가문은 사이토 가문에 뒤지지 않는 명문이었다. 당시 오와리의 슈고는 에치젠의 슈고를 겸하던 간레이 가문 시바씨斯波氏였고, 시바 가문의 중신 오다씨는 슈고다이 지위를 세습했다. 그런데 오닌의 난 후, 시바 가문이 몰락하면서 슈고다이였던 오다씨 일족이 사실상 오와리 지역을 지배하고 있었다.

전국시대에는 슈고다이가 주군인 슈고를 몰아내고 그 자리를 차지해도 무사들이 아무런 저항감을 느끼지 않았던 시대였다. 사이토 도산은 드디어 미노를 훔칠 계획을 실행에 옮겼다. 1541년 도산은 도키 요리아키의 동생 도키 요리미쓰土岐賴満를 독살했다. 이 사건으로 도키 요리아키가 도산을 경계하기 시작했다. 도키씨 일족과 가신들이 합심하여 멋대로 권세를 휘두르던 사이토 도산을 몰아내려고 했다.

1542년 그동안 거사를 치밀하게 준비한 사이토 도산이 군사를 거느리고 도키 요리아키의 거성 오가성大桑城(기후현 야마가타시)을 포위했다. 요리아키는 성을 탈출하여 오와리의 잇코지一向寺(아이치현 오카자키시)로 향했다. 요리아키는 오다 노부히데에게 구원을 요청했지만 이미 거성이 함락되고 말았다. 이 무렵부터 도산에게 미노의 살모사라는 별명이 붙었다. 자신을 신뢰하고 출세할 수 있는 길을 열어준 주군들을 차례로 살해하거나 추방하고 권력을 훔친 그의 행동에 걸맞은 별명이었다.

오다 노부히데에게 구원을 요청한 도키 요리아키는 1544년 자신이 추방하여 에치젠의 아사쿠라씨의 비호를 받던 조카 도키 요리즈미土岐賴純(1424~47)와 화해했다. 도키 요리아키·요리즈미는 도키 가문이 슈고의 지위를 되찾아야 한다는 명분을 내걸고 미노를 침공했다. 오와리의 오다 노부히데와 에치젠의 아사쿠라 다카카게朝倉孝景(1493~1543)가 요리아키·요리즈미에게 군사를 제공했다.

사이토 도산은 도키 가문을 지원하는 아사쿠라·오다 가문과 첨예하게 대립하는 것이 자신에게 불리하다고 판단했다. 1546년 사이토 도산은 아사쿠라 가문에 화해의 손길을 내밀었다. 화해가 성립한 후, 도키 요리타케와 도키 요리아키가 미노로 돌아와 살게 되었다. 그런데 화해의 조건이 도키 요리아키가 슈고의 지위에서 물러난다는 것이었다. 요리아키는 슈고의 지위를 조카 요리즈미에게 물려주었다.

한편, 오다 노부히데는 사이토 가문이 내분을 겪고 있을 때 곤궁에 처한 도키 요리아키를 지원한다는 구실로 미노를 침략했다. 1547년 9월 오다 노부히데가 대군을 이끌고 이나바야마성을 공격했다. 하지만 사이토 도산이 가노구치加納口(기후현 기후시 기후역 일대) 전투에서 오다군을 궤멸시키고, 이어서 오다 노부히데가 본진을 둔 오가키성小垣城(기후현 오가키시)도 함락시켰다. 1548년에는 사이토 도산이 오다 노부히데와 화해했다. 도산의 책략으로 도키 요리아키가 다시 고립무원의 상태가 되었다.

1549년 2월 사이토 도산은 딸 노히메를 오다 노부히데의 장남 노부나가에게 시집보내 화친을 맺었다. 그 후 도산은 오다 가문과 내통하며 자신에게 반기를 들었던 도키 요리아키의 가신 아이바성相羽城(기후현 이비군) 성주 나가야 카게오키長屋景興와 이비성揖斐城(기후현 이비군 이비카와초) 성주 이비 미쓰치카揖斐光親를 멸망시켰다. 1552년에는 기타카타성北方城(기후현 모토스군 기타카타초)에 머물던 도키 요리아키를 다시 오와리로 추방했다. 도키 가문이 멸망했다.

1553년 4월 사이토 도산은 오와리의 쇼토쿠지正德寺(아이치현 이치노미야시)에서 사위 오다 노부나가와 대면했다. 도산의 딸 노히메가 노부나가와 혼인한 지 5년째, 1551년 오다 노부히데가 급사하고 노부나가가 가문의 대를 이은 지 2년째 되던 해였다. 당시 노부나가는 20살, 도산은 60살이었다. 도산이 노부나가에게 면담을 요청한 것은 오다 가문의 당주가 된 노부나가의 인물 됨됨이를 직접 확인하고 싶어서였을 것이다.

사이토 도산은 오다 노부나가가 쇼토쿠지로 오는 길목에 있는 주막에 몸을 숨기고 오다군의 행렬을 지켜보았다. 약 800명의 오다군은 5미터가 넘는 장창을 든 부대와 화승총을 들거나 활과 화살로 무장한 부대로 편성되어 있었다. 노부나가는 부하 여러 명이 어깨에 멘 덮개가 없는 가마에 높이 올라앉아 있었다. 그의 복장은 보통 사람의 그것과는 달리 매우 화려했고, 그의 옷에는 이상한 문양이 새겨져 있었다. 그의 손에는 붉은색 칼집에 든 매우 긴 도검이 들려 있었다. 그러나 노부나가가 쇼토쿠지에 도착하여 사이토 도산을 만날 때는 머리를 단정히 빗고, 정장을 차려입고, 위풍당당하게 접견실로 들어왔다. 그 모습을 본 도산은 노부나가가 범상한 인물이 아니라고 확신했다.

1554년 2월 사이토 도산이 장남 요시타쓰에게 당주의 지위를 물려주었다. 권좌에서 물러난 도산은 조자이지常在寺(기후현 기후시 가지카와초)에서 머리를 깎고 출가하는 의식을 거행한 후 사기야마성鷲山城(기후현 기후시)으로 거처를 옮겼다. 이때부터 도산이라는 법호를 사용했는데, 도산은 승려, 상인, 무사 등의 길을 두루 경험했다는 뜻이라고 전한다.

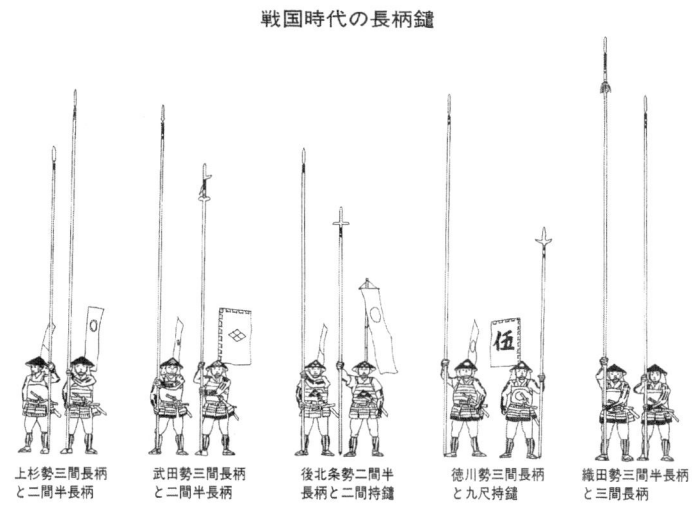

전국시대 다이묘들의 장창대

사이토 도산은 하극상을 거듭하며 다이묘의 지위에 오른 인물이었다. 세상의 인심이 언젠가는 자신에게서 떠난다는 것을 알고 있었다. 그래서 도키 요리아키의 자식이라고 공공연하게 소문이 난 요시타쓰에게 당주의 지위를 물려주었다는 소문이 돌았다. 하지만 도산이 가신들에게 쫓겨났을 수도 있다. 당시 사이토 도산은 다른 센고쿠다이묘들과 같이 혁신적인 민정 개혁을 단행하지 못하고 권력 유지에 급급했다. 가신들은 도산이 더 이상 당주의 자격이 없다고 판단했을 가능성이 있다.

사이토 도산과 장남 요시타쓰 사이의 갈등이 표면화되었다. 도산은 요시타쓰보다 그의 동생 마고시로孫四郎와 기헤이지喜平次를 좋아했다. 요시타쓰가 정말 도키 요리아키의 핏줄이라면 사이토 도산의 심정을 어느 정도 이해할 수 있을 것이다. 도산은 요시타쓰를 당주의 지위에서 물러나게 하고, 그 대신에 마고시로에게 당주 지위를 물려주려고 결심했다. 요시타쓰는 도산의 마음이 자신에게서 떠났다는 것을 알고 선수를 쳤다. 마고시로와 기헤이지를 이나바야마성으로 불러 살해하고 부친 도산과 절연한다고 선언했다.

『信長公記』에 따르면, 1556년 4월 사이토 도산이 사위 오다 노부나가에게 미노의 영지를 물려준다는 유언장을 남기고 나가라가와長良川(기후현 구조시에서 발원하여 미에현으로 흐르는 하천) 주변에서 장남 요시타쓰와 전투를 벌였다. 이 전투에서 사이토 요시타쓰가 거느린 군사는 1만 7000여 명이었다. 도산을 따르는 군사는 2500여 명에 지나지 않았다. 오다 노부나가가 도산을 지원하기 위해 달려왔다. 하지만 이미 전투가 끝난 후였다.

나가라가와 전투에서 패배한 도산은 일단 오가성大桑城으로 도주했다. 도산은 오가성에서 농성하며 요시타쓰군과 싸울 심산이었다. 하지만 도산을 따르는 군사가 거의 없었다. 요시타쓰의 대군이 성을 포위하고 공격했다. 사이토 도산은 끝까지 싸우다 전사했다. 예전에 사이토 도산이 오가성을 공격하여 옛 주군 도키 요리아키를 추방했는데, 자신이 죽음을 맞이한 곳도 바로 오가성이었다.

사이토 도산의 시신은 다섯 토막으로 잘리는 치욕을 당했다. 요시타쓰는 부친 도산의 수급을 거두면서 귀와 코도 베었다고 전한다. 부친 사이토 도산에 대한 증오심이 그만큼 컸다는 것을 알 수 있다. 사이토 도산의 출생 연도가 1494년이 확실하다면, 그는 63세가 되던 해에 사망했다. 도산은 다른 센고쿠다이묘보다는 장수했다고 할 수 있다. 사이토 도산의 무덤 도산즈카道三塚는 기후현 기후시 도산초에 있다.

CHAPTER3. 마쓰나가 히사히데
- 악역무도한 자의 대명사

일본인에게 마쓰나가 히사히데松永久秀(1508~77)가 어떤 인물이냐고 묻는다면, 아마 십중팔구는 전국시대 다이묘 중에서 가장 악독하고 도리에 어긋난 짓을 한 자라고 대답할 것이다. 마쓰나가 히사히데가 악인의 대명사로 각인된 것은 오다 노부나가의 평가가 결정적이었다. 『조잔키단常山紀談』에 다음과 같은 일화가 소개되어 있다.

도쿠가와 이에야스가 오다 노부나가를 대면할 때, 그 옆에 마쓰나가

히사히데가 있었다. 노부나가가 말했다. "보통 사람이 할 수 없는 일을 세 가지나 한 자가 있다. 막부의 쇼군을 시해하고, 자기가 모시는 주군 미요시 요시오키三好義興를 암살하고, 나라奈良의 대불전을 불태운 마쓰나가 히사히데라는 자이다." 그러자 마쓰나가 히사히데가 식은땀을 흘리며 얼굴을 붉혔다.

오다 노부나가는 평소에도 다른 사람의 마음을 헤아리지 않고 심한 말을 아무렇지도 않게 내뱉는 인물이었다. 노부나가의 말에는 가시가 돋쳐 있었다. 사실 노부나가야말로 전국시대 다이묘 중에서 누구에게도 뒤지지 않는 악역무도한 자였다. 마쓰나가 히사히데를 그렇게 매도할 자격이 없는 인물이었다. 그렇지만 세상 사람들은 노부나가가 한 말을 그대로 믿었다.

마쓰나가 히사히데의 출생에 관하여 알려진 자료가 거의 없다. 아와 阿波(도쿠시마현)라는 설, 오미近江(시가현)라는 설, 셋쓰摂津의 이오즈미 五百住(오사카부 다카쓰키시 히가시요즈미초)라는 설, 야마시로山城의 니시오카西岡(교토시 니시쿄쿠)라는 설, 교토에 있는 신사의 하인 또는 하인의 아들이라는 설 등이 있다. 그러나 어느 설도 확실한 근거가 없다. 출생이 비밀에 싸여있으니 당연히 나이도 확실하지 않다. 히사히데는 1577년 10월에 사망했다. 그때 그의 나이가 68세였다고 전해진다. 그래서 연구자들은 1577년에서 역산하여, 히사히데의 출생 연도를 1508년으로 추정하고 있다.

  1851년에 이이다 타다히코飯田忠彦(1799~1860)가 펴낸 『야시野史』에는 히사히데가 후지와라씨藤原氏의 후손으로 1529년 10월부터 미요시 나가요시三好長慶(1522~64)를 섬기기 시작했다고 기록되어 있다. 이 내용은 『히사히데덴久秀伝』이라는 고문서에서 인용한 것 같다. 타다히코는 이어서 히사히데가 1532년에 미요시 나가요시의 최측근이 되었다고 기록했는데, 이것은 『와슈쇼쇼군덴和州諸将軍伝』이 출전이다. 히사히데가 사망했을 때 나이에서 역산하면, 그가 미요시 나가요시를 섬기기 시작한 나이는 20세, 나가요시의 최측근이 된 것은 23세 때였다.

  당시 미요시 나가요시는 아와 지역에 영지를 보유한 호족에 지나지 않았다. 가신이 아무리 많아도 100명을 넘지 않는 규모였다. 하지만 미요시씨 일족은 사누키讚岐(카가와현)와 이요伊予(에히메현)까지 세력을 뻗치고 있었다. 미요시씨 일족은 국제 무역항 사카이堺(오사카부 사카이시)에도 영향력을 미쳤다. 사카이는 일본 제일의 국제 무역항이며 일본 유일의 자유무역 도시라고 알려져 있었다. 사카이가 자치적으로 운영되었다고 하지만, 도시를 방어하기 위해서는 반드시 다이묘의 보호가 필요했다. 미요시씨 일족이 사카이를 보호했고, 사카이의 호상들은 미요시씨 일족에게 금전을 헌상했을 것이다.

  1532년 미요시 모토나가三好元長(1501~32)가 사카이에서 사망했다.

당시 모토나가의 아들 나가요시의 나이는 10살이었다. 마쓰나가 히사히데는 어린 나가요시를 훈육하며 그가 무사히 성장하도록 도왔다. 『미요시벳키三好別記』에는 히사히데가 미요시 모토나가의 동생 미요시 야스나가三好康長와 함께 어린 나가요시를 돌보았다고 기록되어 있다. 미요시 나가요시가 성장하면서 자연히 히사히데의 지위도 향상되었을 것이다.

마쓰나가 히사히데가 두각을 나타낸 것은 그로부터 10여 년이 지난 후였다. 그동안 그가 어떤 역할을 담당했고, 무슨 공을 세웠는지 알 수 있는 자료가 없다. 하지만 출신도 분명하지 않은 히사히데가 미요시 가문을 위해 눈부신 활약을 하지 않았다면 결코 두각을 나타내지 못했을 것이다. 실제로 미요시 나가요시는 숙부보다도 히사히데를 믿고 의지했다.

마쓰나가 히사히데를 좀 더 깊이 알기 위해서는 먼저 미요시 가문을 살펴보아야 한다. 미요시 가문이 아와 지역에서 세력을 넓힌 것은 미요시 유키나가三好之長(1458~1520) 대에 이르러서였다. 미요시 가문은 아와의 슈고守護였던 호소카와 시게유키細川成之(1434~1511)의 가신이었다. 이 무렵 미요시 가문은 교토와 아무런 인연이 없었다.

오닌의 난이 일어나면서 호소카와 시게유키가 무로마치 막부의 간레이 호소카와 가쓰모토細川勝元(1430~73)를 돕기 위해 상경했다. 그때

시게유키의 가신이었던 미요시 유키나가도 함께 상경했다. 유키나가는 오닌의 난을 거치며 폐허가 된 교토의 풍경을 보고 큰 충격을 받았다. 하지만 그는 혼란스러운 시대야말로 야망을 불태우기 좋은 때라고 판단했다. 유키나가는 무로마치 막부의 쇼군과 간레이의 권위를 배경으로 독자적인 세력을 구축하는 길을 모색했다.

미요시 유키나가는 교토 주변 지역의 아쿠토惡党 세력에 접근했다. 여기서 말하는 아쿠토는 나쁜 짓을 하는 사람이나 무리를 지칭하는 악인·악한·폭력배를 이르는 말이 아니었다. 무로마치 시대에 지배층과 정치 체제에 반항하여 소란을 일으키는 자와 그 집단을 일컫는 말이었다. 그러한 의미에서 '악'이란 '명령과 규칙에 따르지 않는 자'에 대한 가치평가를 의미했다. 아쿠토 중에는 조정의 관료나 일본 사회의 상류 계급도 포함되어 있었다. 미요시 유키나가는 이들과 친교를 맺었다.

1474년 정월 아시카가 요시히사足利義尚(재위:1474~89)가 무로마치 막부의 9대 쇼군에 취임했다. 요시히사는 가가加賀의 잇코잇키一向一揆 즉, 정토진종 신도 세력, 야마시로에서 일어난 반란, 막부의 명령에 따르지 않고 맞서는 오미近江의 다이묘 롯카쿠씨六角氏 일족 등을 진압하기 위해 동분서주했다. 그는 1489년 3월 26일 롯카쿠씨 일족과 대치하다가 전장에서 사망했다. 막부의 10대 쇼군에 취임한 것은 아시카가 요시타네였다.

야심이 있는 간레이에게 가장 이상적인 쇼군은 정치에 관심이 없는 인물이었다. 간레이가 권력을 마음대로 휘두를 수 있었기 때문이다. 쇼군이 총명하거나 자존심이 강해도 곤란했다. 그런 인물은 상대하기가 어려웠다. 그런데 10대 쇼군 요시타네는 총명하고 의지가 강한 인물이었다. 간레이 지위에 있던 호소카와 마사모토는 쇼군 요시타네가 못마땅했다. 1493년 4월 마사모토가 10대 쇼군 요시타네를 유폐했다. 1495년 12월 호소카와 마사모토가 추대한 아시카가 요시즈미가 막부의 11대 쇼군에 취임했다.

한편, 호소카와 마사모토가 유폐한 10대 쇼군 아시카가 요시타네가 가까스로 탈출에 성공하여 오미近江(시가현)로 도망했다. 쇼군 요시타네는 오미 지역 다이묘의 군사를 이끌고 교토로 진격했다. 하지만 쇼군 요시타네는 호소카와 마사모토에게 패하여 다시 주고쿠 지방의 다이묘 오우치大內 가문에 몸을 의탁했다. 쇼군 요시타네는 다시 교토로 돌아올 기회를 엿보고 있었다.

호소카와 마사모토는 남색男色 즉, 동성애에 빠져 지냈다. 마사모토는 전투에서 승리하기 위해 여자를 가까이하지 않았다는 설도 있지만, 그것은 아마도 호소카와 가문에서 퍼뜨린 말일 것이다. 당시 남색 풍조는 드문 일이 아니었다. 특히 무사 사회에서 유행했다. 9대 쇼군 요시히사도 남색에 빠져 지냈다. 그런데 호소카와 마사모토는 남색 성향이 심했다. 여자를 극도로 멀리했기 때문에 자식을 한 명도 두지 못했다.

자식이 없던 마사모토는 양자를 들이는 수밖에 없었다. 그런데 그가 맞아들인 양자가 또 다른 분란의 씨앗이 되었다.

호소카와 마사모토는 구조 마사모토九条政基(1445~1516)의 아들을 양자로 들여 성년식을 올린 후 호소카와 스미유키細川澄之(1489~1507)라는 정식 이름을 지어주었다. 여기서 그쳤으면 좋았겠지만, 마사모토는 또 호소카와 요시하루細川義春(1468~95)의 아들을 양자로 들였다. 요시하루는 호소카와 시게유키의 차남이었다. 마사모토와 요시하루는 친척 간이었다. 요시하루는 성인식 후에 호소카와 스미모토細川澄元(1489~1520)라고 불렸다.

호소카와 마사모토는 장남 스미유키보다 차남 스미모토를 더 좋아했다. 사석에서 차남 스미모토를 자신의 후계자로 삼겠다고 말하기도 했다. 그러자 장남 측근들이 불만을 품었다. 당시에는 상속자에게 모든 재산과 권리를 다 물려주는 것이 일반적이었다. 상속자로 지명되지 못한 자식은 그야말로 맨몸으로 쫓겨나는 신세가 되었다. 그런데 슈고나 호족 가문에서는 아들 주변에 가신단이 형성되어 있었다. 자신이 섬기는 주군이 상속자가 되지 못하면 가신들이 실업자로 전락했다. 그래서 무사 사회에서 후계자 지위를 둘러싸고 목숨을 건 싸움이 벌어졌다.

호소카와 스미유키의 측근 중에 고자이 모토나가香西元長(?~1507)라는 자가 있었다. 그는 원래 사누키(카가와현)의 무사였으나 교토로 올라와 호소카와 마사모토를 섬겼다. 모토나가는 1497년에 교토 인근의 슈고다이에 임명되었다. 호소카와 가문에서 후계자를 둘러싸고 내분이 일어나자, 고자이는 호소카와 스미유키를 지지했다. 그런데 스미유키가 후계자가 될 가능성이 없다고 판단되자, 1507년 6월 고자이는 동료들과 함께 호소카와 마사모토를 살해하고, 쇼군 아시카가 요시즈미를 협박하여 스미유키를 호소카와 가문의 후계자로 인정하도록 했다. 호소카와 가문의 후계자가 되면 이어서 간레이에 취임하는 것이 관례였다.

쇼군 아시카가 요시즈미가 스미유키를 호소카와 가문의 후계자로 정한 것에 호소카와 스미모토가 승복했다면 사건이 일단락되었을 것이다. 그러나 스미모토 측이 쇼군의 명령에 승복할 리 없었다. 일단 교토에서 이가(伊賀)(미에현 서북부) 지역으로 물러났던 스미모토가 반격을 개시했다. 이때 미요시 유키나가가 스미모토를 도왔다. 호소카와 스미모토를 받들고 교토로 진격한 미요시 유키나가는 새로 간레이에 취임한 호소카와 스미유키와 고자이 모토나가를 죽였다. 그리고 쇼군 요시즈미에게 호소카와 스미모토를 간레이에 임명하라고 협박했다.

무로마치 막부의 11대 쇼군 아시카가 요시즈미는 호소카와 스미모토를 호소카와 가문의 당주로 인정하고 그를 새로운 간레이에 임명했다. 호소카와 스미모토가 간레이에 취임하자, 미요시 유키나가가 막부의 실권을 장악하게 되었다. 미요시 유키나가의 권세는 교토 인근의 7

개 구니國와 시코쿠 지방에까지 미쳤다.

그러나 미요시 유키나가의 영화는 오래가지 못했다. 이전에 호소카와 마사모토에게 쫓겨난 10대 쇼군 아시카가 요시타네가 오우치 가문의 군대를 이끌고 교토로 향했다. 당시 오우치 가문은 규슈의 지쿠젠筑前(후쿠오카현), 주고쿠 지방의 나가토長門(야마구치현의 일부)·스오周防(야마구치현 동남부)·아키安芸(히로시마현 서부)·빈고備後(히로시마현 동부)·이와미石見(시마네현 서부)를 지배하는 강력한 다이묘였다.

오우치 가문의 대군이 10대 쇼군 요시타네를 받들고 교토로 진군한다는 소문이 돌자, 1508년 4월 호소카와 스미모토와 미요시 유키나가에게 반감을 품고 있던 세력이 10대 쇼군 편에 섰다. 10대 쇼군 요시타네 세력의 선두에 미요시 유키나가에게 쫓겨났던 호소카와 다카쿠니細川高国(1484~1531)가 있었다. 다카쿠니는 호소카와씨 일족이지만, 미요시 유키나가를 달갑지 않게 생각하고 있었다. 호소카와 다카쿠니와 미요시 유키나가가 대립했다.

호소카와 스미모토와 미요시 유키나가는 오미의 고카군甲賀郡(시가현 고카시와 고난시)으로 도주하여 야마나카씨山中氏 일족의 보호를 받았다. 호소카와 마사모토가 추대한 11대 쇼군 아시카가 요시즈미도 오미 지역으로 피신했다. 호소카와 다카쿠니는 10대 쇼군 요시타네를 사카이堺에서 맞이하여 교토로 입성했다. 요시타네가 다시 쇼군의 지위에 올랐다. 쇼군 요시타네는 호소카와 다카쿠니를 호소카와 가문의 당주로 인정하고 간레이에 임명했다.

미요시 유키나가는 호시탐탐 교토 탈환의 기회를 엿보고 있었다. 이윽고 1509년 6월 야마나카씨 일족이 지원한 3000여 명의 군사를 이끌고 오미와 교토의 경계에 있는 뇨이가타케如意ヵ岳(교토시 사쿄쿠)에 진을 쳤다. 하지만 호소카와 다카쿠니와 오우치 요시오키大内義興(1477~1529)가 2만여 명의 군사를 동원하여 미요시 유키나가의 침공을 막았다. 유키나가는 싸움다운 싸움도 해 보지 못하고 물러났다.

미요시 유키나가는 호소카와 스미모토와 함께 고향 아와阿波로 돌아왔다. 1511년 유키나가는 전열을 가다듬어 다시 교토로 진격했다. 쇼군 아시카가 요시타네가 단고丹後(교토의 북부)로 도망했다. 그러나 후나오카야마船岡山(교토시 기타쿠에 있는 산) 전투에서 미요시군이 오우치군에게 패퇴했다. 이 전투에서 11대 쇼군 아시카가 요시즈미가 전사했고, 얼마 후에 호소카와 시게유키가 사망했다. 이어서 10대 쇼군 요시타네와 11대 쇼군 요시즈미의 아들 아시카가 요시하루足利義晴(1511~50)가 화해했다. 미요시 유키나가는 다시 아와로 돌아왔다.

미요시 유키나가는 교토로 입성하는 것을 단념했다. 고향 아와에서 군사 양성에 힘을 기울였다. 그로부터 10년의 세월이 흘렀을 때, 마침내 유키나가에게 상경할 기회가 찾아왔다. 1518년 8월 교토에 머물던 오우치 요시오키가 군사를 거느리고 본거지로 돌아갔던 것이다. 미요시 유키나가는 다시 교토로 입성했다. 그러나 유키나가는 호소카와 다카쿠니에게 포로로 잡혀 1520년 6월 지온지知恩寺(교토시 사쿄쿠)에서 사형당했다. 향년 63세였다. 미요시 유키나가의 아들이 나가히데長秀, 나가히데의 아들이 모토나가元長였다.

1520년 미요시 유키나가의 손자 미요시 모토나가三好元長가 미요시 가문의 대를 이었다. 1526년 10월 미요시 모토나가는 호소카와 스미모토의 아들 호소카와 하루모토細川晴元(1514~63)를 받들고 교토로 향했다. 당시 권력자 호소카와 다카쿠니는 아시카가 요시하루足利義晴(재위:1521~46)를 12대 쇼군으로 받들고 있었다. 교토 인근까지 진군한 미요시군은 그곳에서 새해를 맞이하고, 1527년 3월에 오늘날 교토의 가쓰라가와桂川 일대에서 호소카와 다카쿠니와 싸워 이겼다. 전투에서 패배한 다카쿠니는 아마가사키尼ヶ崎(효고현 아마가사키시)에서 자결했다.

숙적 호소카와 다카쿠니를 물리친 미요시 모토나가 앞에 새로운 적이 나타났다. 그는 다름 아닌 모토나가가 받들던 호소카와 하루모토였다. 모토나가와 하루모토의 대립은 가와치河内(오사카부의 중부와 남부)의 슈고 하타케야마 요시노부畠山義宣와 그 슈고다이 기자와 나가마사木沢長政의 다툼에서 비롯되었다. 호소카와 하루모토가 기자와 나가마사를 슈고다이로 발탁했다. 우쭐해진 기자와 나가마사는 슈고 하타케야마 요시노부를 무시했다. 화가 난 요시노부가 나가마사를 공격했다. 미요시씨 일족이 요시노부를 지원했다. 그러자 호소카와 하루노부가 미요시 모토나가를 멀리했다. 자신이 총애하는 나가마사를 미요시씨 일족이 적대했다는 이유였다. 1532년 하루노부는 혼간지本願寺 승려들을 동원하여 모토나가를 죽음으로 내몰았다. 『野史』에 따르면, 미요시 모토나가가 자결할 때 마쓰나가 히사히데는 23세였는데, 이때부터 10살이 갓 넘은 모토나가의 아들 지쿠마마루千熊丸를 보살폈다. 지쿠마마루가 훗날 미요시 나가요시였다.

호소카와 하루모토는 막부의 간레이에 취임하지는 못했으나 그에 버금가는 권력을 행사하고 있었다. 어린 미요시 나가요시가 상대하기에는 너무 벅찬 상대였다. 마쓰나가 히사히데는 나가요시가 성장할 때까지 기다렸다. 히사히데의 당면 목표는 나가요시를 미요시 일족의 통솔자가 될 수 있는 인물로 키우는 것이었다.

1590년에 성립된 『야마시나도키쓰구닛키山科言継日記』에 '三好内者 松永弾正忠'라는 문구가 있다. '우치모노内者'는 측근 또는 참모라는 뜻이고, '마쓰나가단조노추松永弾正忠'는 마쓰나가 히사히데를 일컫는다. 즉, '미요시 가문의 측근 마쓰나가 히사히데'라는 뜻이다. 미요시 가문에서 히사히데가 차지하는 위상이 어떠했는지 알 수 있다. 미요시 나가요시에게 마쓰나가 히사히데는 어린 시절부터 자신을 훈육한 부친과 같은 측근이며 모든 것을 의지하는 참모였다. 극단적으로 말하면 나가요시는 히사히데가 조종하는 꼭두각시와 같은 존재였다.

그러나 마쓰나가 히사히데는 방심하지 않았다. 꼭두각시가 성장하면 자신이 위험해질 수 있다는 것을 알았기 때문이다. 그때까지 자신의 기반을 구축할 계획을 세웠다. 히사히데는 잠시도 미요시 나가요시 곁을 떠나지 않았다.『겐조다이소조키厳助大僧正記』에 다음과 같은 기록이 있다. "미요시 나가요시와 마쓰나가 히사히데가 아쿠타가와성芥川城(오사카부 다카쓰키시)에 항상 같이 있었다." 나가히데가 나가요시 곁에 항상 붙어있는 한 다른 사람이 나가요시에게 접근할 수 없었을 것이다.

1549년 6월 마쓰나가 히사히데가 미요시 나가요시를 받들고 출진한 에구치江口(오사카부 오사카시 히가시요도가와쿠) 전투에서 숙적 미요시 마사나가三好政長(1508~49)를 죽였다. 나가요시는 기나이(셋쓰・가와치・야마토・단바・야마시로・이즈미)와 아와, 사누키, 아와지淡路(시코쿠와 혼슈 사이에 있는 섬) 등 9개 구니国와 하리마播磨(효고현)・이요・도사土佐(고치현)의 일부를 지배하는 다이묘가 되었다.

마쓰나가 히사히데의 다음 적은 호소카와 하루모토였다. 하루모토는 막부의 13대 쇼군 아시카가 요시테루足利義輝(재위:1546~65)에게 미요시 나가요시를 처벌해 달라고 요청했다. 그러나 당시 13세의 어린 쇼군이 동원할 수 있는 군사는 얼마 되지 않았다. 미요시 나가요시와 마쓰나가 히사히데의 군사력에 대적할 수 없었다. 승산이 없다고 판단한 호소카와 하루모토는 쇼군 부자와 함께 오미의 사카모토坂本(시가현 오쓰시 사카모토혼마치)로 도망했다. 막부의 정치를 좌지우지하던 호소카와 정권이 무너졌다.

  미요시 나가요시 정권이 성립되자, 마쓰나가 히사히데가 정치에 깊이 관여하게 되었다. 미요시 정권을 밑에서 떠받치는 것은 미요시씨 3인방이라고 일컬어지는 미요시 나가야스三好長逸, 미요시 마사카쓰三好政勝, 미요시 도모미치三好友通 등의 군사력이었지만, 정치의 실권은 마쓰나가 히사히데가 장악하고 있었다. 히사히데는 귀족과 사원이 미요시 가문과 충돌하는 경우, 그 일을 해결하는 역할도 담당했다.

  1549년 귀족 야마시나 도키쓰구山科言継(1507~79)의 영지를 무사가 멋대로 차지하자, 도키쓰구는 그것을 되찾기 위해서 미요시 정권과 교섭을 벌이기 시작했는데, 그때 도키쓰구의 교섭 상대가 마쓰나가 히사히데였다. 히사히데가 권력을 행사하자, 히사히데에게 접근하려는 조정의 귀족과 사원의 승려들이 줄을 이었다. 1549년 12월에는 정토진종 혼간지파 10대 종주 쇼뇨証如(1516~54)가 히사히데에게 많은 선물을 보냈다.

  미요시 정권이 안정되고, 교토 상공인의 일상이 회복되자, 1551년 3월 마쓰나가 히사히데는 교토 상공인에게 막대한 헌금을 요구했다. 새로운 권력자의 가렴주구가 시작되었다. 『山科言継日記』에 있는 '松長久秀行苛法每家困'이라는 문구가 눈에 띈다. 마쓰나가 히사히데의 가혹한 법 때문에 교토의 상공인들이 어려워하고 있다는 것이다. 호소카

전국시대 교토의 상점거리

와 정권이 무너지고 쇼군이 도망한 교토에서 미요시 정권의 실력자 마쓰나가 히사히데가 권력을 휘둘렀다는 것을 알 수 있다.

이 무렵 마쓰나가 히사히데의 나이는 40세 정도였다. 한창 의욕적으로 일할 나이였다. 이때부터 10여 년간 히사히데가 전권을 쥐고 무로마치 막부의 정치와 교토의 행정을 좌지우지했다. 히사히데를 효웅이라고 비난하는 것은 잘못된 것이다. 그는 매우 유능한 관료이며, 모범적인 재판관이며, 용감한 장수였다. 그야말로 문무를 겸비한 히사히데는 정치에도 남다른 감각을 갖고 있었다.

마쓰나가 히사히데는 군사를 이끌고 적을 소탕하는 일에 나서기도 했다. 1551년 7월 호소카와 하루모토 동조 세력이 3000여 명의 군사를 이끌고 교토를 침략하자, 동생 마쓰나가 나가요리松永長賴(?~1565)와 함께 셋쓰·가와치·야마토 지역에서 4만여 명의 군사를 동원하여 쇼코쿠지相国寺(교토시 가미교쿠) 전투에서 크게 이겼다. 그러나 이 싸움 중에 쇼코쿠지의 여러 탑과 건물이 불타는 참화를 입었다.

　여기에서 잠시 히사히데의 동생 마쓰나가 나가요리에 대하여 알아보기로 하자. 나가요리는 유능한 전략가이며 장수였다. 나가요리는 형 히사히데보다 먼저 미요시 나가요시의 가신이 되었다. 1549년 7월 에구치 전투에서 승리한 미요시 나가요시가 호소카와 우지쓰나細川氏綱(1513~64)를 받들고 교토로 입성했을 때, 나가요리는 막부로부터 야마시나山科(교토시 야마시나쿠) 일대 7개 마을을 영지로 하사받았다. 야마시나는 오미 지역으로 나아가는 요충지였다. 미요시 나가요시는 나가요리에게 그곳을 지키며 오미로 도망한 13대 쇼군 요시테루와 호소카와 하루모토의 동정을 살피게 했다. 미요시 나가요시가 나가요리를 특별히 신임했다는 것을 알 수 있다.

　1550년 7월 오미로 도망한 쇼군 요시테루와 호소카와 하루모토가 롯카쿠씨六角氏 일족의 군사를 이끌고 교토로 쳐들어왔다. 쇼군 요시테루가 이끄는 군대가 한동안 교토 일부를 점령했지만, 그해 11월 마쓰나가 나가요리가 오미의 사카모토를 침공하여 불을 지르자, 미요시군에게 양쪽에서 공격당할 것을 우려한 쇼군 요시테루가 나카오성中尾城(교토시)에 불을 지르고 오미로 물러갔다.

이 무렵부터 마쓰나가 나가요리는 형 히사히데와 함께 막부의 정치에 관여하게 되었다. 미요시 나가요시는 일찍부터 단바丹波(교토부 북부·효고현 북동부·오사카부 북부) 병합을 노리고, 단바의 슈고다이 나이토 구니사다内藤国貞(?~1533)의 딸과 나가요리를 혼인시켰다. 그 후 나가요리는 단바의 호족들과 친분을 유지했다. 1553년 9월 마쓰나가 나가요리는 형 히사히데와 함께 미요시군을 이끌고 단바 침략을 개시했다.

미요시 나가요시가 단바를 침공한 것은 그 지역에서 활약하던 호소카와 하루모토의 잔당을 소탕하기 위해서였다. 그러나 적의 저항이 만만치 않았다. 미요시군이 하타노씨波多野氏 일족이 농성하는 가즈케야마성数掛山城(교토부 가메오카시)을 공격했으나 적의 기습으로 대패했다. 이 전투에서 마쓰나가 나가요리의 장인 나이토 구니사다가 전사하면서 나이토 가문의 거성 야기성八木城(효고현 야부시 요카초)이 함락 위기에 처했다. 그러자 마쓰나가 나가요리가 야기성으로 달려가 적의 공격을 막아냈다. 그 후 나가요리는 구니사다의 손자 나이토 사다카쓰内藤貞勝(?~1562)의 후견인이 되는 형식으로 사실상 나이토 가문의 당주 지위를 승계했다. 마쓰나가 나가요리는 야기성에 머물면서 미요시군을 이끌고 단바 평정에 힘썼다.

단바는 전략적으로 매우 중요한 지역이었다. 미요시 나가요시는 가장 믿음직한 마쓰나가 나가요리에게 단바를 다스리게 했다. 나가요리는 미요시 정권 내에서 대규모 군단을 지휘하는 사령관이었다. 미요시 정권 내에서는 방면군 사령관이라야 금제禁制 즉, 독자적인 군령을 내릴 수 있었다. 마쓰나가 나가요리는 1555년경부터 단바 지역에서 금제를 내렸다. 이에 비하여 나가요리의 형 히사히데는 1560년이 되어서야 금제를 발령했다. 미요시 정권 내에서 마쓰나가 히사히데의 군사적 지위는 동생 나가요리보다 낮았다는 것을 알 수 있다.

한편, 호소카와 하루모토와 함께 오미 지역으로 도망했던 무로마치 막부의 13대 쇼군 아시카가 요시테루는 1552년 정월 미요시 나가요시와 화해했다. 당시 실권을 장악한 미요시 나가요시는 자신에게 권한을 위임하는 권위로서 쇼군의 존재가 필요했다. 무로마치 막부의 쇼군은 간레이 또는 그에 버금가는 실력자의 보호를 받아야 권위를 유지할 수 있었다. 그런데 미요시 나가요시가 실권을 장악했지만, 미요시씨는 간레이에 취임할 수 있는 가문이 아니었다. 나가요시는 간레이 가문 출신 중에서 자신이 조종할 수 있는 호소카와 우지쓰나를 간레이로 임명하는 조건으로 쇼군 요시테루의 화해 요청을 받아들였다. 간레이에 취임한 호소카와 우지쓰나는 자신의 어린 아들을 미요시 나가요시에게 인질로 보냈다. 간레이 우지쓰나가 신분이 낮은 미요시 나가요시에게 사실상 무릎을 꿇었던 것이다.

1553년 9월 미요시 나가요시는 마쓰나가 히사히데를 다키야마성滝山城(효고현 고베시 주오쿠) 성주에 임명했다. 다키야마성은 교토에서 하리마로 나아가는 요충지였다. 이 무렵부터 히사히데는 교토와 사카이堺를 왕래하며 지배권을 행사했던 것 같다. 사카이는 미요시 가문이 직접 지배하는 곳은 아니었지만, 빈틈이 없었던 마쓰나가 히사히데는 사카이의 호상들과 교류하면서 독자적인 세력을 구축하는 작업을 시작했을 것이다.

1555년 마쓰나가 히사히데가 롯카쿠 요시카타六角義賢(1521~98) 측에 보낸 서신에서 13대 쇼군 요시테루를 다음과 같이 평가했다. "교활한 재주를 부려 미요시 나가요시와 맺은 약조를 몇 번이나 어기고 호소카와 하루모토와 결탁했으니 교토에서 추방된 것은 천벌이다." 히사히데는 요시나가의 서신도 함께 보내면서 말했다. "미요시 요시나가가 천하가 안정되길 원하고 있다." 1556년 6월 히사히데는 나가요시와 함께 사카이에서 개최된 미요시 모토나가三好元長의 25주기에 참가했다. 그해 7월 히사히데는 자신의 거성 다키야마성으로 주군 미요시 나가요시를 초대하여 접대했다.

1558년 2월 조정은 오기마치 천황正親町天皇(재위:1557~86)의 즉위에 즈음하여 연호를 에이로쿠永禄로 개원했다. 이 무렵 교토를 떠나 오미의 구쓰키朽木에 머물던 13대 쇼군 요시테루는 연호가 바뀐 줄도 모르고 지난 연호 고지弘治를 사용하고 있었다. 아무리 전국시대라고 해도

적의 성을 공격하는 전국시대 무사들

개원은 조정과 막부의 쇼군이 협의해야 하는 중대한 사안이었다. 그런데 조정은 쇼군 요시테루의 존재를 무시하고 실권자 미요시 나가요시와 상의하여 개원을 단행했다.

1558년 3월 13일 격분한 쇼군 요시테루가 미요시 정권 타도를 외치며 구스키에서 거병했다. 5월에 쇼군 요시테루와 호소카와 하루모토가 오미의 사카모토로 이동하여 진을 치고, 교토 교외의 히가시야마東山를 침략할 태세를 취하자, 마쓰나가 히사히데는 기치조인吉祥院(효고현 고베시 니시쿠)에 진을 치고, 동생 마쓰나가 나가요리, 미요시씨 3인방 등과 함께 교토 시내에서 시위를 벌인 후, 쇼군야마성将軍山城(교토시 사쿄쿠)

과 뇨이가타케에서 쇼군 요시테루가 이끄는 군대와 교전했다. 쇼군 요시테루는 쇼군야마성에 저택을 마련하고 농성할 계획을 세우기도 했으나 시간이 지나면서 승산이 없다는 것을 깨달았다. 그해 11월에 롯카쿠 요시카타의 중재로 쇼군 요시테루와 미요시 나가요시의 화해가 성립되었다. 그러자 마쓰나가 히사히데가 군사를 이끌고 전선에서 물러났다.

히사히데의 부하 중에 남북조 시대에 남조에 충성했던 구스노키 마사시게楠木正成(?~1336)의 자손 구스노키 마사토라楠木正虎(1520~96)가 있었다. 당시 천황은 북조 계통이 대를 이었다. 남조에 충성한 구스노키씨는 조적이었다. 가문의 조상이 조적으로 몰린 것이 한이 되었던 구스노키 마사토라는 조정의 사면을 원했다.

마쓰나가 히사히데는 오기마치 천황에게 구스노키 마사시게와 그 자손의 사면을 청했다. 이때 히사히데는 13대 쇼군 요시테루의 동의서를 첨부했다. 천황은 히사히데의 청원을 받아들였다. 천황은 구스노키씨를 사면하면서 마사토라에게 가와치노카미河内守라는 관직을 내렸다. 구스노키씨의 조적 사면 교섭에 쇼군 요시테루도 동의했지만, 남조에 충성한 구스노키씨는 쇼군 가문의 원수 집안이었다. 쇼군 요시테루가 구스노키씨 사면에 불만이 없을 수 없었다. 하지만 쇼군 요시테루는 히사히데의 위세에 대항할 수 없었다.

마쓰나가 히사히데는 교토의 남쪽 지역으로 눈을 돌렸다. 셋쓰摂津(오사카부의 중부와 북부)는 이시야마혼간지石山本願寺 세력이 뿌리를 내리고 있는 곳이었고, 이즈미和泉(오사카부 남서부)는 아와지 섬과 시코쿠의 여러 지역으로 연결되는 요충지였다. 야마토大和(나라현)는 일본 역사의 본고장 나라奈良를 품은 지역이었다. 히사히데는 교토의 남부를 지배한다면 일본의 패자가 될 수 있다고 생각했다.

야마토 지역은 원래 대사원 고후쿠지興福寺(나라현 나라시)의 장원이었다. 남북조 시대에 슈고 하타케야마씨畠山氏가 지배하던 곳이기도 했다. 오닌의 난 후 하타케야마 가문의 지배력이 느슨해졌다. 그러자 그 지역의 호족들이 들고일어나 영지를 차지하면서 군웅할거 상태가 되었다. 그중에서 호족 쓰쓰이씨筒井氏와 야규씨柳生氏가 다이묘 가문으로 성장했다. 마쓰나가 히사히데는 야마토를 손에 넣으려면 먼저 쓰쓰이성筒井城(나라현 야마토코오리야마시 쓰쓰이초)을 공략할 필요가 있다고 생각했다.

1559년 5월 마쓰나가 히사히데는 가와치 원정에 종군했다. 가와치를 평정한 히사히데는 8월 6일 적의 잔당을 토벌한다는 구실로 야마토로 진군했다. 히사히데는 단 하루만에 쓰쓰이 준케이筒井順慶(1549~84)의 본거지 쓰쓰이성을 점령했다. 히사히데는 이어서 헤구리다니平群谷(나라현 이코마군 헤구리초)를 불태우고, 도이치군十市郡(나라현 가시하라시 도이치초)에 본진을 두고 쓰쓰이 가문을 지원하던 도이치씨十市氏 일족을 토벌했다. 8월 8일에 시기산성信貴山城(나라현 이코마군 시기산)을 점령하고 그곳에 주둔했다.

　1560년 마쓰나가 히사히데가 단조노추彈正忠라는 정6위 관직에서 정5위 단조노쇼히쓰彈正少弼로 승진했다. 단조노쇼히쓰는 원래 단조다이彈正台라는 재판소의 판사였다. 전국시대 조정에서 수여한 관직은 실제로 직무를 수행하지 않고 명예직인 경우가 많았다. 그러나 히사히데는 실제로 단조다이에서 재판을 담당하는 판사였다. 히사히데는 미요시 정권의 법률 담당 관료로 일하면서 조정과 막부의 업무에도 깊이 관여했던 것이다.

　1560년 마쓰나가 히사히데가 야마토 일대를 제압했다. 쇼군 요시테루는 히사히데와 미요시 나가요시의 아들 미요시 요시오키三好義興(1542~63)를 자신의 측근으로 임명했다. 6월부터 10월까지 미요시 나가요시가 다시 가와치 지역 원정에 나섰다. 히사히데는 7월부터 11월까지 야마토 북부를 평정했다. 히사히데가 대군을 이끌고 각지의 적을 무찌르면서 군사적인 면에서도 미요시 가문의 유력한 무장으로 대두했다. 그해 11월에는 다키야마성에서 시기산성으로 본거지를 옮겼다.

　전국시대 다이묘는 대부분이 책을 가까이하지 않았다. 글자를 해독할 수 있는 다이묘는 얼마 되지 않았다. 그런데 마쓰나가 히사히데는 당시에 보기 드문 지식인이었다. 조정은 히사히데의 능력을 인정했다. 1561년 2월 4일 조정은 그의 관직을 종4위로 높여주었다. 당시 히사히데는 후지와라씨藤原氏를 본성으로 칭했는데, 승진하면서 미나모토씨源氏를 본성으로 칭했다.

마쓰나가 히사히데는 성품이 담대하고, 용기가 있었고, 선견지명이 있는 인물이었다. 막부도 그의 경륜과 수완을 인정했다. 막부는 히사히데에게 기리몬桐紋 즉, 귀족이나 일부 다이묘 가문에서 사용하는 오동잎 문양의 문장을 사용하고, 누리고시塗輿 즉, 옻칠을 한 가마를 탈 수 있는 특권을 부여했다. 미요시 나가요시와 동등한 대우였다. 막부가 마쓰나가 히사히데를 미요시 나가요시에 필적하는 세력을 형성하고 있는 존재로 보았다는 것을 알 수 있다.

쇼군 요시테루가 거동할 때, 마쓰나가 히사히데는 미요시 나가오키와 함께 쇼군을 수행했다. 쇼군 요시테루가 히사히데를 불러 상의하는 일이 잦아졌다. 히사히데가 쇼군의 측근으로 임명된 것은 그의 일생에 커다란 전환점이 되었다고 할 수 있다. 이 무렵부터 어떤 일에 히사히데와 쇼군 요시테루가 함께 관여하는 사료가 증가했다. 미요시 나가요시를 섬기는 가신은 많았으나, 막부의 중신으로 출세한 인물은 마쓰나가 히사히데 한 사람뿐이었다. 히사히데는 막부의 중신이었지만, 여전히 미요시 나가마사의 최측근이기도 했다. 1560년부터 미요시군의 주력을 이끌고 때때로 오미 지역의 다이묘 롯카쿠씨 일족을 공격했다.

1561년 3월 쇼군 요시테루가 미요시 요시오키의 저택을 방문했다.

이때 마쓰나가 히사히데는 쇼군 요시테루에게 도검·갑옷·투구를 헌상했다. 히사히데는 미요시 가문의 가신으로서 쇼군과 그 측근을 접대하는 한편, 막부의 중신으로서 쇼군 요시테루의 식사 시중을 들고, 음식을 나르고, 술을 따르는 일을 맡았다. 미요시 가문의 무사 중에 쇼군 요시테루에게 접근할 수 있는 자가 히사히데 한사람 뿐이었기 때문일 것이다.

마쓰나가 히사히데의 권력은 이미 미요시 나가요시를 능가했다. 선교사 루이스 프로이스Luis Frois가 집필한 『일본사』에 다음과 같은 기록이 있다. "마쓰나가 히사히데는 미요시 나가요시의 가신이었지만, 나가요시로부터 재판권과 통치권을 빼앗았다. (중략) 최고 지배권을 손에 넣고 자기가 원하는 대로 천하를 지배했다. (중략) 기나이畿內에서는 그가 명령한 것 이외에는 아무것도 시행되지 않았다." 루이스 프로이스의 기록을 그대로 믿을 수는 없지만, 히사히데가 무로마치 막부 권력의 중심에 있었다는 것은 사실로 인정해야 할 것이다. 특히 히사히데는 교토의 행정을 책임지고 있었던 것 같다.

1561년 11월 마쓰나가 히사히데는 미요시 요시오키와 함께 교토의 변경에서 오미의 다이묘 롯카쿠 요시카타와 싸웠다. 1562년 5월에는 미요시군을 이끌고 가와치 지역으로 출진하여 미요시 요시카타와 손을 잡고 미요시 정권에 대항하던 하타케야먀 다카마사畠山高政(1527~76)를 공격했다. 9월에는 미요시 가문에 대항하는 세력을 토벌했다. 그리고 야마토·야마시로 지역의 접경에 다몬야마성多聞山城(나라현 나라시 호렌초)을 건설하고 그곳으로 이주했다. 1563년 윤12월 14일 히사히데는 아들 마쓰나가 히사미치松永久通(1543~77)에게 당주 지위를 물려주었다.

한편, 미요시 나가요시의 동생 소고 가즈마사十河一存(1532~61), 미요시 요시카타三好義賢(1526~62)가 잇달아 사망했다. 1563년 9월에 나가요시의 아들 미요시 요시오키가 아쿠타가와성에서 급사했다. 요시오키는 장래가 촉망되던 후계자였던 만큼 그의 죽음을 둘러싸고 이상한 소문이 돌았다. 마쓰나가 히사히데가 요시오키를 독살했다는 것이다. 주로 기나이에서 벌어진 싸움을 기록한 군기물인 『아시카가키세이키足利季世記』에 아시카가 요시오키의 죽음에 관한 기록이 있다. "가까이에서 시중드는 자들이 먹을 것에 독을 넣어 바쳤다. (중략) 마쓰나가 히사히데의 짓이라고 알려졌다."

당시 사람들은 마쓰나가 히사히데가 출세를 거듭하자, 히사히데가 나가요시의 가족과 친족을 제거했을 수도 있다고 의심했다. 세상 사람들은 히시히데가 이미 나가요시를 앞세우고 막부의 권력을 장악했으니, 그가 교토와 기나이 일대를 지배하고, 나아가 일본의 패자가 되려는 야망을 달성하기 위해 요시오키를 죽였다고 생각했던 것 같다. 그러나 미요시 요시오키는 병사했다는 것이 정설이다. 이 무렵 마쓰나가 히시히데가 지인에게 보낸 서신에 다음과 같은 내용이 있다. "미요시 요시오키가 병으로 쓰러져서 마음이 아프다. 다시 미요시 가문에 충성을 맹세한다. 이 가문을 위해 싸우다가 죽을 각오를 하고 있다."

1564년 5월 9일 미요시 나가요시는 동생 아타기 후유야스安宅冬康(1528~64)를 이모리야마성飯盛山城(오사카부 다이토시 및 시조나와테시)으로 불러 주살했다. 마쓰나가 히사히데의 참언에 따른 행위라고 알려졌다. 그러나 이 무렵 미요시 나가요시는 동생들과 아들이 잇달아 사망하면서 정신착란 증세를 보이고 있었다. 아마도 나가요시는 아타기 후유야스가 자신이 이미 후계자로 정한 소고 가즈마사의 아들 미요시 요시쓰구三好義継(1549~73)의 앞날에 방해가 된다고 생각했던 것 같다. 후유야스가 죽은 후, 미요시 가문에서 마쓰나가 히사히데와 어깨를 나란히 할 수 있는 인물은 미요시 나가요시의 동생이며 우에자쿠라성上桜城(도쿠시마현 요시노가와시) 성주였던 시노하라 나가후사篠原長房(?~1573) 뿐이었다.

1564년 7월 4일 미요시 나가요시가 세상을 떠났다. 6월 22일 미요시 요시쓰구가 미요시 가문의 당주 지위를 승계하기 위해 상경했다. 요시쓰구는 23일 쇼군 요시테루를 알현하자마자 이모리야마성으로 달려갔다. 당시 이미 미요시 나가요시가 위독했던 것 같다. 그로부터 11일 후 미요시 나가마사가 이모리야마성에서 사망했다. 향년 43세였다. 미요시 가문의 새로운 당주 미요시 요시쓰구가 아직 어렸기 때문에 마쓰나가 히사히데가 미요시씨 3인방 즉, 미요시 나가야스, 미요시 마사카쓰, 미요시 도모미치 등과 함께 요시쓰구의 후견인이 되었다.

쇼군 요시테루는 미요시 정권에 사실상 항복했을 때부터 실권자 마쓰나가 히사히데를 예우했다. 그러나 내심 히사히데의 출신 성분을 못마땅하게 생각하고 있었다. 쇼군 요시테루는 에치고越後(니가타현)의 우에스기 겐신에게 부탁해서 히사히데를 살해하려고 했다. 그 정보를 입수한 히사히데가 쇼군을 제거할 생각을 했을 수도 있다. 1565년 5월 19일 미요시 가문의 당주 미요시 요시쓰구, 미요시씨 3인방, 마쓰나가 히사히데의 아들 히사미치 등이 군사를 이끌고 쇼군이 머무는 니조성二条城을 급습했다.

그날 아침부터 장맛비가 내렸다. 개축 공사 중이던 쇼군 처소의 담장이 반쯤 허물어져 있었다. 장마철이라 그런지 오후 4시경부터 날씨가 어두컴컴해졌다. 쇼군 요시테루는 오후부터 주연을 베풀고 있었다. 쇼군 처소를 지키는 무사들이 비를 피하느라 경계가 느슨해졌다. 해가 질 무렵 미요시군이 쇼군 처소를 에워쌌다. 미요시 요시쓰구가 공격 명령을 내렸다. 군사들이 소리를 지르며 쇼군 처소로 쳐들어갔다. 니조성은 순식간에 아수라장이 되었다.

『조쿠오닌코키続応仁後記』에 당시의 상황이 생동감 있게 묘사되어 있다. 쇼군 처소의 마당에는 군사들의 시체가 어지럽게 널리어 있었다. 쇼군의 측근들은 여성의 옷을 둘러쓰고 도망가기에 바빴다. 그러나 쇼군 요시테루의 태도는 의연했다. 그는 일본 최고의 검객으로 알려진 쓰카하라 보쿠덴塚原卜伝(1489~1571)의 비법을 이어받은 검도의 달인이었다. 쇼군은 여러 자루의 칼을 칼집에서 빼어놓고, 차례로 집어 들며 달려드는 적을 베었다. 그때 한 무사가 은밀히 미닫이문 뒤로 돌아가 창으로 쇼군의 다리를 찔렀다. 쇼군이 고꾸라지며 뒹굴었다. 그러자 여러 무사가 한꺼번에 달려들어 쇼군 요시테루를 창으로 찔러 죽였다. 에이로쿠永禄의 변이었다.

이 사건의 주모자는 마쓰나가 히사히데라고 알려져 있다. 그러나 이 무렵 히사히데는 교토의 일은 아들 마쓰나가 히사미치에게 일임하고 자신은 야마토 지역에 머무는 날이 많았다. 히사히데의 아들 히사미치가 쇼군 살해에 가담한 것을 보면, 히사히데가 쇼군 요시테루의 암살을 사전에 허락했을 수도 있다. 그러나 사건 당일 히사히데는 야마토에 있었다. 더구나 히사히데와 미요시씨 3인방은 사이가 좋지 않았다. 히사히데가 그들을 통제할 수 없었다. 그런데 미요시씨 3인방이 군대를 이끌고 쇼군 요시테루 살해에 앞장섰다. 그렇다면 미요시씨 3인방이 어린 당주 미요시 요시쓰구를 앞세우고 막부의 쇼군을 교체할 목적으로 아시카가 요시테루를 살해했을 가능성이 있다.

에이로쿠의 변 후, 마쓰나가 히사히데는 교토 일대에서 서양 선교사를 추방하는 명령을 내리는 등 바쁜 일정을 소화했다. 그런데 1565년 8월 2일 단바 경영에 힘을 쏟던 마쓰나가 나가요리가 전사하면서 미요시 가문이 단바 지역 지배권을 상실했다. 그리고 교토 일대의 지배권을 둘러싸고 히사히데와 미요시씨 3인방이 대립하게 되었다. 11월 16일 미요시씨 3인방이 미요시 요시쓰구를 받들고 히사히데와 절연한다고 선언했다. 미요시 가문이 분열되었다.

1566년 7월 이와쿠라성岩倉城(도쿠시마현 미마시) 성주 미요시 야스나가三好康長, 아타기 노부야스安宅信康, 미요시씨 3인방 등이 아시카가 요시히데足利義栄(재위:1568년 2월~9월)를 무로마치 막부의 14대 쇼군으로 영입하고, 쇼군 요시히데에게서 마쓰나가 히사히데를 추방하라는 교서를 받아냈다. 히사히데는 미요시 가문 내에서 고립되었다. 궁지에 몰린 히사히데는 하타케야마 다카마사畠山高政(1527~76)를 비롯한 교토 주변의 다이묘들과 동맹을 맺고 미요시 요시쓰구의 거성 다카야성高屋城(오사카부 하비키노시)을 공격하는 등 세력을 만회하기 위해 힘썼다. 그러나 히사히데는 미요시씨 3인방 세력에 밀려 고전을 면치 못했다.

1567년 2월 16일 미요시씨 3인방과 사이가 나빠진 미요시 가문의 당주 미요시 요시쓰구가 마쓰나가 히사히데 진영으로 도주했다. 히사히데는 이 사건을 계기로 세력을 만회했다. 4월 7일 히사히데가 사카이에서 시기산성으로 돌아왔다. 히사히데는 미요시씨 3인방과 오랜 대치 끝에 10월 10일 미요시씨 3인방이 진을 친 나라奈良의 도다이지東大寺를 기습하면서 전투의 주도권을 장악했다. 이때 도다이지의 대불전이 불탔다.

도다이지 대불전

　오다 노부나가는 마쓰나가 히사히데가 도다이지 대불전에 불을 질렀다고 알고 있었다. 그러나 히사히데는 대불전 방화를 명령하지 않았다. 나라의 고후쿠지 승려가 기록한 『다몬인닛키多聞院日記』에 양군이 전투 중에 발생한 불이 창고에 옮겨붙었고, 그것이 다시 회랑을 타고 대불전에 옮겨붙은 실화라고 기록되어 있다. 루이스 프로이스의 『일본사』에는 미요시군에 속한 크리스트교 신자가 대불전에 방화했다고 기록되어 있다.

1567년 2월 28일 미요시 요시쓰구는 지인에게 보낸 서신에서 다음과 같이 말했다. "미요시씨 3인방의 악역무도함을 경고하고, 미요시 가문에 대한 마쓰나가 히사히데의 충성심을 칭송하기 위해 내가 히사히데의 편을 들게 되었다." 그 후 마쓰나가 히사히데는 미요시 요시쓰구와 행동을 함께하면서 미요시씨 3인방은 물론 미요시 나가하루三好長治(1553~77)와도 대립했다. 히사히데는 미요시 가문의 당주 미요시 요시쓰구를 끝까지 섬겼다.

하지만 마쓰나가 히사히데는 점점 고립되었다. 그를 돕는 것은 교토 주변의 몇몇 다이묘에 불과했다. 미요시씨 3인방과 맞서기에는 역부족이었다. 미요시씨 3인방 세력은 1568년에도 야마토 지역에 주둔하면서 마쓰나가 히사히데의 동태를 살폈다. 6월 29일에 미요시군이 히사히데의 본거지 시기산성을 점령했다. 궁지에 몰린 히사히데는 오다 노부나가에게 서신을 보내 지원을 요청했다. 노부나가는 히사히데를 지원하겠다고 약속했다.

1568년 9월 오다 노부나가가 13대 쇼군 아시카가 요시테루의 동생 아시카가 요시아키足利義昭를 받들고 상경했다. 마쓰나가 히사히데는 일찍부터 노부나가의 상경을 학수고대하던 인물이었다. 10월 2일 히사히데는 노부나가를 찾아가 명물 다기를 바쳤다. 노부나가는 히사히데가 야마토 일대를 지배할 수 있는 권리를 인정했다. 노부나가는 히사히데가 막부의 관리가 될 수 있도록 주선하기도 했다.

미요시씨 3인방은 노부나가에 대항했다. 노부나가는 미요시군을 기나이에서 몰아냈다. 이 무렵 미요시씨 일족이 무로마치 막부의 14대 쇼군으로 추대했던 아시카가 요시히데가 급사했다. 아시카가 요시아키(재위:1568~88)가 무로마치 막부 15대 쇼군에 취임했다. 오다 노부나가는 교토와 기나이를 평정했다. 그 후에 미요시 요시쓰구와 마쓰나가 히사히데 부자가 막부의 15대 쇼군 아시카가 요시아키의 측근으로 임명되어 교토에서 활약했다는 기록이 있다.

당시 야마토 지역은 쓰쓰이 준케이가 지배하고 있었다. 1568년 10월 노부나가는 사쿠마 노부모리佐久間信盛(?~1582)를 비롯한 여러 장수에게 2만여 명의 군사를 거느리고 마쓰나가 히사히데를 지원하도록 했다. 오다 노부나가의 지원으로 마쓰나가 히사히데는 야마토 지역을 거의 평정했다. 12월 24일 히사히데는 기후岐阜로 가서 명물 다기 여러 점을 노부나가에게 바쳤다. 히사히데의 야마토 평정은 계속되었고, 쓰쓰이 가문은 멸망을 눈앞에 두고 있었다.

1570년 정월 오다 노부나가는 쇼군 요시아키의 권력을 통제하기 시작했다. 쇼군 요시아키는 노부나가의 허락 없이 아무 일도 할 수 없었다. 이때부터 노부나가는 미요시 요시쓰구는 물론 마쓰나가 히사히데를 대우하지 않았다. 노부나가는 그해 11월부터 미요시씨 3인방과 화해 교섭을 시작했다. 노부나가는 히사히데의 딸을 자신의 양녀로 삼은 후, 미요시씨 3인방에게 인질로 제공하면서 그들과 화해했다. 그 후 히사히데는 사실상 노부나가의 가신으로서 이시야마혼간지 공격에 동원되었다. 이 무렵부터 15대 쇼군 요시아키와 마쓰나가 히사히데 사이가 나빠졌다. 그와 동시에 노부나가와 마쓰나가 히사히데의 관계도 악화되었다.

1572년 마쓰나가 히사히데와 미요시 요시쓰구는 세력 결집에 안간힘을 썼다. 마쓰나가 히사히데는 아사쿠라 요시카게, 다케다 신겐, 이시야마혼간지 등 노부나가와 대립하는 세력과 서신을 교환하며 소위 노부나가 포위망 구축에 힘을 보탰다. 1573년 2월 드디어 15대 쇼군 아시카가 요시아키가 노부나가와 결별했다. 이 무렵 쇼군 요시아키와 마쓰나가 히사히데·미요시 요시쓰구가 정식으로 화해했다.

1573년 4월 대군을 이끌고 상경하던 다케다 신겐이 병사했다. 다케다군이 고향으로 돌아갔다. 7월에 노부나가가 15대 쇼군 요시아키를 추방하면서 무로마치 막부가 멸망했다. 11월에 미요시 요시쓰구가 노부나가의 부장 사쿠마 노부모리와 싸우다 전사했다. 12월에는 오다군이 히사히데의 본거지 다몬야마성을 포위했다. 히사히데는 다몬야마성을 노부나가에게 바치고 항복했다. 미요시씨 3인방도 노부나가에게 패배했다. 1574년 정월 히사히데는 다시 기후로 가서 노부나가에게 머리를 조아렸다. 그때 오다 노부나가는 히사히데에게 앞으로 사쿠마 노부모리의 명령에 따르라고 말했다.

1577년 10월 마쓰나가 히사히데는 우에스기 겐신, 모리 모토나리, 이시야마혼간지 등과 연락하면서 아들 히사미치와 함께 시기산성으로 들어가 노부나가에 대항했다. 노부나가는 히사히데에게 사자를 보내 배반한 이유를 듣고자 했다. 그러나 히사히데는 노부나가가 보낸 사자를 만나지 않았다. 노부나가의 아들 오다 노부타다가 대군을 이끌고 시기산성을 포위했다. 오다군을 이길 수 없었던 마쓰나가 히사히데가 자결하면서 파란만장한 삶을 마감했다. 향년 68세였다.

CHAPTER4. 모리 모토나리
– 권모술수의 화신

　모리 모토나리毛利元就(1497~1571)는 아키安芸의 요시다吉田 장원(히로시마현 아키타카타시 요시다초)의 호족 가문 출신이었다. 그가 당대에 주고쿠中国 지방 10개 구니国를 영유하는 센고쿠다이묘로 성장했고, 그의 자손은 에도 시대를 거쳐 1945년 8월 일본이 태평양 전쟁에서 패전하기 전까지 모리 공작 가문으로 영화를 누렸다. 모리 가문의 번영은 모리 모토나리에서 비롯되었다.

모리 모토나리의 선조는 가마쿠라 막부 초창기에 행정의 기틀을 마련했던 오에 히로모토大江広元(1148~1225)라고 전해진다. 그대로 믿기에는 의문점이 많지만, 모리 모토나리가 작성했다고 전하는 『고케케이즈江家系図』에 기록되어 있으니 믿을 수밖에 없다. 오에 히로모토의 4남 오에 스에미쓰大江季光(1202~47)가 사가미相模(가나가와현)의 모리 장원에 정착하면서 모리씨를 칭하게 되었다. 스에미쓰의 손자 모리 도키치카毛利時親(?~1341) 때 요시다 장원의 지토地頭에 임명되었다. 이때 모리씨 일족이 간토関東 지방에서 아키의 요시다로 이주했다. 도키치카의 증손 모리 모토하루毛利元春(1323~?) 때 요시다 장원의 동쪽 편에 고리야마성郡山城을 축조하고 그곳을 본거지로 삼았다.

아키의 요시다 장원은 빈고 가도와 이와미 가도의 분기점에 있었는데, 이곳을 흐르는 에노카와可愛川가 북쪽으로 흘러 빈고의 미요시三次를 거쳐 에가와江川에 합류하여 이와미를 가로질러 서북쪽 바다로 흘러든다. 요시다 장원은 수륙교통의 요충지였다. 모리 모토나리가 태어난 1497년경 고리야마성 조카마치城下町 즉, 성 주변에 형성된 도시가 제법 번화했다.

이 무렵 주고쿠 지방에서는 산요도山陽道의 오우치大内 가문, 산인도山陰道의 아마고尼子 가문이 큰 세력을 형성하고 있었는데, 아마고 쓰네히사尼子経久(1458~1541)가 오우치 가문의 세력권이라고 할 수 있는 빈고・아키를 침략할 준비를 하고 있었다. 빈고와 아키는 주고쿠 지방의 패권을 다투는 오우치 가문과 아마고 가문이 격돌하는 전쟁터가 될 운명이었다. 당시 모리 가문은 아마고 가문을 섬기는 일개 호족에 지나지 않았다.

1497년 3월 모리 모토나리가 고리야마성에서 모리씨 종가의 당주 모리 히로모토毛利弘元(1468~1506)의 차남으로 태어났다. 모토나리

모리 모토나리

의 아명은 쇼주마루松寿丸였고, 성장해서는 쇼유지로少輔次郎라 불렸다. 1500년 모토나리가 4살이 되었을 때 부친 히로모토를 따라서 요시다 장원에서 멀리 떨어진 사루카케성猿懸城(오카야마현 구라시키시 마비초)으로 옮겨 살았다. 1501년 모토나리의 생모 후쿠하라씨福原氏가 세상을 떠났고, 1506년 모토나리가 10살이 되었을 때 부친 히로모토가 39세의 나이로 병사했다. 모토나리는 10살 때 고아가 되었다.

1511년 15살이 된 모토나리는 겐푸쿠식元服式 즉, 성인식을 올리고 모토나리라는 정식 이름을 사용하기 시작했다. 그런데 1516년 모토나리가 20살이 되었을 때, 모리 가문의 당주였던 형 모리 오키모토毛利興

元(1493~1516)가 24살의 젊은 나이에 병사했다. 1523년 7월에는 겨우 9살이 된 오키모토의 장남 고쇼마루幸松丸가 급사했다. 그러자 그해 8월 모리 가문의 중신들이 모리 모토나리를 고리야마성으로 맞아들였다. 모토나리는 27세 때 모리 가문의 당주 지위를 승계했다.

모리 모토나리는 매우 어려운 어린 시절을 보냈다. 10살 때 고아가 된 뒤, 형 오키모토가 교토로 올라가 무로마치 막부에서 4년 동안 근무했는데, 그동안 모토나리의 후견인으로 정해진 이노우에 모토모리井上元盛(?~1511)가 모토나리의 생활비로 충당하기 위해 설정된 영지를 횡령했다. 어린 모토나리는 끼니도 잇지 못할 정도로 가난한 나날을 보냈다. 히로모토의 첩이었던 오카타도노大方殿라는 여성이 재혼을 포기하고 어린 모토나리를 돌보았다. 그 사이에 이노우에 모토모리가 병사하고, 형 오키모토가 교토에서 고향으로 돌아왔다. 그제야 모토나리는 고된 생활에서 벗어날 수 있었다.

모리 모토나리는 우여곡절 끝에 고리야마성 성주가 되었는데, 그의 앞에 다시 불행이 찾아왔다. 이번에는 모토나리의 이복동생 아이오 모토쓰나相合元綱(?~1524)가 아마고 가문의 가신 가메이 시게쓰나龜井重綱의 군사적 지원을 배경으로, 가신 사카 히로히데坂広秀(?~1524)·와타나베 스구루渡辺勝(?~1524) 등과 공모하여 모토나리를 암살하려는 음모를 꾸몄다.

이 사실을 안 모토나리는 쇼이쓰勝一라는 이야기꾼을 모토쓰나의 저택으로 보내서 『헤이케모노가타리平家物語』를 읽어주도록 한 다음, 그 시각에 자객을 보내 모토쓰나 일당을 참살했다. 이 사건에 아마고 가문이 개입되었다는 것이 드러나자, 모토나리는 아마고 가문과의 관계를 단절하고 오우치 가문을 섬기게 되었다. 1525년 모리 모토나리 29세 때의 일이었다. 이 사건이 모리 가문의 운이 열리는 기회가 되었다.

1533년 모리 모토나리 37세 때, 조정은 모토나리에게 종5위하 우메노카미右馬頭라는 관직을 수여했다. 오우치 가문의 당주 오우치 요시타카大内義隆(1507~51)가 추천했기 때문에 가능한 일이었다. 모토나리는 요시타카의 배려에 감사하는 뜻으로, 장남 쇼유타로少輔太郎를 오우치 가문에 인질로 보냈다. 오우치 요시타카는 기쁘게 쇼유타로를 맞이했고, 성인식을 올린 후 자신의 이름 '義隆'의 '隆' 자를 쇼유타로에게 하사하며 모리 다카모토毛利隆元(1523~63)라는 정식 이름을 지어주었다.

아마고 가문을 섬기다가 오우치 가문을 섬기게 된 모리 모토나리는 오우치 가문의 권세를 배경으로 아키·빈고 지역의 평정에 착수했다. 모토나리가 모리 가문의 당주가 되었던 1523년경 아키·빈고에서는 세력이 크고 작은 30여 명의 호족이 할거하면서 싸움을 되풀이하고 있었다. 그들 중에는 아마고 가문을 섬기는 자도 있었고, 오우치 가문을 섬기는 자도 있었다. 모리 모토나리는 그 지역의 호족들을 굴복시키는 데 오랜 시간이 걸렸다.

모리 모토나리는 갖은 수단과 방법을 다 동원하여 아키·빈고의 호족들을 굴복시켰다. 모토나리는 호족들과 혼인·양자 동맹을 맺기도 하고, 회유·협박·무력 행사 등의 수단을 동원하기도 했다. 1525년 6월 고메야마성米山城(히로시마현 히가시히로시마시 시와초) 성주 아마노 오키사다天野興定(1475~1541)가 모리 모토나리의 공격을 이기지 못하고 굴복했다.

다카마쓰성高松城(오카야마현 오카야마시) 성주 구마가이 노부나오熊谷信直(1507~93)는 가나야마성銀山城(히로시마현 오타시) 성주 다케다 미쓰카즈武田光和(?~1540)와 절친했다. 노부나오가 그의 누나를 미쓰카즈에게 시집보낼 정도였다. 그러나 얼마 지나지 않아 두 사람 사이가 틀어졌다. 노부나오의 누나도 가나야마성을 탈출하여 다카마쓰성으로 돌아왔다. 1533년 노부나오는 미쓰카즈와 단교하고 모리 모토나리에게 보호를 요청했다. 구마가야 노부나오가 그의 딸을 모토나리의 차남 깃카와 모토하루吉川元春(1530~86)에게 시집 보내면서 모리 가문의 친족이 되었다.

1533년 6월 모리 모토나리는 고류성五竜城(히로시마현 아키다카다시) 성주 시시도 모토요시宍戸元源(?~1543)와 친교를 맺고, 다음 해 정월에 모토나리가 친히 모토요시의 거성을 방문했다. 이때 모토나리는 장녀를 모토요시의 손자 시시도 다카이에宍戸隆家(1518~92)와 혼약하기로 약속하고, 모토요시와 부자 관계를 맺었다. 그 후 시시도씨는 구마가야씨와 함께 모리 가문의 중신이 되어 큰 공을 세웠다.

가메주야마성亀寿山城(히로시마현 후쿠야마시 신이치초) 성주 미야 나오노부宮直信(?~1534)는 모리 모토나리를 적대했다. 1534년 7월 모토나리는 가메주야마성을 철저하게 공격했다. 모토나리의 공격에 맞서던 나오노부가 가메주야마성에서 병사했다. 그의 아들 미야 모토모리宮元盛는 아직 어린애였다. 미야씨 일족은 가메주야마성 성문을 열고 모토나리에게 항복하지 않을 수 없었다.

시토미야마성蔀山城(히로시마현 쇼바라시 다카노초) 성주 다카노야마 미치쓰구多賀山通続(1506~70)도 모리 모토나리에 끝까지 저항했다. 1535년 3월 모토나리의 군대가 시토미야마성을 포위하는 작전을 전개했다. 다카노야마씨 일족은 결사적으로 항전했으나 시토미야마성의 군량이 밑바닥을 보이자 항복하지 않을 수 없었다. 그 후 다카노야마씨는 모리 가문의 가신이 되었다.

모리 모토나리가 아마고 가문과 의절하고 오우치 가문을 섬기게 되었을 때, 아마고 가문의 당주는 아마고 쓰네히사尼子経久(1458~1541)였다. 당시 쓰네히사는 이미 69세의 노인이었다. 쓰네히사는 때때로 빈고 지역으로 군대를 보내 모리씨 일족을 공격했다. 그러나 아마고 가문에 내분이 일어나면서 모토나리와 결전을 벌일 여유가 없었다. 1537년 80세를 맞이한 아마고 쓰네히사는 당주의 지위를 손자 아마고 하루히사尼子春久(1514~61)에게 물려주었다.

아마고 하루히사는 부친이 일찍 사망했기 때문에 어릴 때부터 조부 쓰네히사의 보살핌 속에서 성장했다. 하루히사는 일찍부터 군사를 거느리고 교토로 올라가 일본 열도를 지배하겠다는 야망을 품었다. 그는 오랫동안 아키·빈고에 뿌리를 둔 아마고 가문의 위세가 모리 모토나리의 이반으로 점차로 쇠퇴할 것을 우려했다. 1539년경에 하루히사는 모리씨 일족의 근거지 고리야마성을 공략하여 모리씨를 멸망시키려는 계획을 세웠다.

아마고 하루히사는 가신단 회의를 열었다. 이때 하루히사의 종조부 아마고 히사유키尼子久幸(?~1541)와 조부 쓰네히사가 고리야마성 공격에 반대했다. 그러나 아마고 하루히사는 종조부와 조부의 충고를 듣지 않았다. 우여곡절 끝에 일족과 가신들의 동의를 얻어서 출진하기로 했다. 1540년 6월 하루히사는 백부 아마고 구니히사尼子国久(1492~1554)와 그의 장남 아마고 사네히사尼子誠久(1510~54), 종조부 히사유키를 선발대 장수로 임명하고, 세 사람에게 3000여 명의 군사를 거느리고 빈고 가도를 지나 하치만야마성八幡山城(히로시마현 미요시시 시모시와치마치)에 결집하라고 명령했다.

아마고 가문의 군대가 출진했다는 정보를 입수한 모리 모토나리는 가신 시시도 모토요시의 동생 후카세 다카카네深瀨隆兼의 거성 이오야마성医王山城(오카야마현 쓰야마시)의 수비를 강화했다. 다카카네는 성내에 망루와 방책을 설치하고, 성 주변 여러 곳에 함정을 파고, 숲에는 쇠뇌를 설치하고 아마고군이 오기를 기다렸다. 이윽고 아마고군이 이오야마성의 산기슭을 지나는데, 시시도·후카세군의 거친 공격으로 앞으로 나아갈 수 없었다. 아마고군의 세 장수는 일단 이즈모로 물러났다. 아마고군은 이와미 가도를 지나 고리야마성을 공격하는 것으로 작전을 변경했다.

1540년 8월 아마고 하루히사는 다시 3만여 명의 대군을 이끌고 이와미 가도를 따라 아키의 다카타군으로 나아가 9월 4일 고리야마성이 내려다보이는 가자코시야마風越山(히로시마현 아키타카타시)에 본진을 설치했다. 모토나리는 당황하지 않고 일족과 가신 8000여 명을 거느리고 고리야마성에서 농성에 들어갔다. 모토나리는 시시도 모토요시, 고바야카와 오키카게小早川興景(1519~41), 후쿠하라 히로토시福原広俊(?~1557) 등에게 고리야마성 주변의 요새를 지키게 했다. 그리고 급히 사자를 야마구치로 보내 오우치 요시다카에게 원군을 요청했다.

아마고 하루히사는 9월 23일 본진을 가자코시야마에서 아오야마성青山城(히로시마현 아키타카타시 요시다초)으로 옮기고, 부장 유하라 무네쓰나湯原宗綱(?~1540)에게 명하여 1500여 명의 군사를 거느리고 고리야마성 방면으로 나아가게 했다. 그러자 고바야카와 오키카게를 비롯한 모리군이 아마고군을 급습하여 유하라 무네쓰나의 목을 베었다. 무네쓰나가 전사했다는 소식을 들은 아마고 하루히사는 10월 11일 대군을 동원하여 일거에 고리야마성을 공격할 계획을 세웠다.

모리 모토나리는 아마고군의 공격을 예상했다. 모토나리는 부장들에게 몇백 명 단위의 소부대를 편성하여 고리야마성 주변에 매복하게 하고, 모토나리가 직접 대군을 이끌고 아마고군의 본진을 공격했다. 모리군과 아마고군이 전투를 벌일 때, 여러 곳에 매복하던 모리군이 일제히 아마고군을 향해 돌진했다. 혼란한 틈을 타고 모리 모토나리가 총공격을 감행하자 아마고군이 견디지 못하고 도주했다. 모리군은 도주하는 아마고군을 뒤따라 아마고 하루히사가 있는 본진으로 돌진했다. 이 전투에서 모리 모토나리가 대승을 거두었다. 고리야마 전투였다.

고리야마 전투 후, 아마고군과 모리군 사이에 큰 싸움은 일어나지 않았다. 그 사이에 오우치 가문의 중신 스에 하루카타陶晴賢(1521~55)가 이끄는 원군 1만여 명이 도착하여 고리야마성 인근의 텐진야마天神山에 진을 쳤다. 1540년 12월 3일이었다. 스에군은 아오야마성에 진을 친 아마고군의 본진을 견제하는 역할을 담당했다. 1541년 1월 13일 모리 모토나리가 정병 3000여 명을 거느리고 아마고 하루히사의 부장이 지키는 진영을 습격하고, 이어서 깃카와 오키쓰네吉川興経(1508~50)와 격전을 벌였다. 이 전투에서 모리군이 적 200여 명의 목을 베었다. 날이 저물자, 모리 모토나리는 아마고군 진영에 불을 지르고 물러났다.

텐진야마에 진을 친 스에 하루카타는 모리군과 아마고군이 싸우는 것을 방관할 수 없었다. 그는 텐진야마에서 아마고군의 본진이 있는 아오야마성으로 돌진했다. 스에 하루카타의 급습으로 아마고군이 동요했다. 그러자 아마고 히사유키가 군사들을 격려하며 부대의 맨 앞에 서서 싸웠다. 아마고 히사유키의 분투로 스에군이 잠시 물러났다. 하지만 이 전투에서 아마고 히사유키가 전사했다.

아마고군의 총대장 아마고 하루히사는 위급한 상황에서 겨우 벗어날 수 있었다. 그날 밤 하루히사는 진영에 모닥불을 피워 놓았다. 방비를 엄중히 하는 것처럼 보이기 위해서였다. 그리고 하루히사는 기타이케다北生田 방면으로 퇴각했다. 아마고군은 눈이 쌓인 이누부시야마犬伏山(히로시마현 아키타카타야마시 북부에 있는 산)에서 얼어 죽고, 강을 건너다 적의 기습으로 죽고, 배가 침몰하면서 물에 빠져 죽었다. 아마고 하루히사는 가까스로 쓰가都賀(히로시마현 오치군 야마토무라)에 이르러 패잔병을 수습한 후 본거지 이즈모(시마네현 동부)의 도다富田로 돌아왔다.

모리 모토나리는 아키의 고리야마성을 침략한 3만여 명의 아마고군을 두 번이나 격퇴했다. 아마고군의 총대장 아마고 하루히사는 수많은 전사자를 내고 천신만고 끝에 고향으로 돌아왔다. 아마고군을 물리친 모리 모토나리의 위세와 명성이 널리 알려졌다. 그러자 아키·빈고 지역은 물론이고, 이와미의 여러 호족도 잇달아 모리 모토나리에게 복속했다.

모리 모토나리는 오우치 가문을 섬기는 호족이었다. 모토나리와 스에 하루카타가 협력하여 아마고 가문의 대군을 물리친 것은 오우치 가문의 승리이기도 했다. 승기를 잡은 오우치 요시타카는 아마고 가문의 본거지 이즈모 원정을 계획했다.

사가라 다케토相良武任(?~1551)를 비롯한 오우치 가문의 중신들이 이즈모 원정에 반대했다. 그러나 오우치 요시타카는 이즈모 원정을 고집했다. 그 이유는 (1) 아마고 쓰네히사가 사망한 후, 아마고 가문이 지배하는 지역의 인심이 동요하고 있었고, (2) 모리 모토나리가 아마고 군을 물리친 후 오우치 가문에 복속한 아키·빈고·이와미의 여러 호족이 오우치 요시타카에게 이즈모 원정을 청원했고, (3) 아마고 가문과 승패를 겨루고 싶은 스에 하루카타가 오우치 요시타카에게 이즈모 원정을 권했기 때문이다.

1542년 정월 오우치 요시타카는 장남 오우치 요시후사大内義房(1524~45), 숙부 오우치 데루히로大内輝広(1520~69), 스에 하루카타를 비롯한 부장, 그리고 오우치 가문에 복속한 여러 지역의 호족 등 1만 5000여 명의 대군을 거느리고 야마구치를 떠나 아키에 도착했다. 그곳에서 모리 모토나리를 비롯한 10여 명의 호족이 오우치 요시타카의 이즈모 원정에 합류했다.

오우치 요시타카는 전군의 부서를 정하고, 깃카와 오키쓰네의 영지

신쇼新莊(히로시마현 야마가타군)와 이와미를 거쳐서 3월 초에 데와후타쓰야마出羽二山(히로시마현 오치군)에 도착하여 진을 쳤다. 이때 이와미의 호족 마스다 후지카네增田藤兼(1529~96), 후쿠야 다카카네福屋隆兼, 오가사와라 나가카쓰小笠原長雄(1520~71), 깃카와 쓰네야스吉川経安(?~1574) 등이 찾아와 복속했다. 오우치 요시타카는 이즈모로 진격하여 아마고 가문의 지성 아카아나성赤穴城(시마네현 이이시군 이이난초)을 공략했다. 1542년 6월 아카아나성을 점령한 오우치 요시타카는 7월 말에 유기柚木(히로시마현 이이시군)에 도착하여 진을 쳤다.

오우치 요시타카는 10월경에 진영을 이이시군飯石郡의 미토야가미네三刀屋ヶ峰로 옮겼고, 11월 초에 진영을 다시 다카쓰노바바高津馬場로 옮겼다. 그러나 날씨가 추워지자 진영을 다시 마가타馬潟(시마네현 야쓰카군)로 옮겼다. 스에 하루카타를 비롯한 부장들, 모리 모토나리를 비롯한 호족들은 야쓰카군八束郡 이곳저곳에 진을 치고 군사들을 쉬게 했다.

1543년 1월 20일 오우치 요시타카는 진영을 신지宍道(시마네현 야쓰카군 신지초)의 아제치야마畦地山로 옮기고, 그곳에서 부장과 호족들을 모아놓고 작전회의를 열었다. 이 자리에서 모리 모토나리는 섣부른 공격을 자제하고 지구전을 전개하는 것이 옳다는 의견을 냈다. 그러나 오우치 요시타카는 모토나리의 의견을 받아들이지 않고 아마고군을 총공격하기로 정했다.

2월 12일 오우치 요시타카는 진영을 교라기산経羅木山(시마네현 야쓰카군 이즈모초 인근)으로 옮기고, 여러 부장에게 아마고 가문의 본거지 갓산토다성月山富田城(시마네현 야스기시 히로세초)을 포위하라고 명령했다. 갓산토다성은 해발 280미터 정도의 높이로 전면에 강이 흐르고, 좌우로 계곡을 끼고 있는 요새였다. 계곡에서 흐르는 물이 성을 휘돌아 도다가와富田川로 흘러들었고, 성의 뒤로는 험준한 산봉우리가 이어졌다. 주고쿠 지방 제일의 명성이었다.

오우치군은 약 2개월에 걸쳐서 갓산토다성을 공격했으나 전과를 올리지 못했다. 오히려 아마고군이 오우치군의 후방을 공격하여 군량 보급로를 차단했다. 군량 부족에 시달린 오우치군의 사기가 저하되었다. 설상가상으로 오우치군에 속했던 아키·빈고·이와미의 호족 중에 다시 아마고군 편에 서는 자들이 속출했다. 당황한 오우치 요시타카는 5월 7일 철수 명령을 내렸다. 요시타카는 5월 25일이 되어서야 고향 야마구치로 돌아왔다. 참전했던 요시타카의 아들 요시후사는 철수 중에 물에 빠져 숨졌다.

모리 모토나리는 장남 다카모토와 함께 5월 7일 이즈모에서 물러났다. 아마고군의 집요한 추격이 이어졌다. 이때 와타나베 가요渡辺通(1511~43)를 비롯한 모리군의 부장 여러 명이 전사했다. 전투가 얼마나 격렬했는지 알 수 있다. 특히 와타나베 가요는 주군이 무사히 피신하도록 모리 모토나리의 갑옷을 입고 아마고군을 유인해 싸우다 장렬한 최후를 맞이했다. 모토나리는 하네波根(시마네현 오타시)로 도망하여 숨었다가 가까스로 고향 요시다로 귀환할 수 있었다.

오우치 요시타카가 이즈모 원정에 실패하면서 오우치 가문의 세력권이 위축되었다. 그 틈을 타서 아마고 가문이 아키·빈고 일대로 세력을 확장했다. 당연히 모리 모토나리의 아키·빈고 지역 경영에 큰 타격을 안겨주었다. 하지만 모리 모토나리는 위기를 기회로 바꾸는 끈질긴 기질의 소유자였다.

1543년 5월 모리 모토나리는 다시 아키·빈고 지역을 평정할 계획을 세웠다. 6월 4일에는 아키의 고메야마성 성주 아마노 오키사다와 맹약서를 교환하며 서로 다른 마음을 품지 않기로 서약했다. 이 무렵 아마고 가문과 내통한 간나베성神辺城(히로시마현 후쿠야마시 간나베초) 성주가 아키를 침공했다. 모리 모토나리는 즉시 군사를 거느리고 나아가 적을 격퇴하고, 오우치 가문이 보낸 원군과 함께 간나베성으로 쳐들어갔다.

얼마 후 모리 모토나리는 아키 지역의 명문으로 알려진 고바야카와小早川·깃카와吉川 두 가문을 모리 가문의 일족으로 편입시켰다. 고바야카와씨는 가마쿠라 막부 창립 당시 공을 세운 도히 사네히라土肥実平(?~1191)의 자손으로, 모리 가문보다도 일찍이 아키에 정착하여 세토나이카이瀬戸内海의 해적을 거느리고 있었다. 고바야카와 가문과 모리 가문은 모토나리의 조카가 고바야카와씨 일족에게 시집가면서 인척이 되었다. 1541년 고바야카와 오키카게小早川興景(1519~41)가 자식을 두지 못하고 병사했다. 1544년 11월 모리 모토나리는 9살 난 셋째 아들 도쿠주마루德寿丸를 고바야카와 가문의 양자로 들여보냈다. 도쿠주마루는 훗날 성인식을 올리고 고바야카와 다카카게小早川隆景(1533~97)라 칭했다. 다카카게는 1550년에 정식으로 고바야카와 종가의 당주 지위를 승계했다. 모리 모토나리는 다카카게가 당주의 지위를 승계할 때 반대했던 고바야카와 가문의 중신들을 모두 죽였다.

깃카와씨는 아키와 이와미의 접경에 본거지를 두고, 이와미와 이즈모 지역으로 세력을 확장했다. 깃카와씨는 이즈모의 아마고 가문과도 우호적인 관계를 유지했다. 하지만 깃카와·모리 가문은 혈연으로 맺어진 관계였다. 모리 모토나리의 정실이 깃카와 가문의 12대 당주 깃카와 구니쓰네吉川国経(1443~1531)의 딸이었다. 깃카와 가문의 13대 당주 깃카와 모토쓰네吉川元経(1459~1552)의 아내는 모리 모토나리의 여동생으로, 14대 당주 깃카와 오키쓰네吉川興経(1508~50)의 모친이었다. 그러나 모리 모토나리는 깃카와 가문의 중신 몇 사람을 은밀하게 후원하며 내분을 조장했다. 1547년 8월 모토나리는 깃카와 가문의 몇몇 중신들을 사주하여 아직 40살도 되지 않은 깃카와 오키쓰네를 강제로 은퇴시키고, 자신의 차남 모리 모토하루毛利元春를 깃카와 가문의 후계자로 정했다. 1550년 9월 27일 모리 모토나리는 깃카와 오키쓰네와 그의 어린 아들을 암살해서 깃카와씨의 혈통을 끊었다.

모리 모토나리는 가신 중에서 가장 강력한 세력을 형성하고 있던 이노우에 모토카네井上元兼(1486~1550)와 그 일족을 참살했다. 이노우에씨 일족은 모리 모토나리를 당주로 추대한 15명의 중신 중의 한 사람이었던 이노우에 모토아리井上元有(?~1550)의 자손으로, 가신 중에서 가장 영향력이 있는 가문이었다. 그러나 모토나리의 형 오키모토가 사망한 후 30여 년간 주군의 명령에 따르지 않고, 의례를 가벼이 여기고, 조세의 납부를 게을리하는 등 모리 가문의 법도를 지키지 않은 적이 많았다.

그러나 모토나리는 불쾌한 기색을 드러내지 않고 기회를 엿보고 있었는데, 아키·빈고를 평정하고, 고바야카와·깃카와 가문의 상속 문제를 뜻대로 해결한 후, 이노우에씨 처벌을 결심했다. 모토나리는 은밀히 오우치 요시타카에게 승낙을 얻은 후, 먼저 이노우에 나리카네井上就兼(?~1550)를 고리야마성으로 불러 참살했다. 그리고 군사 300여 명을 보내 이노우에 모토카네의 저택을 에워싸고, 모토카네와 그 자식을 모조리 죽여서 훗날의 화근을 제거했다.

1543년 이즈모 원정에서 패배한 오우치 요시타카는 음주와 놀이에 빠져 지냈다. 그러한 요시타카의 측근으로 권세를 휘둘렀던 인물이 사가라 다케토였다. 다케토는 히고肥後(구마모토현)의 명문 사가라씨의 방계 혈족으로, 부친 마사토正任가 오우치 마사히로의 측근이었다. 다케토가 부친의 뒤를 이어 오우치 요시타카의 측근이 되어 내정과 군사에 관한 업무에 참여했다. 요시타카는 사가라 다케토의 재능과 학식을 높게 평가하고 부장 스에 하루카타보다 총애했다.

스에 하루카타는 사가라 다케토를 편애하는 오우치 요시타카를 못마땅하게 여겼다. 스에씨는 오우치 가문의 방계 혈족으로, 대대로 오우치씨 종가를 위해 목숨을 바쳐 싸우면서 수많은 무공을 세운 집안이었다. 스에 하루카타는 조상의 권세를 배경으로 스오周防 일대에 넓은 영지를 보유하면서 슈고다이를 겸하고 있었다. 오우치 가문에서 가장 지위가 높은 가신이었다.

1541년 오우치 요시타카가 이즈모 원정을 위한 군사회의를 열었을 때, 사가라 다케토가 자중론을 제기했으나 스에 하루카타의 적극론에 밀려 오우치군이 원정을 감행했다. 그러나 원정은 실패했고, 적극적으로 원정을 주장했던 하루카타가 책임을 져야 한다는 여론이 조성되었다. 하지만 하루카타는 오히려 패전의 책임을 사가라 다케토에게 전가하고, 주군 오우치 요시타카를 나약하게 만든 간신 다케토를 몰아내야 한다고 주장했다. 1545년 4월 하루카타가 앞장서서 다케토를 먼 곳으로 추방했다.

사가라 다케토를 추방한 스에 하루카타는 무장들이 오우치 요시타카에게 심복하지 않는 분위기가 조성되었다고 판단하고, 주군을 몰아내기 위한 음모를 꾸미기 시작했다. 하루카타의 음모를 눈치챈 몇몇 중신이 요시타카에게 그 사실을 알리고 경계해야 한다고 간언했으나 요시타카는 아무런 조치도 취하지 않았다. 1550년 8월 스에 하루카타는 모리 모토나리에게 서신을 보내 오우치 요시타카를 폐하고 그 아들을 오우치 가문의 당주로 추대하기로 했으니 힘을 보태달라고 청했다. 한편, 오우치 요시타카도 1551년 정월에 모리 모토나리에게 밀서를 보내 오우치 가문에 내란이 일어나면 아키·히고의 호족들과 함께 즉시 달려와 도와달라고 요청했다.

이 무렵 스에 하루카타는 돈다富田(야마구치현 신난요시 돈다초)의 와카야마성若山城에 머물렀다. 그는 부장들과 상의한 후, 분고豊後(오이타현의 대부분)의 오토모 요시시게大友義鎭(1530~87)의 동생을 오우치 가문의 당주로 영입하기로 했다. 몇몇 오우치 가문의 중신이 오우치 요시타카에게 먼저 스에 하루카타를 토벌하라고 권고했다. 그러나 우유부단한 요시타카는 헛되이 세월만 보내고 있었다. 야마구치山口 일대에 오우치 가문이 멸망한다는 소문이 퍼졌다.

1551년 8월 28일 스에 하루카타는 5000여 명의 군대를 거느리고 돈다의 와카야마성을 출발하여 야마구치로 향했다. 29일 정오 하루카타가 이끄는 반란군이 야마구치로 난입했다. 오우치 요시타카는 본거지 쓰키야마야카타築山館를 버리고 야마구치 변경에 있는 호센지法泉寺로 향했다. 요시타카는 걸어서 그날 밤에 호센지에 이르렀다. 요시타카는 다시 호센지를 떠나 센자키仙崎(야마구치현 나가토시)에 도착했다. 9월

1일 오우치 요시타카는 배를 타고 피난하려고 했지만, 파도가 높아 단념하고 다이네이지大寧寺(야마구치현 나가토시)를 찾았다. 요시타카는 그곳에서 마지막 밥상을 받았다. 그가 밥을 먹고 있을 때 반란군이 들이닥쳤다. 반란군이 사원에 불을 질렀다. 오우치 요시타카는 불 속에서 할복하여 죽었다. 향년 45세였다.

오우치 요시타카의 사망을 확인한 스에 하루카타는 예정대로 분고의 다이묘 오토모 요시시게의 동생 오토모 하루히데大友晴英를 오우치 가문의 후계자로 영입했다. 하루히데는 1552년 3월 3일 야마구치로 입성했고, 1553년 봄에 오우치 요시나가大內義長(1532~57)로 개명했다. 요시나가의 '義' 자는 오우치 요시타카의 이름 '義隆' 중에서 '義' 자를 이어받은 것이다. 오우치 가문의 후계자임을 천명한 것이다.

주군 오우치 요시타카를 죽이고 오토모 하루히데를 오우치 가문의 당주로 영입한 스에 하루카타의 반역 행위는 두고두고 비난의 대상이 되었지만, 모리 모토나리는 오히려 하루카타의 반역을 호기로 삼았다. 만약에 스에 하루카타가 반역하지 않았다면, 모토나리는 아키·분고의 다이묘로 끝났을 수도 있었을 것이다. 하루카타의 반역은 모리 모토나리가 야망을 펼칠 수 있는 계기가 되었다. 하지만 모토나리는 아직 스에 하루카타의 적수가 되지 못한다는 것을 알고 있었다. 그래서 겉으로 하루카타를 호의적으로 대하고, 속으로 자중하면서 아키·빈고의 통일에 힘썼다.

얼마 지나지 않아서 이와미石見의 산본마쓰성三本松城(시마네현 카노아시군 쓰와노초) 성주 요시미 마사요리吉見正賴(1513~88)가 오우치 요시타카의 은혜를 잊지 않고 스에 하루카타 토벌의 기치를 올렸다. 마사요리는 모리 모토나리에게 원병을 요청했다. 1554년 3월 1일 스에 하루카타가 오우치 요시나가를 받들고 야마구치를 출발하여 4월부터 산본마쓰성을 공격하기 시작했다. 모리 모토나리는 마사요리를 도울 것인지, 하루카타의 편에 설 것인지 결정하지 않을 수 없었다. 모토나리는 고민 끝에 요시미 마사요리를 구원하기로 마음을 굳혔다. 5월 12일 모토나리는 스에 하루카타와 절연했다. 아키·빈고의 다이묘로 독립을 선언한 모토나리는 스에 하루카타와 맞서는 길을 택했다.

1554년 5월 12일 모리 모토나리는 스에 하루카타 토벌의 기치를 올렸다. 모토나리는 장남 모리 다카모토·차남 깃카와 모토하루·3남 고바야카와 다카카게, 구마가이 노부나오를 비롯한 부장들을 거느리고 사에키군(히로시마현 사에키군) 서부로 진출하여 스에군을 무찌르고, 사쿠라오성桜尾城(사에키군 하쓰카이치초)을 비롯한 요충지를 점령했다. 모리군은 사쿠라오성에 본진을 두고 적의 내습에 대비했다.

스에 하루카타는 이와미 일대를 지키던 부장 미야가와 후사나가宮川房長(?~1554)에게 3000여 명의 군사를 보내 모리 모토나리를 공격하라고 명령했다. 9월 15일 후사나가는 여러 호족 산하의 군사를 포함하여 7000여 명을 거느리고 하쓰카이치廿日市의 서쪽에 있는 오시키바타야마折敷畑山(히로시마현 하쓰카이치시 소재)에 진을 치고 모리군의 본진이 있는 사쿠라오성의 동태를 살폈다.

모리 모토나리는 일거에 승패를 결정지어야겠다고 결심했다. 모토나리 부자가 이끄는 모리군 본대는 미야가와 후사나가 군대의 정면에서 공격하고, 3남 고바야카와 다카카게가 이끄는 부대는 남쪽, 차남 깃카와 모토하루가 이끄는 부대는 동쪽, 부장들이 이끄는 부대는 북쪽에서 진격하여 싸웠다. 이 전투에서 적장 미야가와 후사나가의 목을 베었다. 모토나리는 적에게 큰 타격을 입히고 사쿠라오성으로 돌아왔다. 모토나리는 본진을 사토가나야마성佐東銀山城(히로시마시 아사미나미쿠 소재)으로 옮기고 적군의 잔당을 토벌했다.

모리 모토나리가 승리를 거두었지만, 모리군의 군사력은 스에 하루카타의 군사력에 비하여 여전히 열세였다. 그래서 모토나리는 스에 하루카타와 결전을 벌이기 전에 가능한 하루카타의 전력을 약화시키는 방책을 찾기에 골몰했다. 모리 모토나리의 가장 뛰어난 능력 중의 하나가 바로 모략이었다. 속임수를 써서 적이 내분을 겪다 무너지게 하는 술수였다.

스에 하루카타의 부장 중에서 모토나리가 가장 두려워했던 인물이 에라 후사히데江良房栄(1515~55)였다. 스에 하루카타는 후사히데에게 모리군 공격의 선봉을 맡겼고, 후사히데는 스오의 이와쿠니岩国(야마구치현 이와쿠니시)로 나아가 니시키미錦見의 고하쿠인琥珀院에 진을 쳤다. 『인토쿠타이헤이키陰德太平記』에 따르면, 모토나리가 보낸 첩자가 야마구치에 잠입하여 소문을 퍼뜨렸다. "에라 후사히데는 스에 하루카타가 주군 오우치 요시타카를 시해한 것을 못마땅하게 여기고 있다. 그래서 모리 모토나리와 내통하여 하루카타를 치려는 음모를 꾸미고 있다." 이 소문이 스에 하루카타의 귀에 들어갔다. 의심이 많은 하루카타는 후사히데를 의심하기 시작했다.

이 무렵 야마구치 성내에 한 통의 서신이 떨어져 있었다. 그 서신이 하루카타에게 전달되었다. 그것은 후사히데가 모리 모토나리에게 보내는 밀서였다. "아키와 스오의 접경지역에서 모토나리와 하루카타가 결전할 때, 저는 스에 하루카타를 배반하고 모리군 편에 서겠다는 뜻을 천지신명에게 서약하며 말씀드렸는데, 은상으로 스오노쿠니周防国를 주신다고 했습니다. 그것은 본인이 크게 바라던 것입니다."

스에 하루카타는 에라 후사히데가 배반할 뜻을 품고 있다고 확신하고, 중신 히로나카 다카카네弘中隆包(?~1555)에게 물었다. "기선을 제압하여 후사히데를 암살하는 것이 어떤가?" 다카카네가 대답했다. "후사히데가 배반할 리가 없습니다. 사실을 확인한 후에 의심해도 늦지 않습니다." 그러나 스에 하루카타는 히로나카의 간언을 물리치고, 오히려 히로나카에게 에라 후사히데를 암살하라고 명령했다.

에라 후사히데의 밀서는 모리 모토나리가 필체 모방 전문가를 시켜서 날조한 서신이었다. 그러나 스에 하루카타가 보았을 때, 후사히데의 배반이 사실무근이라고 할 수 없었다. 후사히데는 평소 모토나리의 실력을 얕보아서는 안 된다고 생각하고 있었다. 스에 하루카타에게 모토나리와 화목하게 지내야 한다고 진언했다. 하루카타는 후사히데가 역심을 품고 있다고 판단했다. 1555년 3월 16일 하루카타는 기어이 후사히데를 암살했다. 에라 후사히데를 제거한 모리 모토나리는 스에 하루카타의 가신 여러 명을 매수하여 내분을 조장했다.

당시 모리 모토나리의 군사력은 스에 하루카타의 5분의 1에도 미치지 못했다. 모토나리는 적은 군사로 적의 대군을 물리칠 수 있는 방법을 찾지 않으면 안 되었다. 모토나리가 생각한 가장 유효한 전략은 적의 대군을 협곡으로 유인하는 것이었다. 모토나리의 작전에 스에 하루카타가 말려든 것이 아키의 이쓰쿠시마嚴島(히로시마현 하쓰카이치시 미야지마초) 전투였다.

오우치군이 아키 지역으로 출진할 때 항상 이쓰쿠시마에 진을 쳤다. 예전에 아마고군이 모리 모토나리의 근거지 고리야마성을 포위한 적이 있었는데, 그때도 스에 하루카타가 이끄는 대군이 이쓰쿠시마에 본진을 두었다. 모토나리는 하루카타의 대군이 어쩔 수 없이 이쓰쿠시마에 상륙하지 않을 수 없도록 치밀한 음모를 꾸몄다.

모리 모토나리는 먼저 이쓰쿠시마 건너편에 있는 카도야마성門山城 (히로시마현 하쓰카이치시 오노초)을 파괴하여 스에 하루카타 부대가 거점으로 이용할 수 없게 했다. 그리고 이쓰쿠시마에 새로운 성을 건설한 후 미야노성宮の城(히로시마현 아키타카타시)이라고 명명하고, 그곳에 용맹한 군사를 보내 지키게 했다. 모리 가문의 노신들이 모토나리의 전법이 매우 위험하다고 진언하자, 모토나리는 첩자를 적진으로 보내 모토나리가 매우 위태로운 전법을 쓰고 있다고 떠들게 했다. "모토나리는 노신들이 반대한 미야노성을 건설한 것을 후회하고 있는 듯하다. 그러나 뒤늦게 미야노성을 파괴하면 모토나리가 현명하지 못했다는 것을 드러내는 것이기 때문에 머리를 싸매고 있다. 만일 스에 하루카타가 500여 척의 군선을 이끌고 이쓰쿠시마로 건너가 미야노성을 공격한다면 모토나리는 지원군을 보낼 수 없을 것이다. 모토나리는 겨우 100여 척의 군선을 보유하고 있기 때문이다. 그래서 모토나리는 미야노성의 방위 태세를 갖출 때까지 하루카타의 군대가 쳐들어오지 않기를 기도하고 있을 뿐이다."

모리 모토나리는 믿을 수 있는 가신 가쓰라 모토즈미桂元澄(1500~69)에게 명령하여 짐짓 스에 하루카타와 내통하도록 했다. 모토즈미는 하루카타에게 밀서를 보냈다. "스에 가문의 대군이 이쓰쿠시마에 건너와 미야노성을 공격한다면 모리 모토나리는 반드시 원병을 보내지 않을 수 없을 것입니다. 그때 제가 반역하여 모토나리의 본거지 고리야마성을 공격하겠습니다."

가쓰라 모토즈미의 밀서를 읽은 스에 하루카타는 반신반의했다. 그 진의를 파악하기 위해서 두세 번 미야노성을 공격해 보았다. 그때마다 모리군이 맹렬하게 저항했다. 하루카타는 모리군이 이쓰쿠시마를 빈틈없이 방비하고 있음에 틀림이 없다고 믿었다. 1555년 9월 20일 스에 하루카타는 2만여 명의 대군을 500여 척의 군선에 나누어 태우고 이쓰쿠시마에 상륙했다. 하루카타의 부장 히로나카 다카카네를 비롯한 몇몇 가신들이 모리 모토나리의 술책에 빠지는 것이 아닌지 주의해야 한다고 간언했다. 하지만 하루카타는 다카카네를 겁쟁이라고 매도했다.

스에 하루카타가 이쓰쿠시마에 상륙한 것을 확인한 모리 모토나리는 즉시 선발대를 미야노성에 파견하고, 9월 27일 스스로 고리야마성을 떠나 쿠사쓰성草津城(히로시마현 히로시마시 니시쿠)에 이르렀다. 따르는 군사는 차남 깃카와 모토하루가 이끄는 군사를 포함하여 3500여 명에 지나지 않았다. 모토나리는 해상작전에 심혈을 기울였다. 이미 이요(에히메현)의 수군에게 도움을 요청해 두었다. 모토나리는 고바야카와 가문이 이끄는 수군 100여 척의 선박이 있었지만, 그것으로는 스에 하루카타의 수군에 대적할 수 없었기 때문이다.

이요의 수군은 무라카미씨村上氏 일족이 거느리는 해적이었다. 무라카미씨 일족이 거느리는 해적은 세토나이카이의 노시마能島와 구루시마来島에 본거지를 두고 바다를 지나는 선박에 통행세를 물리거나 물품을 강탈하며 생활했다. 모토나리의 3남 고바야카와 다카카게가 보낸 밀사 노미 무네카쓰乃美宗勝(1527~92)가 임무를 수행하지 못하면 죽을 각오로 구루시마 해적의 두령 무라카미 미치야스村上通康(1519~67)를 방문했다. 미치야스는 노시마 해적의 두령 무라카미 다케요시村上武吉(1533~1604)의 양부였고, 노미 무네카쓰와 가까운 사이였다. 노미 무네카쓰는 무라카미 미치야스를 통해 무라카미 다케요시를 설득하려고 했던 것이다.

『주고쿠치란키中国治乱記』에 따르면, 노미 무네카쓰가 다음과 같이 말했다. "군함을 하루만이라도 빌려주기만 하면 됩니다. 이쓰쿠시마에 건너가는 즉시 철수해도 좋습니다." 그러자 무라카미 미치야스가 "이 전투에서 모리 가문이 반드시 승리할 것이다."라고 말하며 군선 300척을 빌려주기로 약속했다. 당시 스에 하루카타는 무라카미 해적이 이쓰쿠시마에서 세토나이카이를 지나는 상선에 통행세를 물리는 것을 금지했다. 무라카미 일족은 스에 하루카타의 조치에 원한을 품었다. 그런 사정을 아는 모리 모토나리는 무라카미 일족을 우군으로 끌어들일 수 있다고 확신했다.

1555년 9월 28일이 되어도 이요 수군이 히로시마 앞바다에 모습을 드러내지 않았다. 모리군 진영이 술렁이기 시작했다. 그러나 모리군이 움직이기 시작한 28일 오후가 되자 이요 수군의 선단이 히로시마 앞바다에 모습을 드러냈다. 그런데 스에 하루카타도 이미 이요 수군에 원조를 요청했다. 그래서 이요 수군이 어느 편에 설지 아무도 알 수 없는 상황이었다. 모리군과 스에군은 서로 마른침을 삼키며 이요 수군의 움직임을 주시했다.

이윽고 이요 수군이 모리 모토나리의 진영이 있는 쿠사쓰로 향했다. 그러자 스에군 측에서 탄성이 올랐다. "모리군과 일전을 벌일 모양이다." 그러나 이요 수군은 하쓰카이치 해변에 닻을 내렸다. 이요 수군이 모리군 편에 섰다. 모리 모토나리가 외쳤다. "이제 모리 가문이 이겼다." 모토나리는 이쓰쿠시마 신사의 수호신에게 감사 기도를 올리는 한편, 무라카미 다케요시에게 영원히 은혜를 잊지 않겠다고 약속했다.

9월 30일 저녁 모리군이 이쓰쿠시마로 건너갈 준비를 했다. 그때 갑자기 검은 구름이 일어나 히로시마 앞바다를 덮었다. 눈 깜짝할 사이에 히로시마 앞바다가 어둠에 잠겼다. 바람이 불며 비가 내리기 시작했다. 모토나리가 말했다. "이것은 이쓰쿠시마 신사 수호신의 가호이다." 모토나리는 자신이 탄 군선에만 등불을 켜고 전군이 조용히 이쓰쿠시마로 건너갔다. 파도가 높게 일었다. 스에군이 움직이는 기색이 없었다.

이쓰쿠시마에 상륙한 모리 모토나리의 본대는 스에군의 배후로 나아갔다. 다른 부대는 "규슈에서 무나카타宗像 수군이 스에군을 지원하기 위해 왔다."고 속이고 당당하게 상륙했다. 모리군은 스에군의 포위망을 돌파하여 무사히 미야노성으로 들어갔다.

10월 1일 새벽 동이 틀 무렵 모리 모토나리의 본진에서 북이 울리며 2000여 명의 군사가 스에군 본진으로 달려들었다. 동시에 고바야카와 다카카게가 이끄는 미야노성의 수비군 1000여 명이 정면에서 스에군을 공격하기 시작했다. 스에군은 모리군에게 기습당했고 또 좁은 협곡에 2만여 명의 대군이 진을 쳤기 때문에 기민하게 대응할 수 없었다. 스에군의 맹장 여러 명이 본진을 에워싸고 필사적으로 싸웠으나 미친 듯이 달려드는 모리군의 매서운 칼날을 견디지 못하고 이쓰쿠시마 신사의 서쪽에 있는 오모토우라大元浦(히로시마현 하쓰카이치시 미야지마초)로 도주했다.

서로 밀치며 군선을 타고 도망하던 스에군은 모리 수군의 공격으로 몰살했다. 궁지에 몰린 스에 하루카타는 일단 야마구치로 돌아가 재기를 모색하기로 하고, 오모토우라로 도망하여 선박을 찾았다. 그러나 한 척의 선박도 찾을 수 없었다. 하루카타는 서쪽 산을 넘어서 오에우라大江浦에 이르렀으나 그곳에서도 선박을 구할 수 없었다. 그때 스에군이 모두 흩어졌다는 소식을 들은 하루카타는 천운이 다했다는 것을 알고 스스로 할복하여 죽었다. 향년 35세였다. 이쓰쿠시마 전투에서 대승한 모토나리는 군사를 동원하여 피로 물든 이쓰쿠시마 백사장을 깨끗하게 청소한 다음, 이쓰쿠시마 신사의 수호신에게 공물을 바치고 참배했다.

1556년 봄 모리 모토나리는 스오周防로 쳐들어갔다. 다음 해 3월 와카야마성若山城(야마구치현 슈난시)을 지키던 스에 하루카타의 장남 스에 나가후사陶長房(1540~57)를 죽였다. 4월에는 오우치 요시나가를 협박하여 자결하게 했다. 모토나리는 오우치 가문을 멸망시키고 스오·나가토를 손에 넣었다. 이리하여 모리 모토나리가 아키·빈고·스오·나가토 4개 구니国의 다이묘가 되었다. 그의 나이 61세 때였다.

모토나리는 모리 가문이 주고쿠 지방의 패자가 되려면 이즈모의 아마고 가문과 대결하지 않으면 안 된다는 것을 알고 있었다. 그는 이쓰쿠시마 결전을 치르기 1년 전인 1554년에 이미 신구토新宮党를 멸망시키기 위한 술책을 준비했다.

신구토는 갓산토다성 북쪽에 있는 신구 계곡을 본거지로 하는 일당을 이르는 말이었다. 당주는 아마고 쓰네히사의 차남 아마고 구니히사尼子国久(1492~1554)였다. 구니히사는 아마고 가문의 당주 아마고 하루히사의 숙부였다. 신구토는 3000여 명의 건장한 남자로 구성되어 있었다. 신구토는 아마고 가문의 중핵이 되는 군사 조직이었다. 모리 모토나리는 신구토가 모리 가문과 내통하고 있다는 소문을 퍼뜨렸다.

아마고 하루히사는 신구토와 관련된 소문을 일소에 붙였다. 하지만 그 무렵에 인근 숲속에서 순례자 한 사람이 살해되었는데, 그의 품속에서 발견된 밀서에 다음과 같은 내용이 있었다. "아마고 하루히사를 제거한다면, 약속한 바와 같이 이즈모와 호키 두 지역을 드리겠습니다."

물론 이 서신은 모리 모토나리가 필체 모방 전문가를 시켜서 날조한 것이었다. 아마고 하루히사는 모토나리의 계략에 걸려들었다. 1554년 11월 1일 하루히사는 아마고 구니히사와 그의 두 아들을 죽였다. 이리하여 모리 모토나리가 가장 두려워했던 아마고 가문의 수호 무사단 신구토가 스스로 무너졌다.

이간책으로 신구토를 괴멸시킨 모리 모토나리는 아마고 가문의 세력권이라고 할 수 있는 이와미石見(시마네현 서부)를 침공했다. 이와미 지역에서 아마고·모리 가문의 싸움이 되풀이되었다. 이 와중에 1560년 12월 아마고 하루히사가 47세의 나이에 병사하고 그 아들 아마고 요시히사尼子義久(1540~1610)가 당주가 되었다. 이와미에서 전개된 아마고·모리 가문의 싸움은 모리 모토나리의 승리로 끝났다.

이와미를 손에 넣은 모리 모토나리는 1562년 7월에 1만5000여 명의 대군을 이끌고 이와미의 아카나赤穴(시마네현 이이시군)에서 아라와이洗合(시마네현 마쓰에시)로 나아가 아마고 가문의 본거지 갓산토다성月山富田城(시마네현 야스기시 히로세초)과 그 인근의 시라가성白鹿城의 중간 지역을 점령하고 지구전에 들어갔다. 1563년 3월에 분고豊後의 다이묘 오토모 요시시게와 서로 침략하지 않겠다는 협약을 맺었다. 이때 모토나리가 조정과 무로마치 막부에 중재를 요청했다는 점이 주목된다.

모리 모토나리는 군사를 총동원하여 시라가성을 공략한다는 계획을 세우고, 호후防府(야마구치현 호후시)에 있던 장남 모리 다카모토를 불렀다. 다카모토는 1563년 7월 10일 아키의 요시다에 도착했고, 7월 12일에 요시다를 출발하여 사사베佐々部(히로시마현 다카다군 사사베)에서 다른 부대와 합류하여 8월 5일에 이즈모로 진군할 예정이었다. 그런데 8월 3일 난텐잔성南天山城(히로시마현 미요시시 기사초) 성주 와치 마사하루 和智誠春(?~1569)에게 음식을 대접받고 인근의 사원에서 숙박하던 중 급사했다. 향년 41세였다.

모리 다카모토 급사의 원인은 밝혀지지 않았지만, 식중독 아니면 와치 마사하루의 독살이었을 것으로 추정된다. 1567년 3월에 모리 다카모토의 측근으로 사사베로 갈 때 수행했던 아카가와 모토야스赤川元保(?~1567), 1569년 정월에 와치 마사하루가 잇달아 살해되었다. 모리 모토나리의 명령에 따른 것이었다. 모토나리는 다카모토의 사망에 두 사람이 관여되어 있다고 믿었던 것 같다.

모리 다카모토가 사망한 후, 자숙하고 있던 모리군은 1563년 8월 13일부터 시라가성을 공격하기 시작했다. 시라가성에는 아마고군 8000여 명이 지키고 있었다. 모리 모토나리는 1만5000여 명의 군사를 동원하여 시라가성의 일부를 부쉈다. 그러나 아마고군이 의연하게 성을 지켰다. 모토나리는 이와미 광산의 광부 수백 명을 불러서 갱도를 파고 성내의 물길을 끊었다. 모리군의 집요한 공격으로 시라가성은 80여 일 만에 함락되었다.

시라가성을 점령한 모리 모토나리는 아마고 가문의 본거지 갓산토다성 공격을 시작했다. 이때 모토나리는 지난 1542년과 1543년 오우치 요시타카가 두 번에 걸쳐 갓산토다성을 공격했으나 실패한 경험을 떠올렸다. 모토나리는 적의 군량 공급을 막는 포위 작전을 전개했다. 갓산토다성에서 농성하는 적이 식량 부족으로 곤경에 처했다. 그러자 모토나리는 본진을 갓산토다성 북서쪽에 있는 호시가미산星上山으로 옮기고, 1564년 4월 17일부터 3면에서 갓산토다성을 포위했다.

모리 모토나리는 갓산토다성을 총공격하는 것을 지양하고 일단 군대를 호시가미산으로 물러나게 한 다음 충분히 쉬게 했다. 모토나리는 1565년 9월에 다시 갓산토다성 공격에 나섰다. 약 3만 명의 모리군에게 포위된 아마고군은 고립무원의 상태가 되었다. 적의 성내에서는 이미 군량이 바닥났다. 굶주림을 견디지 못하고 투항하는 군사들이 속출했다. 대대로 아마고 가문을 섬기던 부장들도 잇달아 투항했다. 아마고 가문의 충신 우야마 히사노부宇山久信(1511~66)가 투항하는 아마고군을 막기 위해 필사적으로 노력했다. 모토나리는 갓산토다성 안으로 첩자를 보내서 유언비어를 퍼뜨렸다. "우야마 히사노부가 모리군과 내통하고 있다." 1566년 1월 9일 우야마 히사노부가 암살되었다.

1566년 10월이 되자, 하루에 60여 명의 아마고군이 갓산토다성을 탈출했다. 대세가 기울었다고 판단한 성주 아마고 요시히사가 11월 21일 사자를 모토나리 군영으로 보냈다. "내가 할복하고 성을 넘겨줄

터이니 농성하는 군사들의 목숨을 구해달라." 11월 28일 모리 모토나리가 갓산토다성을 점령했다.

1567년 2월 19일 모리 모토나리가 고향 요시다로 개선했다. 모토나리는 약 1년 동안 싸움에 지친 군사들을 쉬게 한 후, 1568년 3월 2만 5000여 명의 군사를 동원하여 오즈성大洲城(에히메현 오즈시)을 함락시켰다. 그해 4월 8000여 명의 모리군이 규슈의 지쿠젠筑前(후쿠오카현)에 상륙하여 오토모 요시시게 군대와 싸웠다. 1569년 4월 깃카와 모토하루, 고바야카와 다카카게 등이 4만여 명의 모리군을 거느리고 다치바나성立花城(후쿠오카현 가스야군)을 공격했다. 윤5월 18일 모리군이 다치바나성을 점령했다.

1570년 7월 모리 모토나리가 병석에 누웠다. 9월에 모토나리의 손자 모리 데루모토毛利輝元(1553~1625), 차남 깃카와 모토하루, 3남 고바야카와 다카카게 등이 아키의 요시다에 모여 모토나리를 간호했다. 당시 모토나리는 74세의 노인이었지만 병세가 점차로 호전되었다. 모리씨 일족은 가벼운 마음으로 1571년 새해를 맞이했다. 건강이 회복된 모토나리는 봄이 되자 측근을 거느리고 벚꽃을 구경하기도 했다. 1571년 5월이 되자 모토나리의 병세가 다시 악화했다. 6월 14일 아침 모리 모토나리가 고리야마성에서 파란만장한 삶을 마감했다.

6월 14일 저녁 모리 모토나리의 시신이 고리야마성 서쪽에 있는 다이쓰인大通院으로 옮겨졌다. 장례는 6월 20일에 빈고備後의 묘호지妙法寺(히로시마현 후쿠야마시) 주지 데이코鼎虎의 집전으로 거행되었다. 모리 모토나리의 시신은 밋카이치三日市에서 화장되었다. 6월 24일 모토나리의 유골이 다이쓰인 경내에 마련한 분묘에 안치되었다.

제3부

불세출의 영웅

CHAPTER 1. 일본인이 숭배하는 난세의 맞수

전국시대를 살다 간 다이묘는 많다. 한 세대를 편의상 25년이라고 하면, 한 가문에서 적어도 4~6명의 다이묘가 난세라고 일컬어지는 전국시대에 몸을 맡기며 살았다. 치열하게 살지 않은 다이묘는 한 사람도 없었을 것이다. 하지만 수많은 전국시대 다이묘 중에서 후세에 이름을 남긴 인물은 그다지 많지 않다. 그런데 다케다 신겐武田信玄(1521~73)과 우에스기 겐신上杉謙信(1530~78)은 일본인들이 매우 특별하게 기억하는 전국시대 다이묘라고 할 수 있다.

일본인 중에 다케다 신겐과 우에스기 겐신을 좋아하는 사람이 많다. 가이온지 초고로海音寺潮五郎(1901~77)는 1962년에 『텐토치토天と地と』라는 역사소설을 출간했는데, 그는 여기에서 다케다 신겐과 명승부를 펼친 우에스기 겐신을 천재 전략가이며 인간의 한계를 뛰어넘은 정신의 소유자로 묘사했다. 『天と地と』는 1969년 1월 5일부터 12월 28일까지 52회에 걸쳐서 NHK 대하드라마로 방영되면서 우에스기 겐신의 인기가 급등했다.

소설가 닛타 지로新田次郎(1912~80)는 1965년부터 1973년까지 『레키시도쿠혼歷史読本』이라는 잡지에 다케다 신겐의 일대기를 연재했고, 그 내용을 정리해서 『武田信玄』이라는 책으로 펴냈다. 이때부터 일본에서 다케다 신겐의 인기가 오다 노부나가와 쌍벽을 이뤘다. 역사소설 『武田信玄』 역시 NHK 대하드라마로 방영되었다. 1988년 1월 10일부터 12월 18일까지 1년간 매주 1회 다케다 신겐이 안방극장에 등장하면서 방송 역사상 최고의 시청률을 기록했다.

다케다 신겐이 거론되면 반드시 우에스기 겐신이 화젯거리가 되었다. 신겐과 겐신이 전국시대의 맞수로 자주 거론되면서 두 사람을 숭배하는 사람이 늘어났다. 누구보다도 다케다 신겐을 숭배한 사람은 닛타 지로였고, 우에스기 겐신을 숭배한 사람은 가이온지 초고로였다. 닛타와 가이온지는 모두 강한 신념의 소유자이기도 했다. 두 사람은 신겐과 겐신의 장점에만 초점을 맞춰 소설을 썼다. 그러나 신겐과 겐신은 결코 초인적이거나 인격적으로 완벽했던 인물이 아니었다.

　다케다 신겐은 평생 부친 노부토라信虎를 추방하고 권력을 찬탈한 불효자식이며, 권력에 눈이 멀어 성실한 장남 요시노부義信를 죽인 비정한 아버지라는 소문에 시달렸다. 우에스기 겐신 또한 권력을 장악하기 위해 친형 나가오 하루카게長尾晴景와 매형 나가오 마사카게長尾政景를 죽인 차가운 인물이라는 세상 사람들의 평판을 두려워했다. 특히 우에스기 겐신은 평생 심한 우울증에 시달렸다. 불같이 화를 내어 인심을 잃는 경우가 많았다. 신겐과 겐신을 제대로 이해하려면 그들의 장점은 물론 약점과 단점도 함께 조명해야 할 것이다.

◇◇◇◇◇◇◇◇◇◇◇◇◇◇◇◇◇◇◇◇◇◇◇◇

　다케다 신겐은 용장과 지장의 풍모를 동시에 갖춘 인물이었다. 그는 13세가 되던 해에 처음으로 전투에 나아갔고, 16세가 되던 해에 소수의 결사대를 이끌고 방비가 삼엄한 적의 성을 공격해 승리의 실마리를 만드는 공을 세웠다. 그를 따라다니는 수식어는 '가이甲斐의 호랑이'였다. 신겐은 용장이었지만 매우 신중한 지장이기도 했다. 반드시 이긴다는 확신이 서지 않으면 싸움에 나서지 않았다. 그는 돌다리도 두드려 건너는 사람이었다. 그의 신중함은 때로는 비겁하게 보이기도 했다. 하지만 그의 신중한 태도가 싸우면 반드시 이기는 다이묘라는 신화를 만

들어냈다.

다케다 신겐은 매우 주도면밀하게 전쟁을 준비했다. 적지에 첩자를 보내 정보를 수집하고, 작전회의를 거듭하면서 필승의 전략을 수립했다. 아군에게 반드시 승리할 수 있다는 확신을 심어주었고, 적의 후방을 교란하는 작전을 전개하면서 때를 기다렸다. 결정적인 기회가 왔다고 판단했을 때는 과감하게 움직였다. 필승의 작전을 구사해서 반드시 승리를 거머쥐었다.

그의 싸움은 풍림화산風林火山이라는 말에 응축되어 있다. 역사가들은 이 말을 다음과 같은 의미로 해석하고 있다. "달릴 때는 바람과 같이 빠르게, 머물 때는 숲과 같이 고요하게, 적을 공격할 때는 불과 같이 맹렬하게, 움직이지 않을 때는 산처럼 무겁게 있으면서 적을 본다." 이 말은 본래 손자병법 사상의 요체라고 알려졌는데, 다케다 신겐의 전술과 전략을 가장 잘 표현하고 있는 말이기도 했다.

일본의 전국시대 다이묘가 영토를 확장하기 위해 이웃한 다이묘의 영지를 침략하는 것이 일상적이었다. 그 시대는 군사를 동원하는 일이 당연한 일로 여겨졌다. 침략과 전쟁이 긍정되던 시대였다. 다케다 신겐은 지배 영역을 넓히기 위해 이웃한 다이묘나 호족의 영지를 침략하는 일을 되풀이했다. 신겐은 철저하게 승리를 목표로 해서 싸웠다. 적이 허점을 보이면 집요하게 공격했다. 그 모습이 마치 표독하기 그지없는 승냥이와 같았다.

다케다 신겐은 승리가 보장되지 않는다고 판단하면 산처럼 움직이지 않았다. 그러나 그의 감각은 예민하게 반응하고 있었다. 그는 마치 굶주린 맹수와 같이 잠시라도 먹잇감에서 눈을 떼지 않았다. 그는 호시탐탐 기회를 노리다가 승리할 수 있다는 확신이 섰을 때 바람처럼 빠르게 치달아 단숨에 적의 영지를 점령해 버렸다. 날랜 모습이 마치 용맹한 호랑이와 같았다.

우에스기 겐신이 명분주의자였다면 다케다 신겐은 철저한 실용주의자였으며 승리 제일주의자였다. 신겐은 승리하지 않으면 명예도 없다고 생각했다. 그에게는 승리 자체가 명예였다. 다케다 가문의 전략과 전술을 기록한 『고요군칸甲陽軍鑑』에 따르면, 다케다 신겐은 38년 동안 단 한번도 결코 약한 모습을 보인 적이 없었고, 패전한 적도 거의 없었다. 신겐은 기적에 가까운 무패의 전적을 쌓아 올렸다.

중국과 한국에는 '일승일패병가상사一勝一敗兵家常事'라는 말이 있다. 싸움에서는 이길 때도 있고 질 때도 있다는 말이다. 아무리 출중한 장수라도 싸움에서 한 두 번은 질 수도 있는 일이다. 그러나 일본 전국시대 다이묘들은 패배를 매우 두려워했다. 한 번의 결정적인 패배가 곧 가문의 멸망으로 이어질 수 있었기 때문이다. 전국시대 다이묘 중에서 가장 승리에 집착한 인물이 다케다 신겐이었다. 신겐은 싸움에서 처음에 한두 번 지더라도 최후에 승리하면 된다는 생각을 아예 하지 않았다. 그는 항상 최후의 결전에 임하는 자세로 출진했다.

다케다 신겐은 인사의 귀재였다. 신겐은 사람의 능력을 꿰뚫어 볼 줄 아는 능력을 지닌 인물이었다. 용맹한 무사, 지략이 있는 무사, 사려가 깊은 무사를 잘 분별하여 적재적소에 배치했다. 신겐은 신상필벌로 부하들을 다스렸다. 훌륭한 장수 밑에서 훌륭한 장수가 난다는 말이 있는데, '가이의 호랑이' 다케다 신겐 휘하에는 다케다 가쓰요리武田勝頼(1546~82), 바바 노부하루馬場信春(1515~75), 야마가타 마사카게山県昌景(1515~75) 등과 같은 맹장들이 포진하고 있었다. 그들은 신겐의 손에 목숨을 맡겼던 충직한 부하였을 뿐만 아니라 어떤 일이든지 빈틈없이 수행할 수 있는 지략을 갖춘 인물들이었다. 그들은 신겐의 분신이 되어 병사들을 바람처럼 몰고 다니면서 적진을 불처럼 공략했다.

일본 최강이라고 일컬어지던 다케다 군단의 위용은 바로 다케다 신겐의 용인술에서 나왔다. 신겐은 평소에 사람이 곧 성城이고, 담장이며, 해자라고 말했다. 그가 얼마나 사람을 중요시했는지 알 수 있는 말이다. 다케다 신겐의 부하들은 결코 엄폐물 뒤에 숨어서 싸우지 않았다. 싸우는 곳이 곧 진지라는 각오로 무장되어 있었다. 그래서 싸우면 반드시 이겼다.

신겐은 여러 무사 중에서 죽음을 각오한 자들을 선별하여 중용했다.

『고요군칸』에 따르면, 다케다 신겐이 가장 강조했던 것은 사람을 가려서 쓰는 일이었다. 신겐은 훌륭한 무사와 그렇지 않은 무사에 대하여 다음과 같이 말했다.

죽음을 각오한 무사는 모든 사람이 다 자기와 같다고 여기기 때문에 다른 사람에게 예의 바르며 신중하게 처신한다. 필요 없는 충돌을 회피하여 주군에게 피해가 돌아가지 않게 처신한다. 훌륭한 무사는 자기 자신이 수긍할 때까지 바람직한 무사가 되기 위해 노력한다. 그리고 있는 그대로의 모습으로 세상을 살며 명예를 중요시한다. 이에 비하여 신중하지 못하고 거짓으로 꾸미는 무사, 머리 회전이 빠르고 마음속으로 이해타산에 골몰하는 무사는 모든 사람이 다 자기와 같다고 여기기 때문에 사려가 깊지 못하고 다른 사람에게 예의가 바르지 못하다. 전쟁 상황이 우군에 불리하면 은혜를 저버리며 의리를 망각하고 제일 먼저 도망한다. 그런 무사는 출세를 위하여 인연을 찾아 줄을 선다. 소인배들을 불러들여 주군에게 소개하고 무리를 지어 권세를 휘두르며 충직한 무사를 음해한다.

다케다 신겐은 부하 장수들에게도 훌륭한 무사와 그렇지 않은 무사를 잘 분별해서 쓰는 것이 무엇보다도 중요하다는 점을 강조했다. 신겐은 다이묘 가문의 운명은 총대장이 부하의 사람 됨됨이를 잘 분별해서

나가시노 전투 - 오다군의 뎃포대

적재적소에 기용하는 데 달려 있다고 믿었던 인물이었다.

전투에서 지휘관의 역할은 매우 중요하다. 다케다 신겐이 사망한 후, 1575년 5월 나가시노長篠 전투에서 다케다군이 오다·도쿠가와 연합군에게 대패했다. 다케다 가문은 그 충격을 이겨내지 못하고 몰락의 길로 접어들었다. 당시 다케다군의 지휘관은 신겐의 아들 다케다 가쓰요리武田勝頼였다. 그는 용맹한 장수였으나 신겐만큼 신중하지도 영리하지도 못했다. 만약 다케다 신겐이 살아있었다면 나가시노 전투에서 오다·도쿠가와군에게 패하지 않았을 것이다. 다케다 신겐은 그런 능력을 보유한 일본 제일의 지장이었다.

◇◇◇◇◇◇◇◇◇◇◇◇◇◇◇◇◇

우에스기 겐신은 다른 전국시대 다이묘처럼, 난세에 태어나 일본 열도의 한 지역 즉, 에치고越後(니가타현)를 지켜야 하는 운명을 타고난 통솔자였다. 사방이 음험한 간계를 꾸미는 적으로 둘러싸여 있었다. 싸우고 싶지 않아도 싸워야만 했던 무장이었다. 적이 자신의 영지를 침략하면 가혹하게 응징했던 무서운 지휘관이었다. 그것은 전국시대 다이묘에게 지극히 당연한 임무였다. 그런데 겐신의 행동을 보면, 다른 다이묘와는 전혀 다른 점을 발견하게 된다.

전국시대 다이묘는 권모술수를 써서 적을 곤경에 빠뜨리고 적을 급습하여 승리하는 것을 자랑으로 여겼다. 그러나 겐신은 간계를 꾸미거나 첩자를 활용하여 상대 진영의 내분을 조장하는 짓을 하지 않았다. 그는 매우 성실한 태도를 지녔고, 득실을 따지지 않았던 사내였다.

전국시대에는 다이묘가 여러 명 또는 수십 명의 첩을 거느리는 것이 당연한 일이었다. 하지만 우에스기 겐신은 단 한 명의 여자도 가까이하지 않았다. 평생 독신으로 지냈던 그는 당연히 자식을 한 명도 두지 않았다. 전국시대 다이묘는 스스로 쟁취한 영토를 자손에게 물려주려고 했다. 그러나 겐신은 그럴 이유가 없었다.

　전국시대 다이묘와 무사는 많은 시간을 남자들끼리 보내는 경우가 많았다. 그래서 동성애 풍조가 유행했던 것 같다. 전국시대 다이묘들은 대개 소년을 옆에 두고 시중을 들게 했는데, 그 소년들이 다이묘의 동성애 상대인 경우가 많았다. 오다 노부나가도 모리 나리토시森成利(1565~82)라는 총명하고 빈틈이 없는 미소년을 옆에 두고 시중을 들게 했는데, 나리토시 역시 노부나가의 동성애 상대였다고 알려졌다. 다이묘가 여자를 멀리했다고 해서 욕정을 끊었던 것은 아니었다. 하지만 우에스기 겐신은 달랐다. 그는 미소년을 옆에 두고 시중을 들게 하지 않았다. 물론 동성애 상대도 없었다.

　우에스기 겐신은 전국시대 다이묘 중에서 가장 금욕적인 인물이었다. 식생활도 매우 검소했다. 아침저녁으로 밥 한 공기, 국 한 그릇, 그리고 반찬 한 가지가 그의 식단이었다. 일식일찬一食一饌이었던 셈이다. 어떤 때는 다른 반찬 없이 밥과 국으로만 식사를 마치는 때도 있었다. 술을 마실 때도 안주로 우메보시梅干라고 하는 매실장아찌 정도가 고작이었다. 의복도 매우 검소했다. 언제나 무명으로 지은 옷을 입었다. 그러면서도 그는 입버릇처럼 부자유스러움에 익숙하게 적응하는 것이 진정한 무사의 자세임을 강조했다.

　1556년 3월 우에스기 겐신은 갑자기 모든 것을 버리고 고야산高野山

(와카야마현 이토군)으로 들어갔다. 그의 나이 27세 때의 일이었다. 물론 그가 속세를 떠나기로 결심한 이유가 있었겠지만, 주변 사람들은 그의 행동을 이해하지 못했다. 측근들이 눈물을 흘리며 간청하자 겐신은 마지못해 고집을 꺾고 본거지로 돌아왔다. 겐신의 돌출 행동은 가신들의 마음을 떠보기 위한 연극이었다고 말하는 자들이 있지만, 겐신은 그런 술수를 쓰는 인물이 아니었다. 그의 마음을 답답하고 외롭게 한 결정적인 요인이 있었을 것이다.

전국시대 다이묘는 다른 다이묘와 동맹을 맺어 이웃한 다이묘를 견제했다. 인질을 교환하기도 하고, 때때로 선물을 보내며 우의를 다지기도 했다. 원교근공, 합종연횡 전략은 전국시대 다이묘들의 생존을 위한 필수적인 외교 수단이었다. 그러나 우에스기 겐신은 먼저 다른 다이묘와 동맹을 맺거나 협력을 구하지 않았다. 그는 자신이 지배하는 에치고越後만 안전하면 그만이라고 생각한 인물이었다. 한때 무로마치 막부室町幕府의 15대 쇼군 아시카가 요시아키足利義昭(재위:1568~88)와 서신을 교환한 일이 있었지만, 그것은 쇼군 요시아키가 일방적으로 보낸 서신에 대한 답신이었을 뿐이다.

우에스기 겐신은 이런저런 일로 군사를 거느리고 두 번이나 상경한 적이 있었다. 그러나 교토에서 그가 취한 행동은 오다 노부나가와 너무 달랐다. 노부나가는 천황을 알현하고, 귀족과 어울리고, 무로마치 막부의 15대 쇼군 아시카가 요시아키를 자신의 권력을 강화하는 도구로 활용했다. 그러나 겐신은 애써 귀족과 친교를 맺으려고 하지 않았다. 조정이나 막부를 예방한 것은 자신에게 관직을 수여한 것에 대한 인사였을 뿐이다. 그는 천황과 쇼군의 권위를 존중했지만, 거기에 기대어 천하를 호령하겠다는 생각이 없었다. 이러한 처신은 아마도 그의 올곧은 성격에서 기인했을 것이다.

그러나 우에스기 겐신에게는 누구에게도 알리고 싶지 않은 치명적인 약점이 있었다. 에치고의 가스가야마성春日山城(니가타현 조에쓰시) 혼마루本丸 가까이에 비샤몬마루毘沙門丸라는 건물이 있었는데, 그곳의 한 모퉁이에 다몬도多聞堂라는 사원이 있었다. 다몬도는 비샤몬텐毘沙門天 즉, 불교에서 사천왕의 하나로 알려진 무신武神을 모신 사당이었다. 겐신은 평소에 다몬도에서 홀로 지내는 시간이 많았다. 그는 극심한 우울증에 시달리고 있었다. 하지만 겐신이 일단 군사를 이끌고 출진하면 거칠고 난폭한 지휘관으로 변신했는데, 필자는 그 또한 극도로 흥분된 상태에서 표출되는 전형적인 우울증 증상이었다고 생각하고 있다.

우에스기 겐신은 전국시대 다이묘 중에서 가장 의리를 무겁게 여긴 인물이었다. 또 도리에 벗어난 행동을 하지 않은 것으로 유명했다. 그래서 그에게는 항상 '정도를 걸은 인물'이라는 수식어가 따라다녔다. 겐신은 적에게도 의리를 지켰다. 그에게는 전쟁에서의 승리보다도 의리가 더욱 중요했다. 그의 그러한 태도에 적들도 경의를 표했다. 의리에 관한 한 겐신을 절대적으로 신뢰했다. 숙적이었다고 할 수 있는 호조 우지야스北条氏康(1515~71)나 다케다 신겐조차도 우에스기 겐신을 신뢰했다.

매우 의심이 많았던 호조 우지야스는 다케다 신겐과 오다 노부나가를 표리부동한 인물이라고 경계했다. 그러나 우에스기 겐신은 매우 신뢰할 수 있는 인물이라고 평가했다. 특히 다케다 신겐은 그의 아들 가쓰요리에게 다음과 같은 유언을 남겼다고 전한다. "우에스기 겐신과 같은 용맹한 자와 싸워서는 안 된다. 우에스기 겐신은 부탁하면 반드시 들어주는 사람이다. 겐신에게 의지하며 영지를 지키도록 하라."

전국시대 다이묘들은 기존의 가치·권위·질서에 구애되지 않고 오로지 실력을 앞세워 영지를 넓히는 데 혈안이 되어 있었다. 그들은 이미 천황의 권위는 물론 무로마치 막부의 쇼군將軍 권력에도 복종하지 않았다. 그러나 우에스기 겐신은 천황과 권위를 존숭했고 쇼군의 권력에 복종했다. 우에스기 겐신은 쇠퇴한 무로마치 막부를 재건해서 쇼군의 통치체제를 재건하는 것이 중요하다고 생각했다. 그래서 다른 다이묘들이 천황과 쇼군을 외면하고 영지 확장에만 골몰하는 것이 불만이었다. 그것은 도리에 부합되지 않는 악행이라고 생각했다. 또 겐신은 아무런 명분도 없이 다른 다이묘의 영지를 공격하는 것 또한 도리에 벗어난 일이라고 반대했다. 실제로 우에스기 겐신은 영지를 방어하는 데 주력했을 뿐이었다.

겐신은 기질면에서도 다른 다이묘와 달랐다. 구로카와 마미치黑川眞道(1866~1925)가 편찬한 『에치고시슈越後史集』의 「上杉謙信日記」에 따르면, 겐신은 자신을 다케다 신겐과 비교하면서 다음과 같이 말했다. "다케다 신겐은 승리를 중요하게 생각한다. 그것은 영토를 많이 빼앗기 위한 속셈이다. 정말로 다케다 신겐은 지혜로운 대장이다. 그러나 나는 남의 영토를 빼앗는 것에 마음을 두지 않는다. 승리에도 신경을 쓰지 않는다. 눈앞에 닥친 싸움을 피하지 않으려고 할 뿐이다."

겐신은 병마를 거느리고 싸우는 전투 이외의 방법으로 적을 압박하는 것을 싫어했다. 한번은 이런 일이 있었다. 다케다 신겐이 인접해 있는 이마가와 우지자네今川氏眞(1538~1615)의 영지를 집요하게 공략한 적이 있었다. 우지자네는 1560년 5월에 오케하자마 전투에서 오다 노부나가에게 목숨을 잃은 이마가와 요시모토今川義元(1519~60)의 아들이었다. 우지자네는 무너지는 가신단을 추스르면서 집요하고도 철저하게 파고드는 다케다 신겐의 공략에 어렵게 대항하고 있었다.

수세에 몰린 이마가와 우지자네는 전투 외적인 방법으로 다케다 가문을 압박할 수 있는 방법을 찾아냈다. 그것은 바로 내륙에 있는 다케다 가문의 영지로 소금이 유통되지 못하도록 하는 방법이었다. 우지자네는 다케다 가문과 인접한 다이묘들에게 공조를 요청했다. 여러 다이묘들이 다케다 가문을 멸망시킬 수 있는 묘책이라고 무릎을 쳤다. 우지자네는 다케다 가문의 영지와 서북쪽으로 인접해 있던 우에스기 겐신에게도 전략의 공조를 요청했다. 그러나 겐신은 우지자네의 요청을 거절하면서 부하들에게 명령했다. "소금 부족으로 인하여 다케다 가문 영내 백성들의 생활이 생각하는 것보다 훨씬 심각한 것 같다. 한시라도 빨리 소금을 다케다 가문 영내의 백성들에게 공급하도록 하라."

우에스기 겐신은 전장에서 싸워 이기는 것만이 진정한 승리라고 생각하고 있었다. 그 밖의 방법으로 적의 병사나 백성들을 고통스럽게 하는 것은 도리가 아니라고 생각했던 것 같다. 물론 위의 이야기가 사실이라고 단정할 수 없다. 우에스기 겐신을 우상화하기 위해 만들어진 이야기가 적지 않기 때문이다. 그러나 위의 이야기에 공감하는 일본인이 많은 것은 우에스기 겐신에 대한 믿음이 그만큼 굳건하기 때문일 것이다.

─────◇◇◇◇◇◇◇◇◇◇◇◇◇─────

다케다 신겐이 다스리던 지역의 농민은 두 계급으로 분류되었다. 군야쿠슈軍役衆 즉, 군역을 담당하는 존재와 그렇지 않은 존재였다. 전쟁이 일어나면 도신同心이라고 불리는 군야쿠슈는 요리오야寄親라는 지휘관의 명령에 따랐다. 이러한 군사 조직은 다케다 가문의 직할지에서만 확인된다. 점령지 즉, 호족이 다스리던 영지는 다케다 가문의 직할지가 아니었다. 그곳은 호족의 지배권이 보장된 지역이었다. 다케다 가문은 호족의 내부 문제에 간섭할 수 없었다. 호족은 다케다 가문의 당주와 상하관계를 맺고, 다케다 가문의 명령에 따라 군사를 거느리고 출진했다. 호족이 거느리는 군사는 호족을 주군으로 섬겼다. 다케다 가문의 당주를 주군으로 여기지 않았다.

우에스기 가문의 군사 조직도 다케다 가문의 그것과 크게 다르지 않았다. 에치고越後는 가미고오리上郡, 나카고오리中郡, 시모고오리下郡로 나뉘어져 있었는데, 그중에서 특히 시모고오리 호족의 내부 문제에 우에스기 가문이 간섭할 수 없었다. 그 지역은 우에스기 가문의 직할지가 아니었기 때문이다. 그렇다고 가미고오리나 나카고오리의 호족이 우에스기 가문에 모두 복종한 것도 아니었다. 그들 중에 틈만 있으면 반란을 일으켰던 자들이 있었다. 우에스기 겐신이 가문의 대를 잇고 몇 년이 지난 후에도 에치고에서 내란이 끊이지 않았다. 최고 통솔자 겐신이 가출하는 충격적인 일이 일어난 후에야 내란이 겨우 진정되는 조짐이 보였다. 우에스기 가문의 군사 조직은 다케다 가문의 그것보다 후진적이었다고 할 수 있다.

다케다군도 우에스기군도 그 근간이 되는 무사는 농촌에 거주하는 지주였다. 그들은 평소에 농촌에서 경작에 종사하다가 주군이 동원령을 내리면 종자들을 거느리고 출진했다. 무사에게는 군역軍役이 부과되었다. 주군의 명령이 내려지면 규정에 따라 정해진 인원을 거느리고 출진했다. 투구 · 갑옷과 같은 무구武具와 창검과 같은 무기를 각자 마련하고 군량도 스스로 부담하는 것이 원칙이었다. 신겐·겐신은 여전히 자영농을 보호하는 정책을 추진할 엄두도 내지 못하고 있었다.

신겐과 겐신은 서로 닮은 점이 많았다. 두 사람은 매우 수준 높은 교양을 몸에 지닌 인물이었다. 전국시대 다이묘는 어려서부터 무예 연마에 힘쓰느라 교양과 담을 쌓고 지낸 인물이 대부분이었다. 그에 비하면 신겐·겐신이 교양인이었다는 것이 매우 이례적이었다. 두 사람은 렌가連歌라는 시를 짓는 것을 좋아했다. 두 사람의 작품이 지금까지 전해진다. 두 사람 모두 서예에 능했다. 그들이 작성한 서신과 기도문이 지금까지 전해진다.

신겐과 겐신은 성격은 물론 싸움의 방식 면에서도 매우 대조적이었다. 1557년 겐신이 가와나카지마川中島 전투에 출진할 때 다음과 같이 말했다. "무슨 일이 있어도 다케다 신겐을 전쟁터로 끌어내어 일전을 불사할 각오로 전투에 임할 것이다." "내가 나아가면 적이 30~50리 밖으로 도주하니 목을 벨 수가 없다. 유감이다." 우에스기 겐신은 결전을 서둘렀다. 그러나 다케다 신겐은 겐신과 정면으로 맞서는 것을 피하려고 했다. 신겐은 겐신의 공격을 피하면서 유리한 상황이라고 판단했을 때만 공격하는 전술을 구사했다.

1561년 9월 10일 가와나카지마 전투에서 우에스기 겐신은 스스로 큰 칼을 휘두르며 전쟁터를 헤집고 다녔다. 그 모습을 지켜본 귀족 고노에 사키히사近衛前久(1536~1612)가 진심으로 감탄했다. "스스로 큰 칼을 들고 앞장서는 일은 전례가 없는 일이다."『고요군칸甲陽軍鑑』이나『고에쓰신센로쿠甲越信戰錄』에는 다케다 신겐이 전투에 임할 때 카게무샤影武者 즉, 자신과 닮은 사람을 대역으로 내세웠다는 기록이 있다. 신겐은 전투 현장에서 자신이 있는 곳을 철저하게 숨겼다. 다케다 신겐의 태도는 "나를 따르라."고 외치며 적진으로 돌진했던 우에스기 겐신과 너무 대조적이었다.

신겐과 겐신은 모두 신불을 깊이 믿었다. 그러나 기도문의 내용이 달랐다. 신겐의 기도문은 반드시 다음과 같은 논리로 구성되었다. '내가 이기는 것이 너무나 당연하다. 그러니 나를 응원해 달라. 승리하면 보답하겠다.' 1558년 한 사원에 바친 기도문에 다음과 같은 내용이 있다. "신슈信州 출진에 즈음하여 제비를 뽑아 보았더니 길하다는 결과가 나왔다. 적이 순식간에 멸망하고 내가 승리하는 것은 이미 정해진 일이다. 이에 50간몬貫文을 사원의 보수 비용으로 바친다." 1559년 한 사원에 바친 기도문에 다음과 같은 기록이 있다. "점을 쳤더니 매우 길하다는 결과가 나왔기에 출진한다. 이기면 갑옷과 투구 그리고 신마神馬 한 필을 바치겠다." 참고로 貫文은 무로마치 시대의 통화 단위로 동전 1000냥에 해당했다. 동전 1000냥은 현재 가치로 150만 원 정도였을 것이다.

우에스기 겐신은 신불에게 자신은 정의의 편에 서는 사람이라고 강조하는 경우가 많았다. 1564년 한 신사에 다음과 같은 내용의 기도문을 바쳤다. "내가 매년 간토 지방으로 출진하는 것은 우에스기 노리마사上杉憲政(1523~79)에게서 간토 간레이管領 지위를 물려받았으니 그 임무를 수행하기 위해서이다." "가와나카지마에 출진하는 것은 오가사와라小笠原, 무라카미村上, 다카나시高梨 등 호족들의 간청이 있었기 때문이다." 겐신은 일일이 증거를 제시하여 자신의 싸움이 정의를 위한 것이라는 점을 강조했다. 또 겐신은 가스가야마성 사원의 사당에 바친 기도문에서 다케다 신겐의 악행을 일일이 나열했다. "다케다 신겐은 부친을 추방한 자이다. 그의 침략은 도리에 어긋난 짓이다. 신불도 그의 악행을 미워할 것이다."

신겐과 겐신은 모두 변방의 다이묘에 불과했다. 그러나 그들은 한때 오다 노부나가와 정면으로 맞섰던 다이묘였다. 두 사람 모두 뛰어난 군사 지도자로 이름을 날렸고, 수많은 전투를 치르면서도 패배한 적이 거의 없었다. 특히 다케다 신겐은 인사의 귀재, 용병의 달인으로 알려진 인물이었다. 다케다군의 장수는 대부분 신겐이 직접 발탁하고 수족같이 부린 자들이었다. 우에스기군의 장수들도 겐신의 지도력과 판단력을 절대적으로 신뢰했다. 평소에 불만이 있던 장수들이라도 일단 출진하면 겐신의 명령에 말없이 따랐다.

시간이 지날수록 오다·도쿠가와군의 경제력이 다케다·우에스기군의 그것을 압도했다. 다케다 신겐이 다스리던 곳은 산간 지역이었다.

그곳은 좋은 말이 자라기에는 더없이 좋은 환경이었지만, 교통의 요지도 아니었고 생산량이 풍부한 평야 지대도 아니었다. 우에스기 겐신이 지배하던 에치고 역시 교토·오사카에서 멀리 떨어진 지역이었다. 더구나 두 사람 모두 중세적 권위와 가치를 존중하는 다이묘였다. 중세적 권위·가치·질서를 부정하고 새로운 시대를 여는 데 앞장섰던 인물이 아니었다. 그러나 그들의 인간적 매력만큼은 전국시대 다이묘 중에서 가장 돋보였다. 그리고 신겐이 53세, 겐신이 49세라고 하는 가장 노숙한 나이에 사망했다. 그런 아쉬움이 일본인의 동정을 샀고, 또 누구에게는 숭배의 대상이 되었을 것이다.

CHAPTER2. 다케다 신겐
- 인사의 귀재 용병의 달인

　1521년 11월 3일 다케다 신겐武田信玄은 가이甲斐(야마나시현)의 슈고 守護 다케다 노부토라武田信虎(1494~1574)의 장남으로 태어났다. 그는 어렸을 적에 그냥 타로太郎라고 불렸다. 일본인 이름에 '타로'가 붙어있 으면 장남이라는 뜻이다. 그런데 다케다 가문의 병법서라고 할 수 있는 『고요군칸甲陽軍鑑』에는 신겐의 어렸을 적 이름이 가쓰치요勝千代였다 고 기록되어 있다. 신겐은 성년식을 올린 후에 하루노부晴信라는 정식 이름을 사용했다. 훗날 출가 의식을 거행한 후에 다케다 신겐으로 불렸다. 이 책에서 다케다 신겐이라고 칭하겠다.

　신겐은 부친 노부토라의 나이 28세 때 태어났다. 노부토라는 1494년 1월 다케다 노부쓰나武田信縄(1471~1507)의 장남으로 태어났다. 1507년 2월 노부쓰나가 36세의 젊은 나이로 사망하면서 당주의 지위를 승계했다. 당시 노부토라의 나이는 14세였다. 너무 어린 나이에 다케다 가문의 당주가 된 다케다 노부토라에게 시련이 닥쳤다. 숙부 다케다 노부요시武田信恵(?~1508)와 그의 일족이 노부토라에게 반기를 들었다. 그러나 노부토라는 1508년 10월에 반란을 진압하고 숙부 노부요시를 비롯한 반란 세력을 처형했다.

　1508년 12월 다케다 노부토라에게 복종하지 않던 군나이郡内(야마나시현 쓰루군 일대)의 호족 오야마다 야타로小山田弥太郎(?~1508)와 그 추종 세력이 노부토라의 본거지를 침입했으나 이번에도 노부토라가 적의 공격을 막아냈다. 적장 오야마다 야타로가 전사했다. 다케다 노부토라는 여세를 몰아 1509년 가을에 군나이 지역으로 진격했다. 1510년에는 다케다·오야마다 가문이 강화를 맺었다. 이때 노부토라는 여동생을 오야마다 가문의 당주에게 시집보냈다. 당시 호족 간의 혼인은 곧 동맹을 의미했다.

　1515년 가이甲斐 고마군巨摩郡 우에노성上野城(야마나시현 미나미알프스시) 성주 오이 노부사토大井信達가 다케다 노부토라를 적대했다. 스루가駿河(시즈오카현 중부·북동부)의 슈고 이마가와 우지치카今川氏親 (1471~1526)가 노부사토를 지원하고 있었다. 같은 해 10월 다케다·오야마다군이 우에노성을 공격했다. 하지만 오이 노부사토의 기습으로 다케다·오야마다군이 많은 전사자를 내고 물러났다. 싸움은 다음 해에도 계속되었다. 이마가와 우지치카도 군대를 보내 노부사토를 지원했다. 수세에 몰린 다케다군이 에린지惠林寺(야마나시현 고슈시)로 물러나 방어 태세를 취했다. 1517년 3월 다케다 노부토라는 이마가와·오이 가문과 강화했다.

다케다·오이 가문이 강화하면서 오이 노부사토의 딸이 다케다 노부토라와 혼인했다. 노부토라의 정실이 된 오이 노부사토의 딸은 오이大井 부인으로 불렸는데, 그녀가 바로 다케다 신겐의 모친이었다. 다케다 노부토라는 오야마다·오이 가문과 혼인동맹을 맺으면서 이윽고 가신들을 안정시키고 가이甲斐 지역의 호족들을 거느릴 수 있었다.

그 무렵 노부토라는 가와다川田(야마나시현 고후시 가와다마치)에 있던 본거지를 쓰쓰지가사키躑躅ヵ崎(야마나시현 고후시 고후추)로 이전할 계획을 추진하고 있었다. 1519년 8월부터 쓰쓰지가사키 신축 공사가 시작되었다. 1520년 12월 본거지 신축 공사가 거의 마무리되었을 무렵 노부토라가 본거지를 가와다에서 쓰쓰지가사키로 옮겼다. 그 후 쓰쓰지가사키는 1581년 겨울 다케다 신겐의 아들 다케다 가쓰요리武田勝頼 (1546~82)가 신푸성新府城(야마나시현 니라사키시)으로 이전할 때까지 다케다 가문의 본거지였다.

　1521년 11월 3일 다케다 신겐이 태어난 날, 그의 부친 노부토라는 가이 지역을 침략한 스루가의 다이묘 이마가와 우지치카의 대군을 상대로 힘겨운 싸움을 하고 있었다. 이마가와군 1만5,000여 명이 다케다 가문의 본거지 고후추古府中(야마나시현 고후시)의 서쪽 편에 있는 도미登美(야마나시현 가이시 도미무라)까지 진격했다. 혼란 중에 노부토라의 정실 오이 부인의 산통이 시작되었다. 그녀는 몸종의 부축을 받으며 세키스이지積翠寺(야마나시현 고후시 가미세키스이지마치)라는 사원으로 피난했다. 오이 부인은 그곳에서 장남 신겐을 낳았다.

　아들이 태어났다는 소식이 다케다 노부토라에게 전해졌다. 진중의 다케다군 장병들이 다케다 가문의 장자 출생을 축하했다. 이상하게도 그때부터 적에게 밀리기만 하던 다케다군이 갑자기 힘을 내어 이마가와군을 물리쳤다. 11월 23일 가미조가와라上条河原(야마나시현 나카코마군 시키시마마치) 전투에서 다케다군이 적의 장수 이하 600여 명의 목을 베었다. 적의 부상자는 4,000명이 넘었다고 전한다. 다케다군의 대승이었다.

　가미조가와라 전투를 치르면서 다케다 노부토라의 실력이 증명되었다. 가이甲斐가 다케다 가문이 지배하는 영지가 되었다. 가이 지역을 안정시킨 노부토라는 간토 지방으로 세력을 확장할 계획을 세웠다. 1524년 1월 호조 우지쓰나北条氏綱(1487~1541)가 우에스기 도모오키上杉朝興(1488~1537)의 본거지 에도성江戶城(도쿄토 지요다쿠)을 침략했다. 호조군에게 패배한 도모오키가 가와고에성川越城(사이타마현 가와고에시)으로 도주했다. 그러자 간토 간레이 우에스기 노리후사上杉憲房(1467~1525)가 호조 우지쓰나를 공격할 준비를 했다. 다케다 노부토라는 곤궁에 처한 우에스기 도모오키와 손을 잡았다. 이때부터 노부토라는 간토 지방의 호조 가문에 맞서게 되었다.

1524년 2월 다케다 노부토라가 대군을 거느리고 사가미相模(가나가와현) 지역으로 출진했다. 노부토라는 1만8,000여 명의 군사를 이끌고 고사루바시小猿橋(가나가와현 사가미하라시 미도리쿠)에서 호조군과 싸웠다. 3월에는 지치부秩父(사이타마현 지치부시)로 향하여 하치가타성鉢形城(사이타마현 가와고에시)의 우에스기 노리후사와 대치했다. 6월에는 이와쓰키성岩槻城(사이타마현 이와쓰키시)을 공격했다. 하지만 큰 전과를 올리지 못한 다케다 노부토라가 호조 우지쓰나와 강화했다.

1530년 1월 우에스기 도모오키가 호조 우지쓰나를 공격하기 위해 후추府中(도쿄토 후추시)로 향했다. 다케다 노부토라가 도모오키를 지원하기 위해 출진했다. 이때 오야마다 가문의 군대도 동원되었다. 그러나 4월 23일 오야마다군이 야쓰보사카八坪坂(야마나시현 우에노하라시)에서 호조군에게 패배했고, 우에스기 도모오키도 호조 우지야스北条氏康와 후추에서 싸웠으나 패배했다. 우에스기 도모오키는 다케다 노부토라를 더욱 믿고 의지할 수밖에 없는 처지였다.

다케다 노부토라는 호조 가문과 대립했을 뿐만이 아니라 이마가와 가문과도 사이가 좋지 않았다. 그러나 1526년 6월 이마가와 우지치카가 사망한 후 그의 뒤를 이어 이마가와 가문의 10대 당주가 된 이마가와 우지테루今川氏輝(1513~36)와 화목하게 지냈다. 하지만 다케다·이마가와 가문의 친밀한 관계는 오래가지 않았다. 1535년경부터 다케다 노부토라와 이마가와 우지테루의 관계가 악화했다. 1535년 6월 노부토라가 이마가와 가문이 다스리는 스루가를 침략했다. 8월 19일 다케다군과 이마가와군이 만자와万沢(야마나시현 미나미코마군 난부초)에서 싸웠다.

1536년 4월 이마가와 우지테루가 23살의 젊은 나이에 급사했다. 당주의 지위는 우지테루의 유언에 따라 그의 동생 이마가와 요시모토今川義元(1519~60)가 승계하기로 했다. 그러나 일부 중신들이 요시모토의 이복형제 이마가와 나가사네今川良真(1517~36)를 옹립하면서 분란이 일어났다. 6월 8일 요시모토를 지지하는 중신들이 호조 우지쓰나의 지원에 힘입어 나가사네와 그 후원 세력을 기습했다. 전투에서 패배한 나가사네가 자결하면서 이마가와 가문의 분란이 수습되었다.

이마가와 가문에서 내분이 일어났을 때 요시모토에게 반기를 들었던 마에지마씨前島氏 일족이 가이甲斐로 도망했다. 다케다 노부토라는 마에지마씨 일족을 붙잡아 처형하고, 그들의 수급을 이마가와 요시모토에게 보냈다. 마에지마씨 일족은 오래전부터 다케다 가문에 호의를 갖고 있었다. 이런 경우에는 다케다 가문이 그들을 보호하고, 훗날 기회를 보아 이마가와 가문에 구명을 요청하는 것이 전국시대의 관례였다. 그런데 노부토라는 측근들의 의견을 무시하고 이마가와 요시모토의 환심을 사는 데 급급했다. 노부토라의 처신에 가신들이 불만을 품었다. 그들 중에 다른 다이묘가 다스리는 지역으로 이주하는 자도 있었다.

다케다 노부토라는 간토 지방의 명문 가와고에성 성주 우에스기 도모오키의 딸을 장남 신겐의 정실로 맞아들였다. 1533년 혼인 당시 다케다 신겐과 도모오키의 딸은 13세로 동갑내기였다. 그러나 신겐의 정실은 다음 해 11월에 출산하다 태아와 함께 죽었다. 1536년 7월 노부토라는 이마가와 요시모토의 중매로 교토 조정의 좌대신을 지낸 귀족 산조 긴요리三条公頼(1498~1551)의 둘째 딸을 신겐의 배필로 맞이했다. 그녀는 산조 부인으로 불렸다. 산조 긴요리의 큰딸은 무로마치 막부의 간레이 호소카와 하루모토細川晴元(1514~63)의 부인, 셋째 딸은 정토진종浄土真宗 혼간지파本願寺派 11대 종주 겐뇨顕如(1543~92)의 부인이었다. 산조 가문은 일본 최고의 명문이었다. 다케다 신겐은 교토에서 영향력이 있는 산조 가문과 정략 결혼했다. 산조 부인은 장남 요시노부義信, 차남 류보竜芳, 훗날 호조 우지마사北条氏政(1538~90)의 부인이 되는 오바이인黄梅院을 낳았다.

다케다 노부토라는 사가미의 호조 가문, 스루가의 이마가와 가문과 싸우는 것이 그다지 이롭지 않다고 생각했다. 시나노信濃(나가노현)를 침략하여 영토를 확장한다는 계획을 세웠다. 대부분이 산악지대인 시나노는 독립성이 강한 호족들이 지배하고 있었다. 노부토라는 시나노의 호족들을 거느릴 수 있다면 다케다 가문이 더욱 강력해질 것이라고 믿었다. 노부토라는 스와諏訪(나가노현 스와시)와 사쿠佐久(나가노현 사쿠시)를 먼저 공격하기로 했다.

그런데 다케다 노부토라는 성격이 괴팍했을 뿐만이 아니라 이름난 호색가였다. 간토 간레이 우에스기 노리후사의 미망인이 미인이라는 소문을 들은 노부토라는 은밀히 우에스기 도모오키에게 부탁하여 그녀를 납치하듯이 데려와 첩으로 삼았다. 가신의 딸을 빼앗아 첩으로 들이기도 했다. 나들이하다가 처음 보는 여인을 성폭행하기도 했다. 가신들이 간언하면 그가 누구든 상관하지 않고 죽여버렸다.

『甲陽軍鑑』의 기록에 따르면 다케다 노부토라는 장남 신겐을 미워하고 차남 다케다 노부시게武田信繁(1525~61)를 편애했다. 노부토라는 자주 가신들 앞에서 말했다. "다케다 가문을 계승하는 것은 노부시게이다." 그럴 때마다 가신들이 한숨을 쉬었다. 그도 그럴 것이 다케다 신겐은 매우 총명한 두뇌의 소유자였고, 가신들 사이에서 인품이 훌륭하다고 평판이 나 있었다. 만약에 노부토라가 차남 노부시게를 후계자로 삼는다면 겨우 안정된 가신단이 다시 분란에 휩싸일 가능성이 있었다. 중신들의 고민이 날로 깊어졌다.

다케다 가문의 중신들이 은밀히 노부토라를 추방하는 방안을 논의했다. 1541년 6월 노부토라가 대군을 이끌고 시나노의 사쿠 일대에서 세력을 떨치던 호족들을 평정하고 개선하던 길에 니라사키韮崎(야마나시현 니라사키시)에서 잠시 휴식을 취했다. 그때 중신 이타가키 노부카타板垣信方(1489~1548)와 아마리 도라야스甘利虎泰(?~1548)가 노부토라의 처소로 들어가 말했다. "이마가와 가문에서 보낸 가마가 밖에서 기다리고 있습니다. 어서 가마에 오르시지요." 뜬금없는 말에 노부토라가 물었다. "왜 이마가와 가문에서 가마를 보냈지?" 이타가키 노부카타가 말했다. "오늘부터 신겐님이 다케다 가문의 당주가 되셨습니다. 노부토라님은 잠시 스루가의 저택에서 요양하시기 바랍니다." 노부토라가 소리를 지르며 옆에 있는 칼을 향해 손을 뻗쳤다. 그때 아마리 도라야스가 달려들어 노부토라의 손을 눌렀다.

다케다 노부토라는 가신들에게 체포되어 가마에 태워졌다. 다케다·이마가와 가문은 혼인으로 맺어진 사이였다. 이마가와 요시모토의 정실 조케인定惠院(1519~50)은 다케다 노부토라의 장녀였다. 다케다 신겐이 사전에 누나 조케인와 매형 이마가와 요시모토의 양해를 구했을 가능성이 있다. 스루가로 추방된 노부토라는 교토와 나라奈良 일대를 유람하고 여러 다이묘와 교류하면서 유유자적한 나날을 보냈다. 노부토라는 1550년 7월 조케인이 사망한 후 스루가와 교토를 왕래하면서 생활했다. 1560년 5월 이마가와 요시모토가 오케하자마桶狭間 전투에서 전사한 후에는 생활 거점을 교토로 옮겼을 것으로 추정된다.『甲陽軍鑑』에는 1561년에 이마가와 가문이 노부토라를 추방했다는 기록이 있다. 하지만 노부토라

다케다 신겐

가 이마가와 가문과 불화했다는 사료가 없다. 교토에서 생활하던 노부토라는 신겐이 사망한 후 고향으로 돌아올 수 있었지만, 다케다 가문의 본거지 고후추로 들어가지 못했다. 다카토오高遠(나가노현 가미이나군 다카토오마치)에서 최후를 맞이했다.

다케다 신겐이 정신착란 증세를 보인 부친 노부토라를 추방하고 권력을 찬탈한 불효자식이라고 알고 있는 일본인이 많다. 노부토라가 추방된 16세기 중엽부터 그러한 소문이 돌았던 것 같다. 1564년 6월에 치고越後의 다이묘 우에스기 겐신이 야히코 신사弥彦神社(니가타현 니시칸바라군 야히코무라)에 바친 기원문에 다케다 신겐이 부친 노부토라를 추방하여 두터운 은혜를 저버렸는데, 그것은 신령의 뜻을 거스르는 행위

라고 비난하는 내용이 있다. 16세기 후반에 일본에서 활동했던 선교사 루이스 프로이스Luis Frois가 집필한 『일본사』에도 다케다 신겐이 부친 노부토라의 권력을 찬탈하고 다른 지역으로 추방했다는 기록이 있다. 우에스기 겐신은 다케다 신겐의 숙적이었다. 겐신은 출진의 명분을 쌓기 위해서도 다케다 신겐을 비난할 수밖에 없었다. 그의 기록을 사실로 단정하기 어렵다. 또 루이스 프로이스의 기록은 시중에 떠도는 이야기에 불과한 수준이었다. 노부토라의 추방 사건에 신겐이 직접 관여했다는 확실한 증거가 없다. 필자는 다케다 가문의 가신들이 노부토라를 추방하고 신겐을 추대했다는 주장에 따르고 있다.

다케다·오야마다 가문의 정치를 기록한 『가쓰야마키勝山記』에 다음과 같은 기록이 있다. 다케다 노부토라가 추방되었다는 소식을 들은 가이甲斐의 "농민·무사·승려·남녀 모두가 기뻐하며 만족했다." 구보하치만 신사窪八幡神社(야마나시현 야마나시시) 산하 우에노보후겐지上之坊普賢寺의 승려가 저술한 『오다이키王代記』에 다케다 신겐이 부친 노부토라를 추방한 덕분에 "나라가 모두 평안하게 되었다."는 기록이 있다. 임제종 사원 고가쿠지向嶽寺(야마나시현 고슈시)의 역대 주지가 대를 이어 기록한 『山向嶽禅庵小年代記』에 다음과 같은 기록이 있다. "다케다 노부토라는 평생 악역무도했기 때문에 백성은 물론 소·말·짐승에 이르기까지 비탄에 빠져 있었다. 스루가의 다이묘 이마가와 요시모토가 노부토라의 사위였다. 노부토라가 6월 중순에 (요시모토의 본거지) 슨푸駿府로 행차했다. 그러자 하루노부晴信(신겐)가 '인민의 근심을 덜기 위해' 군사를 보내 부친의 귀환을 막고 스스로 당주의 지위에 올라 나라를 지켰다. 이것을 안 모든 인민이 함박웃음을 지으며 기뻐했다." 요컨대 다케다 노부토라가 추방될 당시의 사료에는 노부토라가 악업을 많이 지었고, 신겐은 가이의 인민을 구원하기 위해 어쩔 수 없이 부친 추방에 관여했다고 기록되어 있다.

다케다 가문은 무로마치 막부가 임명한 가이甲斐의 슈고守護 지위를 대대로 상속하는 명문이었다. 슈고 가문은 직접 거느리는 가신뿐만이 아니라 분가한 일족이나 인근 지역 호족 가문의 인망을 얻어야 비로소 영지를 지배할 수 있었다. 그런 가문의 당주였던 다케다 노부토라를 아들 신겐이 추방하는 결정을 내리고 또 실행할 수 있었을까? 다케다 가문 가신들의 합의가 없으면 불가능한 일이었다.

전국시대 다이묘 가문에서는 후계자 지위를 둘러싼 내분이 자주 일어났다. 다케다 신겐에게는 동생 노부시게가 있었다. 노부시게는 머리가 매우 명석하고 용맹한 지휘관의 자질을 갖추고 있었다. 그런데도 다케다 신겐이 부친을 추방하는 전대미문의 대사건이 일어났어도 신겐파와 노부시게파가 나뉘어 싸우는 일이 벌어지지 않았다. 가신단이 일치단결하여 다케다 신겐을 주군으로 옹립했고, 그 결과를 인민이 기뻐하며 따랐다. 다케다 신겐이 부친 노부토라 추방을 주도하지 않았다는 방증이다.

1541년 6월 17일 신겐은 다케다 가문의 당주 및 가이의 슈고守護 지위에 올랐다. 그의 나이 21살 때의 일이었다. 6월 28일 신겐이 당주 및 슈고 취임 축하연을 베풀었다. 당주에 취임한 신겐은 부친 노부토라와 같이 독단으로 일을 처리하지 않았다. 가신들의 의견을 경청했다. 중요한 사안은 가신단 회의를 거쳐 의사를 결정했다. 다케다 가문의 군의軍議 즉, 작전회의는 다케다 신겐 시대에 확립되었다.

　다케다 신겐은 시나노 지역으로 영토를 확장하는 부친 노부토라의 전략을 계승했다. 신겐은 매우 신중하고 철저하게 준비한 후에 주변 지역을 침략했다. 신겐은 무조건 무력을 앞세워 침략하지 않았다. 계략을 써서 적의 내부를 혼란스럽게 하거나 적진의 분열을 조장한 다음에 단숨에 공략하는 수법을 썼다. 신겐은 적의 내부에서 영향력을 행사할 수 있는 자를 포섭한 다음, 적을 공격할 때 내부에서 반란을 일으키게 하여 적의 본거지를 단숨에 함락하는 작전을 즐겨 사용했다.

　다케다 신겐이 맨 먼저 공략한 곳은 가이甲斐(야마나시현)와 인접한 시나노信濃(나가노현)의 스와군諏訪郡이었다. 당시 이곳은 가나사시金刺 가문을 멸망시키고 스와군을 제패한 스와 요리미쓰諏訪賴滿(1473~1540)의 손자로 다카시마성高島城(나가노현 스와시 다카시마) 성주였던 스와 요리시게諏訪賴重(1516~42)가 지배하고 있었다. 1542년 7월 다케다 신겐이 스와군으로 진격했다. 스와 요리시게는 기병 150여 기와 보병 700여 명으로 다케다군에 맞섰으나 역부족이었다. 7월 5일 다케다 신겐이 스와 요리시게와 그 일족을 사로잡아 자결 형식으로 처형했다.

　스와 요리시게의 영지를 빼앗은 다케다 신겐은 우에하라성上原城(나가노현 지노시)에 군대를 배치하고 점령지를 다스렸다. 하지만 미야가와宮川(나가노현 지노시 미야가와) 서쪽의 스와군을 손에 넣었을 뿐이었다. 스와군의 동반부는 스와씨 일족인 다카토오 요리쓰구高遠頼継(?~1552)가 지배하고 있었다. 1542년 9월 다카토오 요리쓰구가 주변의 호족들을 이끌고 우에하라성을 공격했다. 다케다 신겐은 즉시 출진하여 다카토오군을 무찔렀다. 스와군을 제압한 신겐은 1543년 5월에 우에하라성을 수축하고 가장 신뢰하는 중신 이타가키 노부카타를 스와군다이諏訪郡代로 임명했다.

　다케다 신겐은 세 명의 첩을 두었다. 신겐은 스와군을 공략할 때 스와 요리시게를 죽이고 그의 딸 고이히메瀬衣姫를 첩으로 삼았다. 고이히메는 절세미인으로 신겐의 넷째 아들 다케다 가쓰요리武田勝頼(1546~82)를 낳은 여인이었다. 신겐이 고이히메를 첩으로 삼은 것은 스와씨 일족을 무마하기 위해서이기도 했다. 가쓰요리는 스와시로諏訪四郎라는 별명을 칭했고, 그의 이름에 다케다 가문의 남자가 사용하는 '信' 자를 쓰지 않고 스와 가문에서 사용하는 '頼' 자를 썼다. 신겐은 이어서 호족 아부라카와씨油川氏의 딸을 첩으로 맞아들였다. 그녀는 다섯째 아들 모리노부盛信와 여섯째 아들 노부사다信貞를 낳았다. 신겐은 또 지이사가타小県(나가노현 지이사가타군)의 호족 네즈 모토나오禰津元直의 딸 사토미里美를 첩으로 들였다. 그녀는 일곱째 아들 노부키요信淸를 낳았다.

스와군을 평정한 다케다 신겐은 사쿠군佐久郡(나가노현 사쿠시·미나미사쿠군·기타사쿠군을 아우르는 지역)으로 눈을 돌렸다. 1543년 9월 9일 다케다 신겐은 오이大井 마을(나가노현 사쿠시)을 중심으로 세력을 떨치고 있던 오이 사다타카大井貞隆를 치기 위해 출진했다. 9월 17일 신겐이 나가쿠보성長窪城(나가노현 지이사가타군 나가와마치)을 공략했다. 9월 20일 신겐이 사로잡은 오이 사다타카와 그 일족을 처형했다. 1546년 5월 다케다 신겐이 우치야마성內山城(나가노현 사쿠시)을 중심으로 저항하던 오이씨 일족을 토벌했다. 신겐이 사쿠군 대부분을 손에 넣었다.

그러나 시가성志賀城(나가노현 사쿠시) 성주 가사하라 기요시게笠原淸繁(1515~47)가 간토 간레이 우에스기 가문의 지원을 배경으로 여전히 다케다 신겐에게 저항하고 있었다. 1547년 7월 20일 다케다 신겐이 시가성을 공격하기 위해 출진했다. 7월 24일 다케다군이 시가성을 포위했다. 가나이 히데카게金井秀景(?~1590)가 가사하라 기요시게를 구원하기 위해 달려와 오다이하라小田井原(나가노현 기타사쿠군)에 진을 쳤다. 8월 6일 이타가키 노부카다·아마리 도라야스 등이 이끄는 다케다군이 가나이군을 급습했다. 이 전투에서 가나이군이 3,000여 명의 전사자를 내고 물러났다. 8월 11일 전의를 상실한 가사하라 기요시게가 항복했다.

다케다 신겐이 사쿠군을 평정하면서 시나노의 동쪽과 북쪽을 지배하는 다이묘 무라카미 요시키요村上義淸(1501~73)와 영역을 접하게 되었다. 무라카미씨는 예부터 시나노에서 가장 큰 세력을 형성하고 있던 일족이었다. 요시키요는 휘하에 용맹한 무사를 많이 거느리고 있었다. 1548년 2월 다케다군과 무라카미군이 충돌했다. 우에다하라上田原(나가노현 우에다하라시 서쪽 평야)의 전투였다. 양군의 치열한 전투가 계속되었다. 이 전투에서 다케다군의 맹장 이타가키 노부카타와 아마리 도라야스가 전사했다. 두 장수는 다케다 노부토라를 추방하고 신겐을 추대하는 데 앞장섰던 중신이었다. 다케다 신겐은 두 장수를 잃고도 본진에서 움직이지 않고 전투를 지휘했지만, 결국 많은 사상자를 내고 물러나지 않을 수 없었다. 이 전투에서 다케다 신겐도 크게 다쳤다.

우에다하라 전투에서 다케다군이 무라카미군에게 패배했다는 소문이 퍼지자, 그동안 다케다 가문에 복종하던 스와씨 일족이 반란을 일으켰다. 반란의 배경에는 마쓰모토성松本城(나가노현 마쓰모토시 마루노우치) 성주 오가사와라 나가토키小笠原長時(1514~83)가 있었다. 시나노信濃의 슈고守護 지위에 있던 오가사와라 가문은 마쓰모토성을 본거지로 삼으면서 시나노 중부 지역에서 세력을 떨치고 있었다.

1548년 4월 5일 오가사와라 나가토키와 무라카미씨 · 니시나씨仁科氏 일족 그리고 오가사와라 나가토키의 자형으로 한때 다케다 신겐에게 항복했던 후지사와 요리치카藤沢頼親(?~1582)가 군사를 이끌고 그동안 다케다 가문이 지배하고 있던 스와군으로 쳐들어왔다. 4월 25일 무라카미군이 사쿠군 우치야마성을 공격했다. 6월 10일 오가사와라군이 다시 스와군으로 쳐들어왔다. 7월 10일 오가사와라 나가토키와 내통한 스와씨 일족이 반란을 일으켰고, 이어서 사쿠씨 일족이 다케다군이 지키는 마에야마성前山城(나가노현 사쿠시)을 점령했다.

7월 18일 다케다 신겐이 대군을 이끌고 스와군으로 출진했다. 다음날 아침 다케다군이 시오지리토케塩尻峠(나가노현 시오지니시와 오카야시 경계에 있는 고개)에 진을 치고 있던 오가사와라군을 공격하여 1,000여 명의 목을 베었다. 다케다군은 도망하는 오가사와라군을 소탕하며 스와군을 평정했다. 8월 10일 다케다 신겐이 스와 대사諏訪大社(나가노현 스와시 소재. 전국에 있는 스와 신사의 총본산)에 무운장구를 빌고 대도를 봉납했다. 9월에 신겐이 스오군에서 사쿠군으로 나아가 반란군에게 빼앗겼던 마에야마성을 회복했다.

1550년 7월 다케다 신겐이 대군을 이끌고 시오지리토케를 넘어 마쓰모토성으로 진격했다. 신겐은 군대를 움직이기 전에 이미 오가사와라 나가토키를 섬겼던 호족들을 회유하여 우군으로 끌어들였다. 다케다군은 큰 어려움 없이 적의 요충지를 차례로 점령할 수 있었다. 다케다군이 진격하자 오가사와라 나가토키의 부장들이 두려움을 이기지 못하고 도주했다. 오가사와라군이 제대로 싸우지도 못하고 무너졌다. 이 전투에서 패배한 오가사와라씨 일족은 다시는 재기할 수 없었다. 오가사와라 나가토키를 섬기던 호족들이 잇달아 다케다 신겐에게 투항했기 때문이다.

다케다 신겐은 마쓰모토성을 수축하고 부장 바바 노부하루馬場信春(1515~75)가 지키게 했다. 신겐이 마쓰모토 분지를 손에 넣으면서 시나노 북쪽을 지배하던 무라카미 요시키요의 권력이 흔들리게 되었다. 1553년 4월 신겐은 무라카미 요시키요의 본거지 가쓰라오성葛尾城(나가노현 하니시나군 사카키마치)을 점령했다. 요시키요는 시나노에서 도망하여 우에스기 겐신에게 몸을 의탁했다. 그곳에는 요시키요보다 앞서 도망했던 오가사와라 나가토키가 있었다. 시나노의 명문 오가사와라·무라카미 가문을 보호하게 된 우에스기 겐신은 이 무렵부터 정의를 위해서 싸운다는 명분을 내걸고 다케다 신겐과 대결하게 되었다.

다케다 신겐의 다음 공격 목표는 산림 자원이 풍부한 기소木曽(나가노현 기소군)였다. 1555년 3월 신겐이 시오지리 방면에서 기소로 출진하여 야부하라薮原(나가노현 기소군 기소무라)에 요새를 구축했다. 후쿠시마福島(기소군 기소무라)에 본거지를 둔 기소의 호족 기소 요시야스木曽義康(1514~79)가 그의 아들 요시마사義昌(1540~95)와 함께 우에노단성上之段城과 고마루야마성小丸山城에서 농성하며 다케다군에 맞섰으나 이기지 못하고 항복했다.

다케다 신겐의 본명은 하루노부晴信였는데, 1559년 5월에 머리를 깎고 출가하는 의식을 거행한 후 신겐信玄이라는 법호를 사용했다. 신겐이 왜 출가 의식을 거행했는지 자세히 알려지지 않았지만, 1555년 11월에 사망한 사랑하는 첩 고이히메의 죽음이 직접적인 원인이 되었다고도 하고, 신불의 가호에 힘입어 천하를 평정하기 위해서였다고도 하나 분명하지 않다.

다케다 신겐이 시나노 지역을 평정한 듯하였으나 안심할 상황은 아니었다. 에치고의 다이묘 우에스기 겐신이 가끔 대군을 이끌고 가와나카지마川中島(나가노현 나가노시 동북부에 있는 평야)를 침략했다. 다케다 신겐은 그때마다 출진했다. 신겐의 본거지 고후추에서 가와나카지마까지의 거리는 우에스기 겐신의 본거지 가스가야마성春日山城(니가타현 조에쓰시)에서 가와나카지마까지의 거리보다 훨씬 멀었다. 신겐은 시간을 단축하기 위해 산악지대를 횡단하는 군사 도로를 건설했다. 높은 산 정상에 봉화대를 설치하기도 했다. 가와나카지마의 봉화대에서 다케다 신겐의 본거지까지 적의 침입 소식이 전달되는 시간은 약 1시간 정도였다.

가와나카지마 전투는 대략 다섯 번 즉, 1553년, 1555년, 1557년, 1561년, 1564년에 치러졌다. 다섯 번 모두 다케다 신겐과 우에스기 겐신이 직접 대군을 이끌고 출진했다. 1561년에 치러진 전투는 격전이었으나 나머지 전투는 어느 쪽도 먼저 공격하지 않고 대치하다가 물러난 전투였다. 물론 국지전은 있었지만, 전군이 격돌하는 전투로 발전하지 않았다. 후세에 알려진 가와나카지마 전투는 1561년에 벌어진 전투를 일컫는 것이다.

1561년 8월 14일 우에스기 겐신이 1만3,000여 명의 대군을 이끌고 시나노信濃로 출진했다. 겐신은 5,000여 명을 젠코지善光寺(나가노현 나가노시)에 남겨두고 8,000여 명의 군사를 이끌고 사이가와犀川(나가노현을 가로질러 흐르는 하천)를 건너고 마쓰시로성松代城(나가노현 나가노시 마쓰시로마치)을 지나 9월 9일에 가와나카지마의 남쪽에 있는 사이조산妻女山(나가노현 나가노시 마쓰시로마치)에 진을 쳤다. 이 산은 마쓰시로성에서 서남쪽으로 약 3킬로미터 떨어진 곳에 있었다. 사이조산 앞으로 가와나카지마 평야가 펼쳐져 있었다.

우에스기 겐신이 군사를 움직였다는 보고를 받은 다케다 신겐은 8월 18일에 본거지 고후추를 떠나 가와나카지마로 향했다. 신겐은 차우즈야마茶臼山(나가노현 치노시)에서 전열을 정비한 다음 1만8,000여 명의 대군을 이끌고 하치만바라八幡原(나가노현 나가노시 오시마다마치)와 마쓰시로성에 진을 쳤다. 다케다군이 북쪽에 우에스기군이 남쪽에 포진한 모양이었다. 우에스기군이 진을 친 사이조산에서 다케다군의 진영이 손에 잡힐 듯 내려다보였다.

8월 말부터 밤이 되면 안개가 자욱하게 끼었다. 신중하기로 정평이 난 다케다 신겐이 이번에는 서둘러 적을 기습한다는 전략을 세웠다. 신겐은 군사를 두 군단으로 나누었다. 고사카 마사노부高坂昌信(1527~78)・사나다 유키타카真田幸隆(1513~74) 등이 이끄는 1만여 명의 별동대가 사이조산 뒤쪽으로 돌아서 날이 밝을 무렵에 우에스기군을 후방에서 기습할 계획이었다. 작전이 성공한다면 우에스기군이 사이조산에서 내려올 수밖에 없을 것이고, 그 틈을 이용하여 나머지 8,000여 명의 다케다군이 우에스기군을 공격한다면, 우에스기군은 그야말로 독 안에 든 쥐 신세가 되는 것이었다.

그러나 우에스기 겐신은 일찍부터 다케다군의 움직임을 간파하고 있었다. 겐신은 9월 9일 오후 다케다군 진영에서 연기가 자주 오르는 것이 이상하다고 생각했다. 겐신은 직감적으로 다케다군이 움직일 준비를 한다는 것을 알았다. 그날 저녁 겐신은 다케다군의 별동대가 사이조산의 뒤쪽 산기슭으로 이동한다는 첩보를 입수했다. 겐신은 사이조산 주변에 횃불을 밝히라고 명령했다. 군사들이 주둔하고 있는 것처럼 보이게 하기 위해서였다. 겐신은 군사를 이끌고 사이조산에서 내려와 조용히 지쿠마가와千曲川를 건넜다.

다케다군 별동대 1만여 명은 짙은 안개 속에서 사이조산 정상 주변에 수많은 횃불이 켜져 있는 것을 보았다. 우에스기군이 아무것도 모르고 산 위에 진을 치고 있다고 생각했다. 다케다군 별동대는 9월 10일 새벽에 사이조산 정상으로 진격했다. 그러나 그곳에는 우에스기군이 한 명도 없었다. 그때 먼 곳에서 화승총 소리가 들렸다. 하치만바라에

변고가 있음을 알리는 신호였다. 당황한 고사카 마사노부·사나다 유키타카는 군사를 이끌고 서둘러 사이조산에서 내려왔다.

이 무렵 우에스기군은 하치만바라를 가로질러 다케다군의 본진을 향하고 있었다. 별동대 1만여 명을 제외한 다케다군 중 2,000여 명이 마쓰시로성을 지키고 있었다. 본진을 지키는 군사는 6,000명 정도였다. 이에 비해 우에스기군은 8,000여 명이었다. 더구나 우에스기군은 이미 공격 목표를 정하고 다케다군을 향해 돌진하고 있었다. 우에스기군이 유리한 싸움이었다. 우에스기군 선봉대가 다케다 신겐의 동생 다케다 노부시게가 이끄는 부대를 공격했다. 순식간에 다케다 노부시게의 목이 떨어졌다.

우에스기군의 기습으로 다케다군의 진형이 무너졌다. 우에스기 겐신은 단박에 승부를 내려고 다케다 신겐이 있는 본진으로 돌격했다. 우에스기군은 안개가 걷히기 전에 승부를 내려고 안달했고, 다케다군은 초조해하며 고사카 마사노부·사나다 유키타카가 이끄는 별동대가 돌아오기를 기다렸다. 서서히 먼동이 트고 아침이 밝아오고 있었지만, 안개가 아직 걷히지 않고 있었다.

다케다군은 총대장 신겐이 있는 본진을 겹겹으로 에워싸고 우에스기군의 공격을 막아내는 데 진력했다. 적의 끈질긴 공격으로 다케다군 친위대의 방어선이 무너졌다. 총대장 다케다 신겐이 있는 본진이 위태

로웠다. 하지만 신겐은 여전히 조그만 의자에 미동도 하지 않고 앉아 있었다. 고쇼小姓 즉, 다이묘를 옆에서 보좌하는 소년 무사 20여 명이 다케다 신겐을 몸으로 감쌌다. 그때 우에스기군의 뒤쪽에서 다케다군 별동대가 함성을 지르며 모습을 드러냈다.

사이조산에서 서둘러 내려온 다케다군 별동대는 지쿠마가와를 건너 우에스기군의 후발대를 무찌른 다음, 하치만바라를 가로질러 우에스기군의 측면을 공격했다. 우에스기군이 수세에 몰렸다. 그러자 본진을 에워싸고 방어에 전념하던 다케다군의 오야마다 노부시게小山田信茂(?~1582)가 이끄는 부대가 적극적인 공세로 전환했다. 우에스기군이 다케다군의 주력 6,000여 명과 별동대 1만 명에게 포위되는 모양이 되었다. 우에스기군 8,000여 명이 대적하기에는 역부족이었다. 우에스기군이 많은 사상자를 내고 북쪽으로 패주했다. 오전 11시경이었다.

다케다군은 도주하는 우에스기군을 추격했다. 그때 우에스기군의 아마카스 카게모치甘粕景持(?~1604)가 이끄는 신가리殿 즉, 후퇴하는 부대 중에서 끝까지 일선에 남아 아군이 무사히 퇴각할 수 있도록 적의 추격을 저지하는 부대가 다케다군을 막아섰다. 아토조나에後備え 또는 덴군殿軍이라고도 하는 신가리 부대는 그야말로 결사대였다. 신가리는 적의 집중 공격으로 전멸하는 경우가 많았다. 그러나 본진을 사수하느라 탈진한 다케다군은 적을 추격할 여력이 없었다. 우에스기 겐신이 무사히 젠코지에 도착했다. 아마카스 카게모치 부대도 패잔병들을 수습하여 젠코지로 돌아왔다.

제4차 가와나카지마 전투 후, 양군은 서로 자기들이 승리했다고 선전했다. 다케다 신겐은 교토의 기요미즈데라淸水寺(교토부 교토시 히가시야마쿠)에 보낸 서신에서 다음과 같이 말했다. "적 3,000여 명을 죽이거나 포로로 잡았다." 그러나 우에스기 겐신은 이로헤 가쓰나가色部勝長(?~1568)에게 보낸 서신에서 다음과 같이 말했다. "흉악한 무리 수천 명을 죽이거나 포로로 잡았다." 어느 쪽 주장이 사실에 부합하는지 알 수 없다. 연구 성과에 따르면, 이 전투에서 다케다군과 우에스기군이 각각 2,000여 명의 전사자를 냈다. 1만8,000여 명이 참전한 다케다군 중 약 9분의 1이 전사했고, 8,000여 명이 참전한 우에스기군은 약 4분의 1이 전사한 것으로 추정된다. 전사자 수로 보았을 때 우에스기군 측의 피해가 컸다. 다케다 신겐도 큰 희생을 치렀지만, 결국 승리를 쟁취한 것은 신겐이라고 해야 할 것이다.

가와나카지마 전투 후, 다케다 신겐의 명성이 높아졌다. 우에스기 겐신도 더 이상 시나노 지역을 침공하지 못했다. 신겐은 간토 지방의 호조 우지야스北条氏康(1515~71)와 손을 잡고 우에스기 겐신을 압박했다. 신겐은 고즈케上野(군마현)의 서쪽 지역도 지배하게 되었다. 영토가 확대되면서 다케다 신겐은 3만에 가까운 군사를 동원할 수 있게 되었다. 이 무렵부터 신겐은 교토로 상경하여 천하를 지배할 꿈을 꾸었다. 그러나 다케다 신겐이 다스리는 영토는 산악지대에 있었다. 교토로 올라가

려면 먼저 스루가(시즈오카현 중부·북동부)를 손에 넣을 필요가 있었다.

스루가는 이마가와 가문이 다스리고 있었다. 이마가와 가문은 1560년 5월 이마가와 요시모토가 오케하자마桶狹間(아이치현 나고야시) 전투에서 오다 노부나가에게 패하여 사망하고, 그의 아들 이마가와 우지자네今川氏真(1538~1615)가 대를 이으면서 서서히 몰락하고 있었다. 귀족 풍습에 물든 우지자네는 아침부터 밤까지 게마리蹴鞠 즉, 귀족들의 공차기 놀이에 빠져 지냈다. 정치에는 아무런 관심이 없었다. 날이 갈수록 가신들이 위기감을 느꼈다.

다케다 신겐은 은밀히 스루가 침략을 준비했다. 신겐은 스루가에 첩자를 보내 내분을 조장했다. 그런데 신겐의 장남 다케다 요시노부武田義信(1538~67)가 스루가 침략에 반대했다. 신겐과 요시노부 부자의 의견이 첨예하게 대립했다. 가신들의 의견도 분분했다. 신겐의 의견에 따르는 자가 많았으나 요시노부의 의견을 지지하는 자도 있었다. 특히 중신 오부 도라마사飯富虎昌(1504~65)가 요시노부의 편을 들었다.

신겐과 요시노부는 왜 사이가 나빠졌을까?『고요군칸甲陽軍鑑』에는 1561년 9월의 가와나카지마 전투 때 요시노부가 부친 신겐을 비판했던 점, 1562년 6월에 신겐이 넷째 아들 가쓰요리를 이나군伊那郡(나가노현 이이다시·이나시·가미이나군·시모이나군)의 군다이郡代에 임명하자 요시노부가 반발했던 점이 중요한 요인이었다고 기록되어 있다. 그러나 그 후에도 신겐 부자는 가와나카지마 전투에 함께 출진했고, 요시노부와 가쓰요리의 사이도 나쁘지 않았다.『甲陽軍鑑』의 기록이 결정적인 요인이라고 단정할 수 없다.

필자는 신겐 부자가 첨예하게 대립하게 된 것은 정치적인 요인이 가장 크게 작용했다고 생각하고 있다. 다케다·이마가와 가문은 혼인으로 맺어진 동맹관계였다. 이마가와 요시모토의 정실은 다케다 신겐의 누이 조케인定惠院이었다. 1552년 11월 요시모토와 조케인 사이에서 태어난 딸이 다케다 요시노부와 혼인했다. 그녀는 레이쇼인嶺松院으로 불렸다. 다케다·이마가와 가문은 겹사돈 관계였다. 요시노부와 레이쇼인은 금실이 좋았다. 둘 사이에 훗날 엔코인園光院으로 불리는 딸이 태어났다. 혈기방장한 다케다 요시노부는 부친이 이마가와 가문을 멸망시키기 위해 책략을 꾸미는 것이 정의롭지 못하다고 생각했을 것이다.

다케다 요시노부는 부친 신겐을 제거하려는 계획을 세웠다. 그러나 그것은 처음부터 무리였다. 다케다 신겐은 다케다 노부토라와 달랐다. 가신단의 압도적인 지지를 받고 있었다. 반역 계획이 발각되었다. 신겐이 요시노부에게 절연을 통고했다.『甲陽軍鑑』에 따르면 이때 료운지竜雲寺(나가노현 사쿠시)의 승려 홋코北高와 다이젠지大善寺(야마나시현 고슈시)의 승려가 중재에 나섰으나 성공하지 못했다. 오부 도라마사가 자결하고 다케다 요시노부는 도코지東光寺(야마나시현 고후시)에 유폐되었다.

다케다 요시노부가 유폐된 것은 1565년 10월이었다. 그로부터 2년이 지난 1567년 10월 19일 요시노부가 도코지에서 사망했다. 향년 30세였다. 거의 모든 사료에 다케다 요시노부가 자결했다고 기록되어 있다. 『甲陽軍鑑』의 기록에 따랐기 때문일 것이다. 당시 무사가 죄를 짓고 자결했다는 것은 자결 형식으로 처형되었다는 뜻이다. 다케다 요시노부는 부친 신겐을 암살하려고 했던 자였다. 모반죄에 해당했다. 다케다 신겐은 아들 요시노부를 죽이지 않을 수 없었을 것이다.

도코지 사료에 다음과 같은 기록이 있다. "요시노부님은 유폐 중에 병을 얻었다. 병이 깊어져 생명이 위태롭게 되었다. 죽음에 즈음하여 승려 후쿠케이福惠의 설법을 듣고 크게 깨달은 바가 있었다. 편안하게 눈을 감았다." 도코지는 다케다 신겐이 특별히 보호했던 사원이었다. 도코지의 주지는 다케다 신겐이 아들을 죽였다는 기록을 남길 수 없었을 것이다. 그래서 다케다 요시노부가 병이 들어 죽었다는 '매끈한' 기록을 남겼을 것이다.

다케다 신겐은 요시노부가 사망할 때까지 스루가를 침략하지 않았다. 신겐은 자신의 영토 확장 야욕이 장남의 희생으로 이어졌다는 생각을 지울 수 없었지만, 착잡한 심정을 달래며 다시 스루가 침략을 준비했다. 신겐은 우선 장남 요시노부의 정실 레이쇼인을 이마가와 가문으로 돌려보냈다. 다케다·이마가와 가문의 관계가 소원해졌다. 신변을 정리한 신겐은 스루가에 첩자를 보내 이마가와 가문의 가신단을 분열하는 공작을 벌이기 시작했다.

이마가와 우지자네도 다케다 가문을 견제하기 시작했다. 호조 가문과 협정을 맺고 이마가와 가문이 지배하는 스루가駿河(시즈오카현 중부·북동부)·도토미遠江(시즈오카현 오이가와 서쪽), 호조 가문이 지배하는 이즈伊豆(시즈오카현의 伊豆半島·도쿄토의 伊豆諸島)·사가미相模(가나가와현) 지역에서 다케다 가문이 지배하는 영지 가이甲斐(야마나시현)·시나노信濃(나가노현)로 공급되던 소금 유통을 금했다. 참고로 다케다 가문의 영지는 바다에 접하지 않은 내륙에 있었고, 이마가와·호조 가문의 영지는 태평양 연안에 면해 있었다.

이마가와 우지자네가 가이·시나노의 민심을 동요시키기 위해 노력했다. 하지만 다케다 신겐은 조금도 동요하지 않았다. 그는 매우 치밀하고 조직적으로 이마가와 가문의 가신단을 이간하는 공작을 멈추지 않았다. 그 결과 이마가와 가문의 가신 중에 다케다 신겐과 내통하는 자들이 적지 않았다. 그들은 다음과 같이 말했다. "유약한 이마가와 우지자네가 주군의 지위에 있는 한 이마가와 가문의 영지는 어차피 호조 우지야스나 도쿠가와 이에야스德川家康(1543~1616) 둘 중의 하나가 차지하게 될 것이다. 그렇다면 기회가 왔을 때 다케다 신겐의 부름에 응하는 것이 좋겠다."

1568년 2월 다케다 신겐은 이마가와 가문이 다스리는 스루가를 침략하기 전에 다케다씨의 혈족이며 가장 신뢰하는 가신 아나야마 노부타다穴山信君(1541~82)와 다케다 가문의 사천왕四天王으로 불리는 용장 야마가타 마사카게山県昌景(1515~75)를 도쿠가와 이에야스에게 사자로 보내 다음과 같이 제안했다. "다케다 · 도쿠가와 가문이 이마가와 우지자네가 다스리는 스루가 · 도토미를 각각 동쪽과 서쪽에서 동시에 침략하자. 그리고 이마가와 가문의 영지를 반씩 즉, 스루가는 다케다 가문이 도토미는 도쿠가와 가문이 나누어 차지하자." 이에야스는 신겐의 제안을 흔쾌히 수락했다.

다케다 신겐이 남쪽으로 진출하려면 시나노 지역의 북쪽으로 영지를 접하고 있는 에치고越後(니가타현)의 다이묘 우에스기 겐신의 출진을 견제하지 않으면 안 되었다. 1568년 3월 신겐은 에치고의 호족 혼조 시게나가本庄繁長(1540~1614)에게 반란을 일으키라고 사주했다. 시게나가가 반란을 일으키자 우에스기 겐신이 영외로 출진할 여력이 없었다. 4월 21일 신겐이 스와 대사諏訪大社에 영지를 기진하고 우에스기 겐신의 출진을 막아달라고 기원했다. 6월 3일 신겐이 시나노의 이와오성岩尾城(나가노현 사쿠시) 성주 오이 유키요리大井行頼(1509~72)를 비롯한 호족들에게 출진을 재촉했다.

1568년 12월 6일 다케다 신겐이 대군을 이끌고 출진하여 12일에 우쓰부사内房(시즈오카현 후지노미야시 시바카와초)에 진을 쳤다. 다케다군이 스루가로 진격하자 도쿠가와 이에야스도 도토미 지역 공략을 개시했다. 12월 13일 오사카베刑部(시즈오카현 하마마쓰시) 시라즈카白須賀(시즈오카현 고사이시) 우쓰노야宇都谷(고사이시)로 진격하며 여러 성을 점령했다. 12월 18일에는 하마마쓰성浜松城(하마마쓰시)을 공략했다. 이에야스는 큰 힘을 들이지 않고 순식간에 도토미遠江의 2분의 1을 차지했다.

다케다 신겐이 슨푸성駿府城(시즈오카현 시즈오카시)을 점령하자 이마가와 우지자네는 싸우지도 않고 가케가와성掛川城(시즈오카현 가케가와시)으로 도주했다. 이때 이마가와 우지자네를 따르는 가신은 겨우 50여 명이었고, 우지자네의 처자는 가마에 타지도 못하고 걸어서 우지자네를 따랐다고 전한다. 12월 23일 다케다 신겐이 이에야스에게 사신을 보내 가케가와성을 공격하라고 재촉했다. 도쿠가와군이 가케가와성을 총공격했다. 가케가와성은 이마가와 우지자네의 마지막 보루였다. 이마가와군이 사력을 다해 저항했다. 성 주변에서 치열한 전투가 벌어졌다.

1569년 1월 12일에는 덴노잔天王山(시즈오카시 시미즈쿠) 일대에서 전투가 벌어졌다. 다케다·도쿠가와군의 공격을 견딜 수 없었던 이마가와 우지자네는 호조 우지야스에게 구원을 요청했다. 우지야스의 처는 이마가와 요시모토의 여동생이었고, 우지자네의 처는 호조 우지야스의 딸이었다. 이마가와·호조 가문은 대대로 혈연으로 맺어진 관계였다. 호조 우지야스는 다케다 신겐과 싸우기로 결심했다. 호조군이 스루가의 삿타산薩埵山(시즈오카현 이오하라초)에 진을 치고 다케다군의 배후를 노렸다.

이 무렵에 다케다 신겐과 도쿠가와 이에야스의 사이가 벌어지는 사건이 일어났다. 도쿠가와군이 가케가와성을 공격할 때 다케다 신겐의 부장 아키야마 도라시게秋山虎繁(1527~75)가 덴류가와天竜川(아이치현과 시즈오카현을 지나는 하천)를 따라 남하하여 도쿠가와 이에야스가 점령하기로 되어 있던 도토미遠江 지역으로 진출하여 미쓰케見附(시즈오카현 이와타시)에 진을 쳤다. 그곳은 이에야스의 본거지 오카자키성岡崎城(아이치현 오카자키시)과 격전지 가케가와성을 연결하는 요충지였다. 당황한 이에야스는 오쿠다이라 사다카쓰奧平貞勝(1512~95)가 이끄는 부대를 미쓰케로 급파했다. 아키야마군과 오쿠다이라군이 전투를 벌였다. 이에야스는 이 사건을 겪으며 다케다 신겐을 신뢰하지 않게 되었다. 이에야스는 신겐과 맺은 동맹을 파기하고 호조 우지야스 · 우에스기 겐신과 손을 잡았다.

다케다 신겐이 곤경에 처했다. 동쪽으로 호조군 서쪽으로 도쿠가와군에 포위되는 형국이 되었다. 다케다 신겐이 가장 염려했던 것은 호조 · 도쿠가와군이 보급로를 차단하는 것이었다. 우에스기 겐신의 움직임도 신경을 쓰지 않을 수 없었다. 겐신이 신겐이 없는 틈을 타서 시나노 지역으로 출진하면 속수무책이었다. 다케다 신겐이 스루가에서 물러나지 않을 수 없는 상황이었다. 신겐은 무로마치 막부의 15대 쇼군 아시카가 요시아키足利義昭에게 서신을 보냈다. 우에스기 겐신에게 자중하도록 타일러 달라고 부탁하는 내용이었다.

쇼군 요시아키는 우에스기 겐신에게 서신을 보내 다케다 신겐과 화목하게 지내라고 권고했다. 겐신은 신겐이 간토 지방으로 출병한 틈을 노려 시나노 지역이나 간토 지방을 침략할 수 있었다. 그러나 겐신은 군대를 움직이지 않았다. 쇼군 요시아키의 권고도 영향을 미쳤겠지만, 당시 에치고 지역 사정이 불안했다. 그뿐만 아니라 에치고 지역과 이웃한 엣추越中(도야마현)에서 정토진종 혼간지파 신도 즉, 잇코잇키一向一揆 세력이 봉기했는데, 그것이 우에스기 겐신의 영지 에치고로 파급되는 것이 두려웠다.

다케다 신겐은 오다 노부나가에게도 사자를 보냈다. 신겐과 노부나가는 혼인동맹을 맺은 사이였다. 1565년에 노부나가가 나에기성苗木城(기후현 나카쓰가와시) 성주 도야마 나오카도遠山直廉(?~1569)의 딸 류쇼인竜勝院을 양녀로 삼아 다케다 신겐의 아들 가쓰요리에게 시집보냈다. 가쓰요리와 류쇼인 사이에서 다케다 노부카쓰武田信勝(1567~82)가 태어났다. 또 다케다 신겐의 딸 오마쓰阿松와 노부나가의 아들 노부타다信忠의 혼인이 예정되어 있었다. 신겐은 노부나가와의 관계를 이용하여 도쿠가와 이에야스를 견제하려고 했다.

1569년 4월 6일 다케다 신겐은 히타치常陸의 사다케 요시시게佐竹義重(1547~1612)에게 서신을 보냈다. 호조·우에스기 가문이 손을 잡고 다케다 가문을 공격하는 일을 방지하기 위한 공작이었다. 다케다 신겐이 원정에 나선 기간이 길어지면서 군량 수급에 어려움을 겪었다. 4월 19일 신겐은 에지리성江尻城(시즈오카현 시즈오카시 시미즈쿠)을 지키는 아나야마 노부타다穴山信君에게 수비를 엄중히 하라고 당부한 후, 1569년 5월에 본거지로 돌아올 수 있었다. 신겐의 스루가 원정 6개월은 그의 인생에서 가장 긴장했던 시간이었다.

다케다 신겐이 지배하는 가이甲斐(야마나시현)와 시나노信濃(나가노현)는 바다에 접하지 않은 산간 지역이었다. 그래서 신겐은 어렸을 때부터 바다에 접한 영토를 차지하고 싶었다. 신겐의 마음속에는 바다를 이용하지 않으면 천하를 쟁취할 수 없다는 생각이 자리하고 있었다. 그래서 신겐은 태평양에 면한 스루가 지역을 자주 침공했다. 신겐이 이마가와 가문이 다스리던 스루가 지역을 점령하면서 비로소 바다에 접한 영국을 다스릴 수 있었다. 신겐은 바다에 면한 지역에 후쿠로성袋城(시즈오카현 시즈오카시)을 축조하고 그곳을 이세伊勢(미에현 이세시)를 비롯한 서부 일본으로 연결되는 해상 유통의 거점으로 삼았다.

당시 해상 유통은 주로 해적들이 독점하고 있었다. 다케다 신겐은 이마가와 가문이 거느리는 수군의 우두머리를 자기편으로 끌어들였다. 당시 일본에는 다이묘가 직접 지휘하는 수군이라는 개념이 없었다. 다이묘들은 해적 무리와 그들이 보유한 선박을 필요할 때마다 이용했다. 다케다 신겐은 이마가와 가문의 군사와 물자를 운반하던 해적 우두머리 오카베 사다쓰나岡部貞綱(1505~66)를 불러서 말했다. "다케다 가문을 위해 누구에게도 뒤지지 않는 수군을 만들어 달라. 그대의 힘이 아직 부족하니 다른 지역의 수군을 우리 편으로 끌어들여야 할 것이다. 교섭에 관한 모든 것을 그대에게 맡긴다."

다케다 신겐은 오카베 사다쓰나에게 파격적인 조건을 제시했다. 사다쓰나에게 바다 위에서 일어나는 일의 처결권을 위임했다. 거주지를 제공하고 봉록을 주는 것은 물론, 바다를 왕래하는 선박으로부터 물품 대금의 10퍼센트 정도의 통행세를 징수할 수 있는 권리를 부여했다. 그리고 오카베 사다쓰나가 다케다 가문의 방계 혈족인 쓰치야씨土屋氏를 성씨로 사용할 수 있도록 허락했다. 향후 사다쓰나를 쓰치야씨 일족과 같이 예우한다는 증서까지 써주었다.

오카베씨에서 쓰치야씨로 성씨를 바꾼 사다쓰나는 다케다 신겐의 은혜에 보답했다. 그는 이세伊勢 앞바다에서 활약하던 해적 무리와 오다 노부나가를 돕던 해적 무리를 아군으로 끌어들였다. 쓰치야 사다쓰나는 시미즈항淸水港(시즈오카현 시즈오카시 시미즈쿠)에 본거지를 두고, 52척의 선박을 보유한 네 명의 해적 우두머리를 통솔하며 다케다 가문을 위해 일했다.

다케다·호조 가문은 1544년부터 동맹을 맺은 사이였다. 다케다 신겐은 지난 20여 년 동안 호조 가문과 손을 잡고 우에스기 겐신을 견제했다. 그동안 신겐은 시나노信濃(나가노현)를 차지할 수 있었다. 호조 가문이 간토 지방을 거의 차지할 수 있었던 것은 다케다·호조 가문의 굳건한 동맹이 있었기 때문에 가능한 것이었다. 다케다·호조 동맹은 다케다·호조·이마가와 3국 동맹의 모태가 되기도 했다. 그런데 다케다·호조 동맹은 1568년 12월 다케다 신겐이 이마가와 가문이 다스리던 스루가駿河를 침략하면서 파국을 맞이했다.

스루가 지역을 손에 넣은 다케다 신겐은 호조 가문이 차지하고 있던 간토 지방으로 눈을 돌렸다. 신겐은 호조씨 일족에게 먼저 자신의 존재감을 인식시킬 필요가 있다고 생각했다. 스루가에서 철수한 후 군사들이 쉴 틈도 주지 않고, 1569년 6월 16일 다케다 신겐이 다시 대군을 거느리고 스루가의 후카사와성深沢城(시즈오카현 고텐바시)을 공격하고, 여세를 몰아 이즈伊豆 미시마三島(시즈오카현 미시마시) 일대로 나아가 호조 우지마사의 동생 호조 우지노리北条氏規(1545~1600)와 싸워 이겼다. 이어서 하코네箱根(가나가와현 아시가라시모군 하코네마치)를 지나 오미야성大宮城(시즈오카현 후지노미야시)을 점령했다.

1569년 9월 다케다 신겐은 다시 시나노信濃의 사쿠군佐久郡에서 우스이碓氷 고개(나가노현 기타사쿠군과 군마현 안나카시 경계)를 넘어 고즈케上野(군마현)로 출진했다. 9월 10일 신겐은 부대를 나누어 호조 우지쿠니北条氏邦(1548~97)가 지키는 하치가타성鉢形城(사이타마현 오사토군 요리이마치)과 호조 우지테루北条氏照(1542~90)가 지키는 무사시武蔵의 다키야마성滝山城(도쿄토 하치오지시 단기마치)을 동시에 공격했다. 그 후 신겐은 에치고 지역으로 향할 것처럼 행군하다가 갑자기 방향을 바꾸어 순식간에 간토 지방을 가로질러 호조 가문의 본거지 오다와라성小田原城(가나가와현 오다와라시)으로 진격했다. 호조씨 일족이 신겐을 맞아 싸울 준비를 할 틈이 없었다.

다케다군은 오다와라성을 포위한 지 3일 만에 돌연히 포위망을 풀었다. 다케다군이 가마쿠라鎌倉로 향한다고 소문을 내고 물러났다. 사가미相模(가나가와현)와 가이甲斐(야마나시현)의 접경에 있는 미마세三増(가나가와현 아이코군 다카미네무라) 고개에 약 2만 명의 호조군이 집결했다는 정보를 입수했기 때문이다. 다케다 신겐은 말머리를 미마세 고개로 돌렸다. 다케다군의 목적은 미마세 고개의 호조군을 격파하고 귀국하는 것이었다.

미마세 고개는 길이 세 방향으로 갈리는 교통의 요지였다. 다케다 신겐은 2만여 명의 군사를 3개 부대로 나누어 세 길을 따라 동시에 공격하는 방법을 택했다. 호조군은 다케다군의 일제 공격에 맞서 싸웠다. 하지만 호조군의 지휘부는 간토 지방 여러 지역에서 동원한 군사들을 효과적으로 지휘하지 못했다. 이에 비해 다케다군은 지휘부의 명령에 따라 일사불란하게 움직였다. 장수가 전사하면 그 옆에 있던 군감이 지휘봉을 들었다. 다케다군의 전열은 흐트러지지 않았다.

1569년 10월 6일 다케다군의 선봉대 장수 야마가타 마사카게山県昌景가 맨 먼저 미마세 고개 위로 진격했다. 이어서 가장 큰길을 따라 진격한 다케다 가쓰요리 군단이 미마세 고개로 올라오자, 이미 많은 사상자를 낸 호조군이 도주하기 시작했다. 다케다군은 도주하는 호조군을 추격하며 소탕했다. 다케다군의 대승이었다. 『甲陽軍鑑』에는 당시 호조군의 전사자 수가 3,269명이라고 기록되어 있다. 다케다군은 도시道志(가나가와현 사가미코마치)를 지나 고슈甲州 가도를 따라 본거지 가이甲斐의 고후추로 개선했다.

다케다 신겐은 오다와라성을 포위하고, 그 주변에 불을 지르고, 곧 포위망을 풀고 물러가는 듯했으나 어느 사이에 미마세 고개로 향했고, 그곳에 주둔한 2만여 명의 호조군을 무참하게 살상하고 유유히 물러갔다. 호조씨 일족은 다케다 신겐의 신출귀몰한 작전에 간담이 서늘해졌다. 호조 가문의 2대 당주 호조 우지야스가 아들 호조 우지마사北条氏政에게 말했다. "다케다ㆍ호조 가문이 사이좋게 지냈던 때는 두 가문이 힘을 합하여 우에스기 가문을 견제했다. 그 덕분에 우리 가문이 간토 지방을 차지할 수 있었다. 그런데 다케다 가문을 적대하면서 이런 수모를 당했다. 장차 다케다 신겐이 우에스기 겐신과 손을 잡으면 호조 가문은 멸망할 것이다."

호조 우지야스는 당주의 지위를 이미 아들 우지마사에게 물려준 노인이었지만, 그의 말이 우지마사와 가신들의 마음을 움직였다. 다케다 신겐과 싸우면 안 된다는 분위기가 조성되었다. 오다와라성 내에서 연일 군사회의가 열렸다. 다케다 가문에 어떠한 정책으로 대응할 것인지 논의했다. 그런데 회의 도중에 급보가 날아들었다. 스루가의 간바라성 蒲原城(시즈오카현 시즈오카시 시미즈쿠)이 다케다 가쓰요리의 공격으로 단 하루 만에 함락되었다는 것이다. 1569년 12월 3일의 일이었다. 그야말로 신출귀몰한 작전이었다.

당시 간바라성은 호조 가문의 창립자 호조 소운의 손자들이 지휘하는 최정예 부대가 지키고 있었다. 다케다 가쓰요리는 간바라성을 공격하여 성주 이하 711명의 수급을 올리고, 수급 장부의 사본을 오다와라성으로 보냈다. 가쓰요리는 다음과 같은 협박 서신을 첨부했다. "다케다 가문에 칼을 겨누는 자는 이와 같은 신세가 될 것이다. 마음에 새겨두는 것이 좋을 것이다." 호조씨 일족의 얼굴이 하얗게 질렸다. 이마가와 가문을 섬겼던 호족들도 다케다 신겐의 움직임에 주목하지 않을 수 없었다.

다케다 가문이 간바라성을 손에 넣자, 스루가 지역에서 호조씨 세력이 자취를 감췄다. 다케다 신겐은 임제종 승려를 슨푸성駿府城(시즈오카현 시즈오카시 아오이쿠) 성주 오카베 마사쓰나岡部正綱(1542~84)에게 보내 투항을 권고했다. 마사쓰나는 스스로 성문을 열고 다케다군을 맞아들였다. 이리하여 다케다 신겐은 스루가를 침략한 지 일 년 만에 슨푸성을 손에 넣고 그 일대를 다스리기 시작했다.

일단 본거지 고슈甲州로 돌아갔던 다케다 신겐은 1570년 1월에 다시 대군을 거느리고 스루가로 출진했다. 1월 4일부터 시타군志田郡 하나자와성花沢城(시즈오카현 야이즈시)을 점령했다. 5월 14일 다케다군이 요시하라吉原 누마즈沼津 일대에서 호조군과 싸웠다. 8월에는 스루가의 고코쿠지성興国寺城(시즈오카현 누마즈시)과 이즈伊豆의 니라야마성韮山城(시즈오카현 이즈노쿠니시)을 공격했다. 모두 호조 가문이 지배하던 성이었다. 다케다 신겐은 호조씨 일족을 견제하면서 대군을 이끌고 도토미 방면으로 출병했다. 도쿠가와 이에야스를 압박하기 위해서였다.

이에야스는 신겐이 스루가를 침략할 무렵 도토미 지역으로 세력을 넓혔다. 가케가와성으로 도주한 이마가와 우지자네를 내쫓고 그 성을 차지했고, 하마마쓰성을 개축하고 자신의 본거지를 그곳으로 옮겼다. 다케다군이 여러 곳을 전전하면서 전투를 벌이고 있을 때, 이에야스는 큰 희생을 치르지 않고 도토미 지역을 손에 넣었다. 다케다 신겐은 이에야스의 영악한 처신에 화가 치밀었다.

1571년 2월 다케다 신겐이 다시 도토미 지역으로 출진했다. 3월에는 다카텐진성高天神城(시즈오카현 오가사군 다이토마치)을 공략했다. 4월 중순에는 미카와三河(아이치현 동부)를 침략하여 도쿠가와 이에야스의 가신이 지키는 아스케성足助城(아이치현 히가시카모군)을 점령하고 이어서 여러 지성과 요새를 공략했다. 신겐은 남쪽으로 진출하여 노다성野田城(아이치현 신시로시) 일대를 철저하게 파괴했다.

다케다군이 미카와 지역 북부를 헤집고 다녀도 도쿠가와군이 대적할 엄두를 내지 못했다. 이윽고 다케다군이 요시다성吉田城(아이치현 도요하시시) 포위 작전을 전개했다. 도쿠가와 이에야스를 하마마쓰성에 고립시키기 위해서였다. 요시다성 성주 사카이 타다쓰구酒井忠次(1527~96)는 성 주변에 요새를 구축하고 다케다군의 공격을 막아내며 이에야스에게 전황을 보고했다. 급보를 접한 이에야스가 3,000여 명의 군사를 이끌고 요시다성으로 달려갔다. 이에야스가 무사히 요시다성으로 들어간 것을 확인한 다케다 신겐이 물러갔다.

한편, 호조 우지마사가 다케다 신겐과 강화를 모색했다. 호조씨 일족은 이즈 지역이 다케다 신겐의 지배하에 들어가는 것이 두려웠다. 1571년 10월 호조 우지야스가 사망했다. 호조 우지마사는 다케다 신겐에게 사자를 보내 선친 우지야스의 유언이라며 강화를 요청했다. 다케다 신겐은 호조 가문이 다음과 같은 조건을 받아들인다면 강화에 응하겠다고 말했다. (1) 우에스기 겐신과 절교할 것 (2) 고즈케上野(군마현)의 서부 지역을 다케다 가문의 영토로 할양할 것 (3) 다케다 가문에 인질을 보낼 것 (4) 이마가와 우지자네를 추방할 것

호조 우지마사는 다케다 신겐이 제시한 조건을 받아들였다. 호조 가문은 즉시 우에스기 겐신과 절교했다. 호조 우지마사의 동생 두 명을 다케다 가문에 인질로 보냈다. 호조 가문이 일방적으로 다케다 신겐에게 인질을 제공한 것은 호조 가문이 수세에 몰린 것을 스스로 인정한

것이었다. 그리고 호조 우지마사는 스루가는 물론 도토미·미카와 지역까지 다케다 가문의 세력 범위에 포함된다는 것을 인정했다.

다케다 신겐은 스루가 지역을 손에 넣고, 호조 가문과 동맹을 맺으면서 후방의 우환을 덜었다. 다케다·호조 동맹은 도쿠가와 이에야스의 세력 확장을 견제하는 역할을 했다. 이 무렵 우에스기 겐신이 시나노 지역으로 출병하지 않았다. 우에스기 겐신은 다케다 신겐과 싸우는 것을 의식적으로 피했다. 다케다 신겐이 교토로 올라갈 수 있는 조건이 마련되었다.

한편, 오다 노부나가는 거침없이 세력을 확장했다. 노부나가는 일본 최대의 상업 도시이며 국제항구 사카이堺를 손에 넣었고, 막대한 자금으로 화승총과 화약을 매입하여 군사력을 강화했다. 1568년 9월 노부나가는 교토로 입성하여 아시카가 요시아키를 무로마치 막부의 15대 쇼군으로 옹립했다. 도쿠가와 이에야스는 오다 노부나가의 지시에 충직하게 복종하고 있었다. 오다 가문의 세력이 급성장하자 그에 대한 반발로 저항 세력이 형성되었다.

무로마치 막부의 15대 쇼군 아시카가 요시아키와 노부나가의 밀월은 오래가지 않았다. 노부나가가 요시아키를 쇼군으로 앉힌 것은 그에게 충성하기 위해서가 아니었다. 노부나가 자신이 권력을 휘두르기 위해서였다. 쇼군 요시아키는 노부나가의 무례함에 분노했고, 여러 지역의 다이묘도 노부나가의 오만함을 성토했다. 엔랴쿠지, 혼간지 등과 같은 종교 세력도 노부나가에 불만을 품었다. 쇼군 요시아키는 다케다 신겐에게 서신을 보내 구원을 요청했다. 종교 세력도 다케다 신겐과 빈번하게 서신을 교환했다.

에치젠(후쿠이현 북부)의 아사쿠라 요시카게朝倉義景(1533~73), 오미近江(시가현)의 아자이 나가마사浅井長政(1545~73)와 롯카쿠 요시카타六角義賢(1521~98), 이세(미에현 · 아이치현 일부)의 기타바타케 도모노리北畠具教(1528~76) 등이 오다 노부나가 타도를 외치며 군사를 움직일 준비를 했다. 여러 다이묘가 다케다 신겐에게 서신을 보내서 힘을 합쳐 오다 노부나가를 무찌르고 무로마치 막부의 권위를 다시 세우자고 제안했다. 노부나가 포위 구상이 구체화하고 있었다.

이 무렵에 다케다 신겐이 대군을 이끌고 상경한다는 소문이 퍼졌다. 노부나가에 저항하는 세력이 크게 안도했다. 특히 아사쿠라 요시카게와 아자이 나가마사가 다케다 신겐에게 서신을 보내 상경을 재촉했다. 오다 노부나가에 대항하던 오사카의 이시야마혼간지石山本願寺의 지도자 겐뇨顯如(1543~92)도 신겐에게 서신을 보냈다. "상경하는 날을 손꼽아 기다리고 있습니다. 아직 출발했다는 소식이 없는데, 언제쯤 군사를 일으키실 예정이신가요? 회신해 주시기 바랍니다." 신겐은 자의반 타의반으로 군사를 일으키지 않을 수 없는 상황으로 내몰렸다.

그런데 다케다 신겐에게 남모를 고민이 있었다. 그는 폐결핵을 앓고 있었다. 마침 상경을 서두르고 있을 때 신겐의 폐결핵이 재발했다. 고열이 신겐을 괴롭혔다. 의원이 출정에 반대하며 간언했다. "만약 전쟁에 나선다면 주군의 생명을 보장할 수 없습니다." 그러나 신겐은 자신을 위해서도 천하를 위해서도 출정하지 않을 수 없었다. 1572년 9월 27일 교토로 향하는 선발대가 출발했다. 10월 1일 다케다 신겐이 출진했다. 신겐이 군사를 일으켰다는 소식을 들은 오다 노부나가는 두려움에 떨었다.

다케다 신겐은 3만여 명의 군사를 3개 군단으로 나누어 편성했다. 다케다군은 먼저 오다 노부나가의 충실한 동맹자 도쿠가와 이에야스를 무찌르고 전진한다는 계획을 세웠다. 다케다군의 장수 아키야마 노부토모秋山信友(1529~75)가 이끄는 부대가 이와무라성岩村城(기후현 에나시 이와무라초)을 포위했다. 이와무라성에서는 노부나가의 숙모가 실권을 행사하고 있었다. 그녀는 노부나가에게 구원을 요청했다. 하지만 당시 오미 지역을 공략하던 노부나가는 구원병을 보내지 못했다. 다케다군이 이와무라성을 점령했다.

미카와 지역으로 진군한 다케다군 장수는 야마가타 마사카게였다. 미카와 북부의 적을 소탕한 다케다군이 도토미의 후타마타성二俣城(시즈오카현 하마마쓰시 덴류쿠)을 공격했다. 그곳에서 남쪽으로 약 18킬로미터 떨어진 곳에 도쿠가와 이에야스의 본거지 하마마쓰성이 있었다. 이

이에야스는 어떻게 해서든지 후타마타성을 지켜야 했다. 후타마타성은 하천이 삼면을 감싸고 흐르는 곳에 있었다. 하천을 따라 가파른 절벽이 이어져 있었다. 소수의 군사로 지킬 수 있는 성이었다. 하지만 이 성에 치명적인 약점이 있었다. 성안에 우물이 없었다. 다케다군이 포위망을 좁혔다. 물을 기를 수 없었던 도쿠가와군이 항복했다.

1572년 12월 22일 아침 다케다군이 후타마타성에서 하마쓰성으로 향했다. 도쿠가와 이에야스는 다케다군과 정면 대결을 피했다. 다케다군이 하마쓰성을 지나 전진했다. 다케다군은 미카타가하라三方ヶ原(시즈오카현 하마쓰시 북쪽)를 지나 게가気賀(하마쓰시 서부 지역)로 향했다. 다케다군의 선발대가 호우다祝田(하마쓰시 기타쿠)를 지나고 있었다. 그곳은 길이 좁아지는 분지였다. 도쿠가와 이에야스가 출진했다. 그러자 다케다군은 일제히 언덕으로 올라가 어린진을 치고 도쿠가와군을 기다렸다.

도쿠가와군이 학익진을 펴고 다케다군에게 다가갔다. 어린진은 부대가 세로로 늘어선 대형이고, 학익진은 부대가 옆으로 늘어선 대형이었다. 도쿠가와군이 먼저 다케다군의 최전선에 있던 오야마다 노부시게小山田信茂(1539~82) 부대를 공격했다. 출진한 지 2개월 반이나 된 다케다군은 지쳐있었다. 이에 비하여 도쿠가와군의 사기는 하늘을 찔렀다. 도쿠가와군의 공격에 오야마다 노부시게 부대가 뒤로 밀렸다. 그러자 제2진의 바바 노부하루 · 야마가타 마사카게 부대가 앞으로 나와

도쿠가와군에 맞섰다. 해가 질 무렵 제3진의 다케다 가쓰요리가 이끄는 기마대가 도쿠가와군의 좌익에 포진한 오다군을 급습했다. 오다군이 순식간에 무너졌다. 오다군의 뒤에는 도쿠가와 이에야스의 본진이 있었다. 이때 다케다 신겐이 총공격 명령을 내렸다. 다케다군이 함성을 지르며 돌격하자 도쿠가와군이 수천 명의 사상자를 내고 패주했다. 다케다군이 도주하는 도쿠가와군을 추격하며 소탕했다.

미카타가하라 전투에서 대승한 다케다 신겐은 오사카베刑部(하마마쓰시 기타쿠)에서 1573년 새해를 맞이했다. 그곳에서 이에야스의 본거지 하마마쓰성까지 30여 리 거리였으나 이에야스군이 접근할 엄두도 내지 못했다. 당시 다케다 신겐은 병석에 누워 있었다. 미가타가하라 전투에서 추위를 무릅쓰고 총지휘한 것이 원인이었다. 감기에 든 신겐은 고열에 시달렸다. 겨우 가라앉았던 기침이 재발하며 피를 토했다. 신겐은 절대 요양이 필요한 상태였다. 의원이 말했다. "만약 다시 피를 토한다면 목숨이 위태로울 수 있습니다."

다케다 신겐이 미카타가하라 전투에서 대승했다는 소식이 교토에 전해졌다. 신겐이 곧 대군을 이끌고 상경한다는 소문이 퍼졌다. 당시 오다 노부나가는 오미 지역의 다이묘 아사쿠라 요시카게와 아자이 나가마사를 공격하고 있었다. 노부나가는 신겐이 자신의 본거지 기후성 岐阜城(기후현 기후시)을 공략하지 않을까 두려웠다. 노부나가는 우에스기 겐신에게 도움을 요청했다. 노부나가는 겐신에게 화승총 100정과 상상을 초월한 금화를 보내 아사쿠라 요시카게가 전선에서 이탈하도록 힘써 달라고 부탁했다. 우에스기 겐신은 노부나가가 보낸 금화 일부를 아사쿠라 요시카게에게 건넸다. 요시카게가 전선에서 물러났다. 다케다 신겐은 요시카게가 전선에서 이탈했다는 소식을 듣고 실심했다. 요시카게에게 항의 서신을 보냈다.

다케다 신겐이 고열을 견디지 못하고 쓰러졌다. 신겐이 병상에 누워 있는 동안에도 다케다군의 싸움은 계속되었다. 1573년 2월 15일 노다성野田城(아이치현 신시로시)을 점령하고 500여 명을 포로로 잡았다. 이어서 가까이에 있는 나가시노성長篠城을 점령하고 그곳에 군대를 주둔시켰다. 신겐은 나가시노성 근처에 있는 호라이지蓬莱寺(아이치현 신시로시 호라이산)에서 병과 싸우고 있었다. 시종하는 의원이 하루라도 빨리 고향으로 돌아가야 한다고 주장했다. 그러나 신겐은 상경을 포기하지 않았다. 중신들이 상의하여 신겐을 고향으로 모시기로 했다. 중신들이 신겐을 가마에 태웠다. 신겐에게는 상경할 때가 되었다고 말했다. 그러나 신겐을 태운 가마는 교토가 있는 서쪽으로 향하지 않고 동쪽으로 향했다.

다케다 신겐을 태운 가마가 이나伊奈의 나미아이浪合(나가노현 시모이나군 나미아이무라)까지 왔을 때, 신겐이 다케다 가쓰요리와 야마가타 마사카게를 불러 말했다. "나는 지금까지 다른 사람에게 져본 적이 없고, 스스로에게도 항상 이겼다. 하지만 이 몸집을 갉아먹는 병이라고 하는 적을 이기지 못하고 결국 이런 신세가 되었다. 죽음이 눈앞까지 왔지만 어떻게 해볼 도리가 없구나." 신겐은 긴 한숨을 내쉬고 가쓰요리에게 말했다. "잘 들어라. 내가 죽어도 상경하는 부대를 되돌려서는 안 된다. 내 죽음을 감추고 교토로 진격하라. 내가 바라는 바는 다케다 가문의 깃발을 교토에 세우는 것이다."

1573년 4월 12일 아침 다케다 신겐을 태운 가마가 고마바駒場(나가노현 시모이나군 아치무라)로 향하는 길에 신겐이 심하게 기침하며 피를 토했다. 시종하는 의원이 달려왔을 때 이미 숨을 쉬지 않았다. 신겐이 파란만장한 삶을 마감했다. 향년 53세였다. 다케다 신겐의 시신은 고마바의 조가쿠지長岳寺(시모이나군 아치무라)에서 화장했다. 신겐의 유골은 에린지惠林寺(야마나시현 고슈시)에 안치되었다.

CHAPTER3. 우에스기 겐신
– 의리에 살고 정의를 위해 싸운 생애

1530년 1월 21일 우에스기 겐신上杉謙信이 에치고越後(니가타현)의 가스가야마성春日山城(니가타현 조에쓰시)에서 에치고의 슈고다이守護代 나가오 다메카게長尾爲景(1486~1543)의 넷째 아들로 태어났다. 모친은 스요시성栖吉城(니가타현 나가오카시 스요시마치) 성주 나가오 후사카게長尾房景(?~1425)의 딸 도라고젠虎御前이었다. 겐신의 어렸을 적 이름은 도라치요虎千代였다. 도라치요라고 명명한 것은 그가 호랑이해에 태어났기 때문이다.

나가오씨長尾氏는 사가미相模(가나가와현)의 나가오 마을(가나가와현 요코하마시 도쓰카쿠)에서 일어난 무사 가문이었다. 간무 천황 桓武天皇(재위:781~806)의 혈통을 이은 다이라씨平氏의 방계 혈족으로 분류되는 미우라씨三浦氏의 일족이라고 전해진다. 가마쿠라鎌倉 시대 전기에 미우라 가문을 섬겼다. 그러나 1247년에 미우라 가문이 멸망하면서 나가오씨도 몰락했

우에스기 겐신

다. 우에스기 가문은 우에스기 시게후사上杉重房가 단바丹波의 우에스기 장원(교토부 아야베시)을 영지로 삼으면서 발전의 기틀을 마련했다. 시게후사는 교토에서 가마쿠라로 가서 아시카가足利 가문과 인연을 맺었고, 이 무렵부터 나가오씨가 우에스기씨를 섬기게 되었다고 전한다.

도라치요는 하극상 풍조가 정점에 달했을 때 태어났다. 무로마치 막부室町幕府의 아시카가 쇼군 가문은 교토에서 멀리 떨어진 간토 지방에도 간레이管領를 두었다. 간레이 지위는 우에스기씨 일족이 대대로 상

속했다. 우에스기씨 일족은 에치고 지역의 슈고守護 지위도 겸했다. 전국시대가 되어서도 간토 지방을 다스리던 간토 간레이와 에치고 슈고의 관계가 매우 친밀했다. 우에스기 후사요시上杉房能(?~1507)가 에치고 슈고가 되었을 때, 그의 형 우에스기 아키사다上杉顕定(1454~1510)는 간토 간레이었다.

나가오씨長尾氏는 대대로 우에스기 가문을 섬기며 슈고다이 지위를 세습했다. 우에스기 후사요시가 에치고의 슈고 지위를 승계했을 때, 그 지역의 슈고다이는 도라치요의 조부 나가오 요시카게長尾能景(1464~1506)였다. 우에스기 후사요시가 슈고에 취임할 당시 나이는 21세였고, 슈고다이 나가오 요시카게는 31세였다. 슈고 우에스기 후사요시는 10살 연상인 슈고다이 나가오 요시카게에게 모든 일을 위임했다.

이 무렵 호쿠리쿠北陸 지방에서도 하극상 풍조가 만연하면서 정치가 문란해졌다. 에치고 지역에서 슈고의 강압적인 지배에 불만을 품은 호족들이 반란을 일으켰다. 슈고와 슈고다이가 호족의 지배를 둘러싸고 대립하는 일이 잦았다. 1498년 슈고 우에스기 후사요시는 슈고다이 나가오 요시카게에게 영지의 지배를 강화하라고 명령했다. 요시카게는 겉으로 슈고의 명령에 따르는 모양새를 취했으나 속으로는 나가오 가문의 권익을 지키는데 힘을 기울였다. 후사요시와 요시카게의 사이가 벌어졌다. 그런데 1506년 9월 나가오 요시카게가 정토진종浄土真宗 신도가 일으킨 반란 즉, 잇코잇키一向一揆를 토벌하다 전사했다.

나가오 요시카게의 뒤를 이어 나가오 다메카게가 에치고 슈고다이의 지위를 세습했다. 당시 다메카게의 나이는 혈기방장한 21세였다. 슈고 우에스기 후사요시는 청년 슈고다이 나가오 다메카게가 마음에 들지 않았다. 슈고와 슈고다이의 관계가 악화하자 이가라시五十嵐, 이시다石田, 오스카大須賀 등 여러 호족 가문이 나가오 다메카게에게 반기를 들었다. 하지만 다메카게가 군사를 거느리고 출진하여 반란을 진압했다. 전투에서 승리한 나가오 다메카게의 명성이 높아졌다.

나가오 다메카게의 일상은 그야말로 싸움의 연속이었다. 100회에 가까운 전투를 치르면서 나가오 가문의 군사력이 강화되었다. 그러자 다메카게는 주군 우에스기 후사요시를 몰아내고 자신이 그 자리를 차지하려고 결심했다. 다메카게는 우에스기 가문의 잦은 동원령에 불만을 품고 있던 에치고의 호족들을 회유하여 자기편으로 끌어들였다. 이윽고 슈고 우에스기 후사요시와 슈고다이 나가오 다메카게 사이에 전투가 벌어졌다. 전투에서 패배한 슈고 후사요시는 슈고다이 다메카게에게 쫓기다가 자결했다.

우에스기 후사요시는 무로마치 막부의 명령으로 슈고에 취임한 인물이었다. 나가오 다메카게가 슈고 가문을 멸망시킨 행위는 곧 막부에 대한 반역이나 다름없는 중대한 사건이었다. 그러나 1507년 8월 다메카게는 후사요시의 양자 우에스기 사다자네上杉定実(?~1550)를 새로운 주군으로 옹립하고 실권을 장악했다. 그리고 막부의 요인들에게 그동안의 경위를 설명하여 슈고다이 지위를 유지하는 데 성공했다. 당시 막부의 권력은 호소카와 다카쿠니細川高国(1484~1531)가 장악하고 있었다. 그는 에치고의 실권자 나가오 가문과 대립하는 것이 유리할 것이 없다고 판단했던 것 같다.

겨우 한숨을 돌린 나가오 다메카게에게 새로운 위기가 닥쳤다. 하치가타성鉢形城(사이타마현 오사토군 요리이마치)에 본거지를 두고 간토 지방을 다스리던 간토 간레이 우에스기 아키사다는 나가오 다메카게가 하극상을 일으켜 주군 우에스기 후사요시를 살해했다는 소식을 들었다. 분노한 아키사다는 동생 후사요시의 원수를 갚는다는 명분으로 군사를 일으켰다. 1509년 7월 아키사다는 양자 우에스기 노리후사上杉憲房(1467~1525)와 함께 8,000여 명의 군사를 이끌고 에치고로 진격했다.

간토 간레이 우에스기 아키사다와 에치고 슈고였던 우에스기 후사요시는 나이 차이가 많은 이복형제였다. 두 사람의 관계가 매우 친밀했던 것은 아니었다. 나가오 다메카게도 주군이나 다름이 없는 아키사다를 적대할 생각이 조금도 없었다. 더구나 우에스기 후사요시 사망 건은 이미 무로마치 막부가 추인했다. 그런데 간토 간레이 우에스기 아키사다는 왜 에치고를 침략했을까? 간토 간레이 아키사다는 예전에 비해 지배력이 약해진 에치고를 자신의 관할하에 두려고 했던 것 같다. 동생의 원수를 갚는다는 침략의 명분도 있었다. 또 에치고 지역에는 예부터 간토 간레이를 섬기던 무사들도 적지 않았다. 우에스기 아키사다는 크게 힘을 들이지 않고 에치고 지역을 손에 넣을 수 있다고 생각하고 군사를 일으켰을 것이다.

나가오 다메카게는 우에스기 사다자네를 앞세우고 간토 간레이군과 싸웠으나 이기지 못하고 엣추越中(도야마현) 지역으로 도주했다. 간토 간레이군은 에치고 지역의 중부와 서부 대부분을 장악했다. 그러나 나가오 가문을 섬기던 산조성三条城(니가타현 산조시) 성주 야마요시 히사모리山吉久盛, 돗사카성鳥坂城(니가타현 다이나이시) 성주 나카조 후지스케中条藤資 등이 끝까지 간토 간레이군에 맞서 싸웠다. 오우奥羽(도호쿠 지방)의 다이묘 다테 히사무네伊達尚宗(1453~1514)도 나가오 다메카게·우에스기 사다자네를 후원했다.

1510년 4월 나가오 다메카게가 우에스기 사다자네와 함께 은밀히 엣추에서 배를 타고 사도佐渡(니가타현 사도시)로 건너가 그곳에서 다시 배를 타고 에치고의 간바라노쓰蒲原津(니가타현 니가타시에 있던 항구)에 도착했다. 다메카게는 간토 간레이 가문의 가혹한 행위에 불만을 품은 호족들을 거느리고 각지에서 간토 간레이군과 싸웠다. 6월 20일 우에스기 아키사다가 패주하던 중 나가모리하라長森原(니가타현 미나미우오누마시)에서 나가오 다메카게와 다카나시 마사모리高梨政盛(1456~1513)의 습격으로 사망했다.

위기를 넘긴 나가오 다메카게는 본거지로 돌아와 우에스기 사다자네를 앞세우고 에치고 지역 통일에 힘을 기울였다. 그러나 나가오 가문에 복종하지 않는 세력이 적지 않았다. 1512년 1월 나가오 헤이하치長尾平八가 반란을 일으켰다. 나가오 다메카게가 직접 출진하여 반란을 진압하고 헤이하치의 목을 베었다. 1513년 가을에는 시나노信濃(나가노현) 북부의 호족들이 연합하여 에치고 지역을 침략했다.

이 무렵에 슈고다이 나가오 다메카게와 슈고 우에스기 사다자네의 사이가 벌어졌다. 1513년 10월 13일 슈고 사다자네는 다메카게가 출진한 틈을 노려 본거지 가즈가야마성을 장악했다. 다메카게가 급히 군사를 이끌고 돌아와 가즈가야마성을 포위했다. 그러자 10월 20일 다메카게를 이길 수 없다고 판단한 슈고 사다자네가 항복했다. 다메카게는 슈고 사다자네를 부추겨 반란을 일으킨 우사미 후사타다宇佐美房忠(?~1514)를 비롯한 호족들을 제압했다. 그 후 다메카게는 슈고 우에스기 사다자네를 자신의 저택에 유폐하고 스스로 슈고의 권한을 대행하기 시작했다.

나가오 다메카게는 정식으로 에치고의 슈고 지위에 오르고 싶었다. 그러나 무로마치 막부는 오직 우에스기 사다자네를 슈고로 인정했다. 다메카게는 교토의 쇼군 가문, 간레이 호소카와 가문, 그 밖에 막부와 친분이 있는 귀족 가문 등에 선물을 바치며 자신을 슈고에 임명해달라고 간청했다. 하지만 다메카게는 원하는 결과를 얻지 못했다. 당시는 전례에 없는 일은 이루어지지 않는 시대였다. 나가오씨는 슈고 지위에 오른 전례가 없는 가문이었다.

나가오 다메카게의 지배에 저항하는 호족들과 우에스기 사다자네를 섬기는 세력이 반란의 기회를 엿보고 있었다. 1530년 10월 나가오 다메카게에 의해 유폐된 슈고 우에스기 사다자네의 동생이며 조조성上条城(니가타현 가시와자키시) 성주 우에스기 사다노리上杉定憲(?~1536)가 우에스기씨 일족과 그 동조 세력을 규합하여 거병했다. 아가노가와阿賀野川(니가타현을 동서로 가로질러 서쪽 바다로 흘러드는 하천) 이북에 할거하는 호족 세력은 물론 나가오씨 일족인 우에다上田 나가오 가문의 당주 나가오 후사나가長尾房長(1494~1552)도 우에스기 사다노리 편에 합류했다.

당시 에치고 지역의 나가오씨는 지금의 니가타현 중부에 위치한 산조三条 나가오씨, 고시군古志郡(나가오카시 일대)에 본거지를 둔 고시 나가오씨, 우오누마군魚沼郡(우오누마시 일대)을 기반으로 하는 우에다 나가오씨 등 세 가문으로 나뉘어져 슈고다이 지위를 다투었는데, 결국 산조 나가오 가문이 슈고다이守護代 지위를 독점하게 되었다. 그것에 불만을 품은 우에다 나가오 가문이 나가오 다메카게에게 등을 돌렸던 것이다.

우에스기 사다노리와 나가오 다메카게의 싸움이 몇 년에 걸쳐 지속되었다. 1536년 4월 우에스기 사다노리가 총공격을 감행했다. 나가오 다메카게는 사다노리군에게 밀려 가스가야마성으로 도망쳤다. 이미 대세가 기울었다고 판단한 다메카게는 그해 8월에 당주의 지위를 아들 나가오 하루카게長尾晴景(1509~53)에게 물려주었다. 이때 도라치요(훗날 우에스기 겐신)는 가스가야마성 근처에 있는 린센지林泉寺(조에쓰시 나가몬젠)로 출가했다. 린센지 주지 고이쿠光育(1470~1563)가 도라치요를 돌보았다.

1541년 12월 24일 나가오 다메카게가 가스가야마성에서 사망했다. 향년 56세였다. 이 무렵에도 우에스기 사다노리군의 공격이 계속되었다. 다메카게의 장례식을 치를 때도 적이 어디서 쳐들어올지 모르는 상황이었다. 다메카게의 가족과 나가오씨 일족이 전원 무장하고 장례식을 치렀다. 어린 도라치요도 스스로 갑옷을 입고 칼을 차고 부친 다메카게의 운구 행렬에 참여했다고 전한다.

나가오 다메카게의 뒤를 이은 나가오 하루카게는 어려서부터 병약했다. 에치고 지역을 다스릴 수 있는 능력을 갖추지 못한 인물이었다. 유약한 나가오 하루카게가 슈고다이守護代에 취임하자, 슈고守護 우에스기 사다자네가 나가오 다메카게에게 빼앗겼던 권력을 되찾았고, 다메카게에 반기를 들었던 우에스기 사다노리, 우에다 나가오씨 일족, 아가노가와 이북의 호족 세력 등 슈고 사다자네를 지지하는 세력이 에치고越後를 지배하게 되었다.

에치고의 슈고 우에스기 사다자네는 건재했지만 이미 노인이 되어 있었다. 그는 다테 가문의 14대 당주 다테 다네무네伊達稙宗(1488~1565)

의 아들 사네모토實元(1527~87)를 양자로 들여 우에스기 가문의 대를 잇게 하려고 했다. 그러자 슈고 가문이 양자를 들이는 문제로 에치고 지역에서 내분이 일어났다. 에치고의 호족들이 찬성파와 반대파로 나뉘어 싸웠다. 그러나 슈고다이 나가오 하루카게는 내분을 잠재울 능력이 없었다.

1543년 8월 15일 도라치요가 14세가 되었을 때 겐푸쿠元服 즉, 성인식을 올리고 나가오 카게토라長尾景虎라는 정식 이름을 사용하기 시작했다. 이 무렵에 나가오씨 일족이 모여 상의했다. "나가오 하루카게가 당주로 있는 한 나가오 가문이 쇠퇴할 것이다." "린센지로 출가한 카게토라는 지략과 투지가 뛰어나다고 한다." "카게토라는 장래 큰 인물이 될 수 있는 재목이다. 하루라도 빨리 카게토라를 추대하는 것이 좋을 것 같다."

나가오씨 일족은 린센지로 몰려가서 카게토라를 모셔 왔다. 1543년 9월 나가오 하루카게는 환속한 동생 카게토라에게 고시군을 다스리도록 했다. 카게토라는 고시군의 도치오성栃尾城(니가타현 나가오카시 도치오마치)으로 들어가 머물렀다. 카게토라의 임무는 나카고오리中郡에 본거지를 둔 우에스기 사다노리 일족을 거느리고, 나아가 아가노가와 북쪽의 호족 세력을 제압하는 것이었다.

1544년 봄 병약하고 우유부단한 나가오 하루카게에 등을 돌린 호족들이 반란을 일으켰다. 15살이 된 소년 나가오 카게토라를 얕잡아 본 호족들이 도치오성을 공격했다. 카게토라는 군사를 두 부대로 나누고, 한 부대의 장수에게 앞산에 진을 친 적의 본진을 뒤에서 급습하도록 했다. 기습을 당한 적이 혼란에 빠지자, 도치오성에서 대기하던 부대의 장수에게 정면에서 돌격하여 적을 공격하도록 했다. 적은 많은 사상자를 내고 도주했다. 나가오 카게토라는 생애 첫 번째 전투에서 큰 승리를 거두었다.

1545년 10월 슈고 우에스기 사다자네의 가신이며 구로타키성黑滝城(니가타현 니시간바라군 야히코무라) 성주였던 구로다 히데타다黒田秀忠(1492~1546)가 나가오 가문에 맞섰다. 히데타다는 슈고다이 나가오 하루카게의 거성 가스가야마성을 공격하여 카게토라의 형 나가오 카게야스長尾景康(?~1545)를 비롯한 나가오씨 일족을 살해하고 구로타키성으로 돌아갔다. 카게토라는 형 하루카게를 대신하여 구로타키성을 공격했다. 카게토라의 공격을 이기지 못한 구로다 히데타다가 항복했다.

1546년 2월 구로다 히데타다가 다시 군사를 일으켰다. 그러자 나가오씨 일족이 나가오 하루카게를 퇴진시키고 카게토라를 추대하기로 결의했다. 1548년 봄 아가노가와 북쪽에 있는 돗사카성鳥坂城(니가타현 눗타리군 나카조마치) 성주 나카조 후지스케中条藤資(?~1568), 나카노성中野城(이와테현 모리오카시 소재) 성주 다카나시 마사요리高梨政頼(1508~76), 도치오성에서 카게토라를 보좌하던 혼조 사네요리本庄実乃(1511~75), 카게토라 모친의 친정이기도 한 스요시성 성주 나가오 노리카게長尾憲景 (1511~84), 요이타성与板城(니가타현 나가오카시 요이타마치) 성주 나오에 카게쓰나直江景綱(1509~77) 등이 협력하여 나가오 카게토라를 추대했다. 이에 대하여 사카도성坂戸城(니가타현 미나미우오누마시 무이카마치) 성주 나가오 마사카게長尾政景(1526~64), 구로카와성黒川城(니가타현 다이나이시) 성주 구로카와 기요자네黒川清実 등이 나가오 하루카게를 지지했다. 카게토라 추대파와 하루카게 지지파의 대립은 자칫 내란으로 발전할 가능성이 있었다.

1548년 12월 30일 슈고 우에스기 사다자네가 중재하여 나가오 하루카게가 동생 카게토라를 양자로 입적한 후, 카게토라에게 우에스기 가문의 당주 및 슈고다이 지위를 물려주고 은퇴하는 것으로 분쟁이 마무리되었다. 한국인은 동생을 양자로 입적하는 일본의 관행이 이해가 되지 않을 것이다. 그러나 일찍부터 양자 제도가 발달했고, 혈통보다도 가명家名을 보존하는 것을 중시하는 일본에서는 그다지 낯설지 않은 일이었다. 또 형 하루카게와 동생 카게토라의 나이 차이가 21살이었다. 아버지 같은 형이었다. 슈고다이 나가오 하루카게는 슈고 사다자네의 중재안을 받아들였다. 나가오 카게토라가 가스가야마성으로 들어가서 나가오 가문의 당주 및 에치고越後 슈고다이에 취임했다. 그의 나이 19살 때의 일이었다.

나가오 하루카게·카게토라 형제의 싸움에 대하여 널리 알려진 속설이 있다. 『호쿠에쓰군키北越軍記』에 다음과 같은 기록이 있다. 나가오 하루카게를 섬기던 장수 나가오 마사카게長尾政景(1526~64)가 군사 7,000여 명을 거느리고 카게토라의 거성 도치오성을 포위했다. 카게토라는 성 위에서 적의 동정을 살피고 있다가 말했다. "적은 오늘 밤 물러갈 것이다. 그때 어둠을 틈타서 물러가는 적의 뒤를 기습하면 크게 승리할 수 있을 것이다." 카게토라의 부장 우사미 사다유키宇佐美定行(1489~1564)가 말했다. "애써 멀리서 온 적이 오늘 밤 물러가다니 상식적으로 있을 수 없는 일입니다. 반드시 진을 치고 공격할 것입니다." 카게토라가 웃으며 말했다. "아니다. 저것을 보아라. 적은 군사만 먼저 보내고 고니다小荷駄 즉, 병참·수송부대가 아직 도착하지 않았다. 진을 펼칠 생각이 없다는 뜻이다."

밤이 되자, 과연 하루카게군이 철수하기 시작했다. 카게토라는 성문을 열고 물러가는 적을 급습해서 크게 이겼다. 선봉대가 패배했다는 소식을 들은 나가오 하루카게가 1만여 명의 군사를 거느리고 가키자키柿崎(니가타현 나가쿠비키군 가키자키마치) 근처에 진을 쳤다. 카게토라가 우사미 사다유키, 혼조 요시히데本庄慶秀(1511~75) 등과 함께 6,000여 명의 군사를 거느리고 하루카게의 본진을 급습했다. 그러자 나가오 하루카게가 요네야마米山(조에쓰시와 가시와자키시의 경계)를 넘어 도주했다.

도주하는 적을 쫓아 요네야마 기슭까지 진격한 카게토라가 더 이상 진격하지 말라는 명령을 내렸다. 그리고 "졸음이 쏟아진다. 좀 쉬자."

라고 말하며 코를 골며 잤다. 우사미 사다유키가 발을 동동 구르며 소리쳤다. "애써 적을 여기까지 추격했는데 이게 무슨 일인가. 승리할 수 있는 기회를 놓쳤다." 조금 있다가 카게토라가 잠에서 깨어 명령했다. "지금쯤 적이 언덕을 다 올라갔을 것이다. 지금부터 추격하여 고개의 내리막길에 몰려 있는 적을 공격하라." 카게토라는 나팔을 불고 징을 치게 했다. 그리고 자신이 앞장서 산기슭을 기어올랐다. 산에 올라가 보니 과연 적이 내리막길에 몰려 있었다. 카게토라군이 산 위에서 바위를 굴리고 돌을 던지니 적은 서로 밀치고 깔려서 많은 사상자를 냈다. 나가오 하루카게는 겨우 목숨을 부지하여 가스가야마성으로 돌아갔다. 부장들은 카게토라의 지략에 감탄했다.

나가오 하루카게·카게토라 형제의 이야기는 꾸며냈거나 부풀려졌을 가능성이 있다. 가스가야마성에서 도치오성까지의 거리는 100킬로미터가 넘는다. 나가오 하루카게가 아무리 무능해도 7,000여 명의 군사를 보내며 그들이 군량도 휴대하지 않고 적의 성으로 향하도록 허락하지 않았을 것이다. 그리고 하루카게·카게토라 형제가 동원한 군사 수도 당시의 상식에 부합하지 않는다. 아직 에치고 지역도 제패하지 못한 나가오 가문이 한꺼번에 2만에 가까운 군사를 동원할 수 없었다. 훗날 우에스기 겐신 전성기에 에치고에서 동원할 수 있는 군사가 최대 8,000여 명이었다. 그리고 요네야마는 표고 1,000미터나 되는 험하고 높은 산이다. 고개가 매우 가파르고 험하여 요즈음에도 사고가 잦은 곳이다. 겨우 한숨 잘 시간에 1만여 명의 대군이 행군하여 넘을 수 있는 산이 아니다.

『北越軍記』에 다음과 같은 기록도 있다. "가스가야마성으로 도주한 나가오 하루카게가 우사미 사다유키, 혼조 요시히데 등이 성을 에워싸자 할복하여 죽었다. 그의 나이 45세였다." 나가오 카게토라 즉, 훗날의 우에스기 겐신이 자기 형 나가오 하루카게를 죽인 인물이라는 평가는 이 기록에서 나왔을 것이다. 그러나 위 이야기는 사실이 아니다. 앞에서 살펴보았듯이, 형제간에 서로 칼을 겨누는 것을 염려한 에치고越後의 슈고 우에스기 사다자네가 중재에 나서 일이 원만하게 마무리되었다.

1550년 2월 26일 에치고의 슈고守護 우에스기 사다자네가 사망했다. 사다자네가 후계자를 정하지 않았기 때문에 에치고 슈고 가문이 단절되었다. 하지만 에치고 지역의 정무에는 어떠한 차질도 빚어지지 않았다. 이미 슈고의 권위는 필요하지 않은 시대가 되었다. 무로마치 막부의 13대 쇼군 아시카가 요시테루足利義輝(재위:1546~65)는 나가오 카게토라에게 에치고 슈고의 직무를 대행하라는 명령을 내렸다. 이때부터 에치고의 슈고다이守護代 나가오 카게토라가 사실상 에치고 지역을 다스리는 다이묘가 되었다.

1550년 12월 우에다 나가오 가문의 당주이며 사카도성 성주인 나가오 마사카게가 카게토라의 슈고다이 가문 당주 지위 승계에 반대하며 반란을 일으켰다. 마사카게가 왜 반란을 일으켰는지 그 이유는 알 수는 없지만, 아마도 속으로 나가오 하루카게 다음에 자기가 슈고다이에 취임해야 마땅하다고 생각했던 것 같다. 그래서 마사카게는 나가오 가문에 내분이 일어났을 때 하루카게를 지지했다. 그런데 하루카게가 갑자기 슈고다이 지위에서 물러나고 카게토라가 그 자리를 차지하자 마사카게가 난처하게 되었다. 그뿐만 아니라 오랜 세월 우에다 나가오 가문과 대립하던 고시 나가오 가문이 카게토라를 추대하면서 발언력이 강화되었다. 결과적으로 마사카게가 정치적으로 고립되었다. 무엇보다도 마사카게가 가장 불만스러웠던 것은 무로마치 막부가 카게토라를 에치고의 다이묘로 공인한 것이었다.

나가오 카게토라는 에치고의 통솔자로서 우에다 나가오 가문의 반란을 그냥 둘 수 없었다. 1551년 1월 카게토라가 대군을 이끌고 출진하여 나가오 마사카게의 측근이 지키는 거성 이타기성板木城(니가타현 우오누마시)을 점령하고, 그해 8월에 마사카게의 거성 사카도성을 포위했다. 그러자 마사카게의 부장 우사미 사다미쓰宇佐美定満(?~1564)가 카게토라 편에 섰다. 마사카게 진영이 분열될 조짐을 보였다. 대세가 기울었다고 판단한 나가오 마사카게가 항복했다.

나가오 카게토라는 우에다 나가오 가문을 확실한 아군으로 끌어들일 필요가 있었다. 카게토라가 먼저 나가오 마사카게에게 손을 내밀었다. 카게토라는 자신의 누이 아야히메綾姬 즉, 훗날의 센토인仙洞院

(?~1609)을 마사카게에게 시집보냈다. 당시 무사 가문 간의 혼인은 동맹을 의미하는 것이었다. 나가오 카게토라의 매형이 된 마사카게는 우에다 나가오 가문의 무사단을 이끌고 카게토라의 중신으로 활약했다. 나가오 카게토라가 우에다 나가오 가문을 복속시키면서 22살의 나이에 사실상 에치고를 통일했다.

『우에스기케고넨푸上杉家御年譜』라는 우에스기 가문 공식 기록에 나가오 마사카게에 관한 이야기가 전한다. 1564년 7월 5일 마사카게가 우사미 사다미쓰와 함께 미나미우오누마군南魚沼郡에 있는 노지리가이케野尻ヵ池라는 호수에서 배를 띄우고 놀았다. 흥에 겨워서 술을 마시고 노래를 부르던 중 사다미쓰가 물에 뛰어들어 헤엄치기 시작했다. 그것을 보고 마사카게도 물에 뛰어들어 헤엄을 쳤지만 몸을 제대로 가누지 못하고 물속으로 가라앉았다. 당황한 사다미쓰가 마사카게를 구하려고 물속으로 들어갔다가 같이 죽었다. 그 소식을 들은 카게토라는 매우 슬퍼하며 마사카게의 아들 나가오 카게카쓰長尾景勝를 양자로 삼았다고 한다.

위 이야기와 비슷한 내용이 『北越軍記』에 있다. 카게토라는 우사미 사다미쓰에게 나가오 마사카게를 죽이라고 명령했다. 사다미쓰는 마사카게를 노지리가이케로 유인했다. 사다미쓰는 미리 배에 구멍을 뚫고 그곳을 마개로 막아 두었다. 배가 호수 가운데로 나아갔을 때, 사다미쓰가 막아놓은 마개를 제거했다. 배에 물이 들어오면서 가라앉기 시작했다. 그때 사다미쓰는 마사카게가 움직이지 못하도록 제압한 후, 마사카게의 허리를 단단히 움켜잡고 물속으로 들어가 함께 죽었다.

나가오 카게토라는 이전부터 마사카게를 죽이려고 결심하고 우사미 사다미쓰와 상의했다. 사다미쓰가 말했다. "그러면 우에다 나가오 씨 일족은 물론 마사카게를 섬기는 무사들까지 적이 될 것입니다. 제게 맡겨주십시오." 카게토라를 위해 죽기로 결심한 사다미쓰는 스스로 희생양이 되어 마사카게와 함께 죽는 길을 택했다. 참고로 『北越軍記』는 우사미씨 일족인 우사미 사다스케宇佐美定祐가 집필한 것이다. 우사미 가문의 선조를 충신으로 추켜올리기 위해 꾸며낸 이야기일 가능성이 있다.

앞에서도 말했지만, 나가오 마사카게는 카게토라의 매형이었다. 처음에는 카게토라에게 반기를 들었지만, 일단 항복한 후에는 카게토라의 믿음직한 가신이 되어 배반하지 않았다. 카게토라도 마사카게를 신뢰했다. 마사카게가 사망하기 직전인 1564년 여름 나가오 카게토라가 간토関東 지방으로 출진할 때, 카게토라는 자신이 없는 동안 마사카게에게 가스가야마성을 지키는 임무를 맡겼을 정도였다. 카게토라가 마사카게를 죽여야 할 이유가 없었다.

전국시대 다이묘들이 가족과 친족을 죽이는 일이 많았다. 전국시대 일본 사회는 한국인의 상식으로는 도저히 이해할 수 없는 사회였다. 나가오 카게토라의 마사카게 모살 사건을 사실로 받아들여 "우에스기 겐신은 친형과 매형을 모두 살해한 자이다."라고 비난하는 사람이 많다. 그러나 카게토라는 친형 하루카게를 살해하지 않았고, 매형을 살해했다는 믿을만한 증거가 없다.

당시 에치젠 지역의 정세가 매우 불안했다. 카게토라의 권력도 안전하다고 할 수 없었다. 그런데 1553년 가을 카게토라가 소수의 군사만 거느리고 호쿠리쿠도北陸道 즉, 오늘날 니가타현에서 도야마현·이시카와현·후쿠이현을 거쳐 교토로 이어지는 길을 따라 상경했다. 카게토라는 허를 찌르는 행동을 하기로 유명했다. 물론 카게토라는 이미 만반의 대책을 마련해 두었겠지만, 카게토라의 상경은 세상 사람을 놀라게 했다. 다케다 신겐이나 이마가와 요시모토라면 다른 다이묘가 지배하는 지역을 지나 상경하는 일은 꿈속에서도 생각하지 못했을 것이다.

1551년 조정은 카게토라에게 단조쇼히쓰彈正少弼 종5위라는 관직을 수여했다. 카게토라는 그에 대한 감사 인사를 하기 위해 상경했던 것이다. 카게토라의 상경은 정치적으로 많은 의미가 있었다. 상경한 나가오 카게토라는 조정에 적지 않은 금전을 헌납했다. 당시 조정은 재정난에 시달리고 있었다. 특히 고나라 천황後奈良天皇(재위:1526~57) 때 조정의 재정난이 극에 달했다. 비용을 조달할 수 없어서 즉위식을 무기한 미루었을 정도였다. 천황과 귀족은 카게토라의 헌금이 고맙기 그지없었다. 고나라 천황이 카게토라에게 칙명을 내렸다. "책임을 맡은 지역 및 주변 지역의 적을 물리치고 충성을 다하도록 하라."

나가오 카게토라는 천황을 알현했지만 무로마치 막부의 쇼군將軍이나 막부의 권력자를 예방할 수 없었다. 그 무렵 막부의 13대 쇼군 아시카가 요시테루는 사실상 막부의 권력을 장악한 미요시 나가요시三好長慶(1522~64)와 대립하고 있었다. 쇼군 요시테루는 미요시 나가요시를 이기지 못하고 오미近江의 구쓰키朽木(시가현 다카시마시)로 도주했다. 나가오 카게토라가 상경했을 당시는 쇼군 요시테루가 미요시 나가요시에게 패전한 직후였고, 미요시 나가요시도 셋쓰摂津 아쿠타가와芥川(오사카부 다카쓰키시)에 머물고 있었다. 카게토라가 구쓰키로 도망한 쇼군 요시테루나 막부의 실권자 미요시 나가요시를 알현할 수 있는 상황이 아니었다.

1553년 11월 13일 교토를 떠나 사카이堺(오사카부 사카이시)에 도착한 나가오 카게토라는 오사카大坂에 있던 정토진종 사원 혼간지本願寺의 지도자 쇼뇨証如(1516~54)와 선물을 주고받았다. 그 후 카게토라는 고야산高野山에 있던 진언종 총본산 곤고부지金剛峯寺(와카야마현 이토군 고야초)에 참배하고 교토로 돌아왔다. 카게토라는 임제종 사원 다이토쿠지大德寺(교토시 기타쿠)의 고승 소큐宗九에게 참선을 배우고 소신宗心이라는 법명을 받았다. 요컨대 상경한 나가오 카게토라는 천황의 명령으로 에치젠을 통일한다는 명분을 얻었고, 혼간지, 곤고부지, 다이토쿠지 등 종교계의 지도자와 인연을 맺고 귀국했다.

교토에서 에치젠으로 돌아온 카게토라는 긴장되고 분주한 나날을 보냈다. 예부터 에치고 호족들은 독립성이 강하기로 유명했다. 카게토라가 에치고의 통솔자로 공인된 후에도 호족들은 카게토라의 명령에 순순히 따르는 법이 없었다. 반란이 자주 일어났을 뿐만이 아니라 가신단 내부도 통합되지 않았다. 교토에서 돌아온 카게토라는 가신단의 분열 상황을 수습하고, 반란을 일으킨 기타조 다카히로北条高広(?~1587)를 진압하고, 가와나카지마川中島에서 다케다 신겐과 싸웠다. 이 무렵에 성격이 급하고 우울증 증세를 보이던 카게토라가 갑자기 누구도 상상할 수 없는 기묘한 행동을 하기에 이르렀다.

1556년 6월 나가오 카게토라가 중신들에게 선언했다. "나는 정치를 버리고 물러난다." 카게토라는 슬그머니 가스가야마성에서 자취를 감췄다. 6월 28일 카게토라는 어릴 때 자신을 보살피고 가르쳤던 린센지林泉寺 주지 고이쿠光育에게 장문의 서신을 남겨 속마음을 털어놓았다. 그 내용은 다음과 같다.

나가오 가문은 간토 지방에서 옮겨와 에치젠을 지배했지만, 항상 평온한 날이 이어졌던 것은 아니다. 내가 당주가 된 후, 가문 내부에 불상사가 있어서는 곤란하기도 하고, 또 나가오 가문의 명예를 위해서도 가신들이 진심으로 화합하기를 바랐다. 그러나 가신들의 생각은 각기 달랐고, 자신들을 배려하지 않는다고 생각했다. 이래서는 통솔자로서 일을 계속할 수가 없다. 그래서 물러나기로 결심했다. 나는 어려서 부친을 여의고, 우여곡절 끝에 당주의 지위를 승계한 후, 온 힘을 다하여 나가오 가문을 일으켰다. 지난번에는 상경하여 조정과 막부를 예방하고, 천황이 하사하는 술잔과 쇼군이 하사하는 도검을 받았다. 과분한 은혜이다. 이대로 지내다가 불미스러운 일이 일어나면 지금까지의 노고가 물거품이 될 것이고, 그것은 가신들에게도 좋지 않은 일이 될 것이다. 옛사람이 '공명을 이뤘으면 물러나라'고 말했다. 내가 먼 곳으로 가지만, 가신 중에 인재가 많다. 상의하여 국정을 운영하도록 스승께서 일러 주시기 바란다. 그들은 내가 무슨 말을 해도 듣지 않는다. 그래서 나는 멀리서 그저 지켜보고 싶다.

나가오 카게토라는 가신들을 통제할 수 없기에 물러난다고 말했다. 그는 능력 있는 가신들이 서로 협의하여 국정을 운영하라고 당부했지만, 주군이 없는 가신들이 어떤 결정을 내릴 수 있을까? 카게토라에게 나이가 어린 아들이라도 있었다면, 그 아이를 주군으로 '모셔'놓고, 가신 중에서 통솔력이 있는 자가 권력을 행사할 수 있었을 것이다. 무사 사회에서 그러한 전례가 없는 것은 아니었다. 그러나 카게토라는 자식을 두지 않았고 양자를 들인 것도 아니었다.

나가오 카게토라(우에스기 겐신)의 '가출'이 무사단을 통합하기 위한 계획적인 연출이라고 주장하는 사람이 적지 않다. 필자는 기획 가출설에 전적으로 동조하지 않는다. 다케다 신겐이나 모리 모토나리毛利元就라면 그렇게 했을 것이다. 그러나 카게토라는 그런 술수를 쓸 줄 모르는 사람이었다. 당시 나가오 가문의 가신들이 카게토라의 명령에 순순히 복종하지 않고 있었다. 카게토라는 덕장도 아니고 지장도 아니었다. 싸우면 반드시 이기지 않으면 직성이 풀리지 않는 용장이었다. 그런데 가신들이 단합하지 않고 있었다. 성격이 급하고 우울증 증세가 있던 카게토라는 단순하게 생각했을 것이다. "단결할 줄 모르는 가신들을 거느리고 싸워서 승리할 수 없다. 승리가 없는 곳에 내가 있을 이유가 없다."

나가오 카게토라는 본거지 가스가야마성을 떠나 고야산高野山으로 들어갔다. 카게토라를 그대로 둔다면 에치고 지역이 내란 상태에 빠질 수 있었다. 나가오 카게토라의 매형 나가오 마사카게가 중신들을 모아 놓고 협의한 후 카게토라에게 가서 귀국해 달라고 간청했다. 8월 17일 귀국하기로 결심한 카게토라가 말했다. "에치고의 여러 사정을 말없이 내버려 두기 어려운 점도 있고, 이대로 물러난다면 무사의 도리에 어긋난 겁쟁이라고 지탄받을 것이다." 카게토라는 귀국에 앞서 두 가지 조건을 제시했다. 호족들이 연서하여 충성을 맹세할 것, 호족들은 인질을 가스가야마성으로 보낼 것.

나가오 카게토라가 본거지로 돌아오면서 에치고 지역의 분란을 피할 수 있게 되었다. 그동안 젊고 거친 주군에 대하여 비판적이었던 가신들은 카게토라의 '가치'에 대하여 깊이 생각하는 시간을 가졌다. 다른 지역 다이묘의 침략에 효과적으로 대처하려면 강력한 통솔력이 있는 지도자가 필요했다. 나가오 가문에는 카게토라보다 뛰어난 인재가 없었다. 회의에 회의를 거듭한 가신들은 결국 카게토라에게 복종해야 에치고 무사단이 건재할 수 있다는 결론에 도달했다. 오랜 기간에 걸쳐서 줄곧 반항적인 태도를 보였던 이와후네군岩船郡(니가타현 이와후네군)의 호족 혼조 시게나가本庄繁長(1540~1614)가 카게토라를 알현하고 충성을 맹세했다. 이리하여 에치고 지역이 카게토라를 중심으로 단합했다.

여기에서 잠시 나가오 카게토라가 우에스기씨上杉氏로 성을 바꾼 경위를 알아보자. 1552년 1월 간토 간레이 우에스기 노리마사上杉憲政(1523~79) 일행 50여 명이 미쿠니토게三国峠(니가타현 미나미우오누마군과 군마현 도네군을 잇는 높은 고개)를 넘었다. 1546년 노리마사가 가와고에河越 전투에서 호조 우지야스에게 패한 후 우에스기 가문의 권위가 실추했다. 휘하 장수와 무사들이 호조 가문을 섬기게 되면서 간토 지방에 머물 수 없게 되었다. 1552년 1월 호조 우지야스가 우에스기 가문의 영지 고즈케上野国(군마현)를 침략하자, 노리마사가 본거지 히라이성平井城(군마현 후지오카시)을 버리고 에치고의 나가오 카게토라에 몸을 의탁했다.

우에스기 노리마사는 이미 심신이 피폐해 있었다. 간토 간레이라는 권위도 이미 호조 가문의 실력 앞에서 허무하게 무너졌다. 그러나 간토 간레이의 지위를 호조 가문에 넘겨주는 것만은 용납할 수 없었다. 그렇다고 이미 호조 가문에게 영지를 빼앗긴 우에스기 가문이 간토 지방에 남아 허울뿐인 간레이 지위를 지키는 것도 의미가 없었다. 고민을 거듭한 우에스기 노리마사는 에치고 슈고의 직무를 대행하는 나가오 카게토라에게 간토 간레이 지위를 물려주기로 결심했다.

나가오 카게토라는 호조 노리마사의 양자가 되는 형식으로 유서 깊은 우에스기 가문의 당주 지위를 승계했다. 노리마사는 예부터 우에스기 가문에 전해지는 도검, 천황이 하사한 긴키錦旗 즉, 칙명에 따라 파견된 정토 장군의 깃발, 간토 간레이에 임명한다는 윤지綸旨 즉, 천황의 명령으로 발급한 공문서, 우에스기 가문의 가계도, 우에스기 가문의 문장紋章 등 모든 것을 나가오 카게토라에게 물려주었다.

나가오 카게토라는 우에스기 마사토라上杉政虎로 개명하고, 우에스기 씨가 세습하던 간토 간레이 지위를 승계했다. 그 후 무로마치 막부의 13대 쇼군 아시카가 요시테루足利義輝의 이름 자 중 '輝' 자를 물려받아 다시 우에스기 테루토라上杉輝虎로 개명했다. 겐신謙信은 훗날 출가하는 의식을 거행한 후에 사용한 법호였다. 이 책에서는 우에스기 겐신으로 칭했다.

1559년 4월 우에스기 겐신은 호조 가문에게 빼앗긴 간토 지방의 영지를 되찾기 위해 출진하기 전에 다시 교토로 갔다. 그의 나이 31세 때의 일이었다. 이번에는 간토 간레이의 자격으로 상경하는 것이었다. 그의 지위에 걸맞게 5,000여 명의 군사를 거느리고 행군했다. 겐신은 먼저 교토로 향하는 길목인 에치젠越前(후쿠이현 북부)의 아사쿠라 가문, 오미(시가현)의 롯카쿠 가문에 길을 내어달라고 부탁했다. 무로마치 막부의 13대 쇼군의 부름에 응하는 것인지라, 아사쿠라·롯카쿠 가문이 기꺼이 우에스기 겐신에게 길을 내주었다.

1559년 4월 27일 우에스기 겐신이 당당하게 교토로 입성했다. 겐신이 상경했을 때, 이전에 알현했던 고나라 천황은 이미 1557년에 사망했고, 그의 아들 미치히토方仁가 즉위하여 오기마치 천황正親町天皇(재위:1557~86)이 되어 있었다. 겐신이 상경한다는 소식을 들은 귀족 히로하시 구니미쓰広橋国光(1526~68)가 친분이 있던 승려에게 보낸 서신에 다음과 같은 내용이 있다. "우에스기 겐신에게 천황 궁전을 구경하라고 권해 주기 바란다." 당시 조정의 재정이 매우 궁핍했다. 오기마치 천황의 즉위식을 올릴 비용도 없었다. 조정은 겐신에게 천황을 알현하는 것을 허락하면서 비용 헌납을 요청할 심산이었던 것 같다.

우에스기 겐신은 히로하시 구니미쓰의 요청에 기꺼이 응했다. 5월 1일 겐신은 관백関白 고노에 사키히사近衛前久의 안내로 천황 궁전을 둘러본 후 오기마치 천황을 알현했다. 『우슈요네자와우에스기카후羽州米

沢上杉家譜』에 따르면, 이때 오기마치 천황이 겐신에게 천배天盃와 일본 제일의 도공刀工 아와타구치 요시미쓰粟田口吉光가 제작한 보검을 하사 받았다. 당시 24세였던 관백 고노에 사키히사는 우에스기 겐신에 깊은 관심을 보였다. 겐신은 관백 사키히사의 주선으로 귀족들의 저택을 방문하고, 교토의 여러 사원에 참배했다.

1599년 6월에 우에스기 겐신이 쇼군 아시카가 요시테루를 알현했다. 이때 겐신은 쇼군 요시테루에게 금·은·구리·말·의복·면포·도검 등 상상을 초월하는 물품을 헌상하며 5개조 서한을 제출했다. 서한에 다음과 같은 내용이 있다. "쇼군께서 구시키에 계시는 동안 어떻게 해서든지 상경하여 충성을 다하고자 하였으나 시나노信濃에 출진하는 등 여유가 없어서 이제야 쇼군을 뵙습니다. (중략) 알현할 수 있는 은혜를 입었습니다. 이보다 더한 영예는 없습니다. 목숨을 돌보지 않고 충성을 다하겠습니다." 쇼군 요시테루는 겐신의 간토關東 간레이管領 지위를 공식적으로 승인했다.

교토에서 에치젠으로 돌아온 우에스기 겐신은 간토 지방을 침공하기 위한 준비에 여념이 없었다. 호조 가문의 침략에 시달리던 간토 지방의 호족들이 겐신의 출진을 기다리고 있다는 소문이 널리 퍼졌다. 겐신은 간토 지방 침공을 앞두고 다음과 같이 선언했다. "간토 간레이가 지배하던 영지를 회복하기 위한 의로운 전쟁이다." 겐신은 간토 지방의 여러 호족에게 간토 간레이의 직인이 찍힌 서신을 보내 우에스기 가문의 군사 작전에 협력하라고 요구했다.

1560년 9월 우에스기군이 미쿠니토게三国峠를 넘어 간토 지방으로 출진했다. 우에스기군은 순식간에 누마타성沼田城(군마현 누마타시)을 점령하고, 잇달아 마에바시성前橋城(군마현 마에바시시)를 거쳐 나와성名和城(아이치현 도카이시)을 공격했다. 그리고 호조 가문의 본거지 오다와라성(가나가와현 오다와라시)을 향해 질풍노도와 같이 진격했다. 호조 가문을 섬기던 호족들이 잇달아 간토 간레이 우에스기 겐신의 무위에 굴복했다.

1561년 3월 에치고에서 동원한 군사 8,000여 명에 간토 지방 호족들이 거느린 군사 수를 합하여 10만이라고 칭하는 우에스기군이 호조 가문의 본거지 오다와라성을 포위했다. 겐신이 거느린 군사 수는 매우 과장되었지만, 미증유의 대군이었던 것만은 틀림이 없었다. 호조 우지야스北条氏康는 우에스기군과 싸우면 승산이 없다고 판단했다. 마쓰야마성松山城(사이타마현 히가시마쓰야마시)・고가성古河城(이바라키현 고가시)을 비롯한 지성을 지키던 군사를 모두 불러들여 오다와라성에서 농성하며 장기전에 대비했다.

3월 13일 우에스기 겐신이 오다와라성 총공격을 명령했다. 치열한 전투가 시작되었다. 한때 우에스기군이 오다와라성 성문 가까이에 접근하기도 했으나 호조군의 선방으로 성문을 깨뜨리지 못했다. 당시 무사들은 스스로 무기와 식량을 준비하여 출진했다. 무사가 휴대할 수 있는 식량이 그다지 많지 않았다. 전투가 길어지면 먼 길을 달려온 우에스기군이 수세에 몰릴 수 있었다. 피로가 쌓이는 것도 문제였지만 식량이 바닥이 나면 사기가 떨어졌다. 호조군의 산발적인 공격이 우에스기군의 공포심을 자극할 수도 있었다.

『우에스기넨푸上杉年譜』에 다음과 같은 기록이 있다. "여러 군사의 약탈행위를 엄하게 금했기 때문에 (오다와라성 인근) 인민이 의외로 안심했다." 그러나 호조 측 자료에는 다음과 같이 기록되어 있다. "에치고군은 사가미相模(가나가와현)를 침공하면서 신사와 사원은 물론 산속에 있는 마을에도 불을 질렀다. 서민이 식량과 의복을 빼앗겼다. 굶주림과 추위를 견디지 못하고 죽은 자가 이루 헤아릴 수 없었다." 오다와라성 인근의 민심이 사나워졌다. 민심이 떠났다면 우에스기 겐신이 작전을 펼치기 어려웠을 것이다. 겐신은 오다와라성 포위를 풀었다. 오이소大磯(가나가와현 오이소마치)에 본진을 두고, 나머지 군사들을 가마쿠라鎌倉(가나가와현 가마쿠라시)로 이동시켰다.

가마쿠라는 12세기 말에 미나모토노 요리토모源頼朝(1147~99)가 막부를 연 곳이었다. 우에스기 겐신은 가마쿠라의 쓰루가오카하치만궁鶴岡八幡宮(가나가와현 가마쿠라시)에서 성대한 간토 간레이 취임식을 거행했다. 1561년 윤3월 16일의 일이었다. 이날 겐신은 막부의 쇼군이 허락한 아지로고시網代輿 즉, 천황의 자손이나 귀족이 타는 가마를 타고, 붉은 손잡이 양산을 쓰고, 종자에게 금가루를 뿌린 창을 들게 하고, 양탄자로 감싼 안장을 얹은 말을 끌고 참배하기 위해 마련된 길을 행진한 후 신궁 앞에서 예배했다.

이때 우에스기 겐신이 사소한 일에 불같이 화를 내는 사건이 일어났다. 『가마쿠라쿠다이키鎌倉九代記』에 당시의 일이 다음과 같이 기록되어 있다. "오시성忍城(사이타마현 교다시) 성주 나리타 나가야스成田長泰 (?~1574)가 참배하는 우에스기 겐신의 모습을 보기 위해 수그리고 있던 얼굴을 잠시 들었다. 그것을 옆눈으로 본 겐신이 큰 소리로 말했다. '예의를 모르는 무례한 놈이로구나.' 나리타 나가야스 앞으로 다가선 겐신이 손에 들고 있던 부채로 그의 얼굴을 때렸다."

『호조고다이키北条五代記』에는 다음과 같은 내용이 있다. 우에스기 겐신이 참배할 때 "나리타 나가야스가 쓰루가오카하치만궁 정문에서 말을 타고 기다리고 있었다. 예부터 대장이 오면 쌍방 모두 말에서 내려 서로 인사하는 것이 관례였기 때문이다. 그런데 우에스기 겐신이 나가야스를 보자 큰 소리로 말했다. '주종의 예법도 모르는 놈이구나.' 겐신이 나가야스를 말에서 끌어 내렸다. 나가야스가 진흙 위에 나뒹굴었다."

어느 쪽 기록이 진실인지 알 수 없지만, 나리타 나가야스가 뭇사람이 보는 앞에서 치욕스러운 일을 겪은 것은 사실인 것 같다. 분노한 나가야스는 겐신에게 인사도 하지 않고 오시성으로 돌아갔다. 겐신의 난폭한 행동을 가까이에서 지켜본 간토 지방 호족들도 착잡한 마음을 다스릴 수 없었다. 우에스기 겐신은 신경이 극도로 예민해지면 불같이 화를 내는 경우가 많았다. 필자는 그것이 전형적인 우울증 증상이었다고 생각하고 있다.

『鎌倉九代記』에 우에스기 겐신이 진중에서 지휘하는 모습이 다음과 같이 기록되어 있다.

> 총대장은 흰 두건으로 머리를 감싸고, 붉은 지휘 채를 들고, 금색 안장을 얹은 털빛이 불그스름한 말을 타고, 모든 군사가 집합한 사이를 왕래하며 지시했다. 그 모습이 매우 거칠고 사람을 벌레보다도 하찮게 여기는 것처럼 보였다. 간토 지방 무사들이 혀를 내둘렀다. 겐신은 일하는 모습이 굳세고 강했지만, 명령하는 태도가 교만하고 경박했다. 자기의 말에 따르지 않으면 당장이라도 죽여버릴 것 같이 표독한 마음을 드러냈다.

간토 지방 호족들이 각기 군사를 거느리고 본거지로 돌아간 후, 우에스기 겐신이 에치고 군사들을 거느리고 본거지 가스가야마성으로 향했다. 이때 호조군이 우에스기군의 뒤를 쫓았다. 우에스기군은 추격하는 호조군과 싸우면서 물러갔다. 1561년 6월 28일 우에스기 겐신이 천신만고 끝에 에치고로 돌아올 수 있었다. 가스가야마성에서 성대한 전승 축하 행사가 열렸다.

우에스기 겐신이라고 하면 곧 다케다 신겐과 싸운 가와나카지마川中島(나가노현 나가노시 동북부에 있는 평야) 전투가 떠오를 것이다. 그만큼 가와나카지마 전투가 유명하다. 우에스기 겐신은 1553년에서 1564년까지 여러 번 가와나카지마에 출진했다. 그런데 그중에서 격전을 벌인 것은 1561년의 전투뿐이었다. 나머지 전투는 일부 부대 사이에 벌어진 충돌에 지나지 않았다.

1553년 4월 다케다 신겐이 시나노信濃(나가노현)의 여러 호족 영지를 침공하고 오늘날 나가노현 나가노시 지역으로 전진했다. 이때 우에스기 겐신이 처음으로 가와나카지마에 모습을 드러냈다. 그러나 신겐은 겐신과 정면 대결을 피했다. 다케다 신겐은 일단 물러났다가 8월에 다시 대군을 이끌고 가와나카지마로 출진했다. 우에스기군이 후세布施·하치만八幡(나가노현 나가노시)에서 다케다군을 물리쳤다. 다케다 신겐은 시오다성塩田城(나가노현 우에다시)에 머물며 좀처럼 싸우려 하지 않았다. 9월 20일 군량 보급이 원활하지 못했던 우에스기군이 물러갔다. 10월에는 다케다군이 물러났다.

1555년에 제2차 가와나카지마 전투가 벌어졌다. 우에스기 겐신이 내분을 겪고 있을 때, 다케다 신겐이 아사히야마성旭山城(나가노현 나가노시)을 공략했다. 우에스기 겐신은 1555년 4월에 시나노로 출병하여 사이가와犀川(나가노현을 가로질러 흐르는 하천)를 사이에 두고 다케다군과 대치했다. 7월 19일 교전이 있었지만 큰 전투는 없었다. 그 후 몇 개월이 지나자 다케다 신겐이 스루가駿河(시즈오카현 중부·북동부)의 다이묘 이마가와 요시모토를 내세워 강화를 요청했다. 다케다 신겐은 아사히야마성을 파괴하고, 그동안 점령한 가와나카지마 일대의 영지를 원래 소유하던 호족에게 돌려주겠다고 약속했다. 우에스기 측에 유리한 조건이었다. 겐신은 신겐의 제안을 받아들이고 윤10월 15일에 철수했다.

1557년 3월 아직 눈이 녹지 않아 우에스기군이 출진하기 곤란할 것이라 여긴 다케다 신겐이 가쓰라야마성葛山城(나가노현 가미타카이군)을 급습하여 오치아이씨落合氏 일족을 전멸시키고, 우에스기 겐신을 섬기는 다카나시 마사요리高梨政頼(1508~76)의 지성 이야마성飯山城(나가노현 이야마시)을 공격했다. 우에스기 겐신은 마사요리에게 죽음을 각오하고 성을 지키라고 명령하고, 눈이 녹기를 기다려 3월 말에 출진하여 젠코지善光寺(나가노현 나가노시)에 진을 쳤다. 우에스기군은 그동안 다케다군이 점령한 야마다성山田城(나가노현 가미타카이군), 후쿠시마성福島城(나가노현 스자카시) 등을 빼앗았다. 이번에도 다케다 신겐은 우에스기 겐신의 도전에 적극적으로 대응하지 않았다. 8월 말에 우에노하라上野原(야마나시현 우에노하라시)에서 일부 부대 간의 교전이 있었다. 9월이 되어 우에스기 겐신이 귀국하자 다케다 신겐이 다시 젠코지 일대를 점령했다.

1561년 우에스기 겐신이 다케다 신겐과 결전을 치를 각오로 동원령을 내렸다. 8월 14일 겐신은 엣추(도야마현)로 출진한다고 소문을 내고 말머리를 시나노信濃로 돌렸다. 정보를 입수한 다케다 신겐은 8월 18일에 1만8,000여 명의 군사를 이끌고 본거지를 출발하여 8월 24일에 가와나카지마에 도착했다. 다케다군은 마쓰시로성에 진을 쳤고, 우에스기 겐신은 8,000여 명의 군사를 거느리고 사이조산婁女山에 진을 쳤다. 양군은 9월 10일 하치만바라八幡原에서 격돌했다. 이것이 가와나카지마 대전투였다. 이 전투에 대해서는 이미 앞에서 다케다 신겐의 전적을 설명하며 상세하게 기술했다.

우에스기 겐신이 가와나카지마 전투에 발이 묶여있는 동안 간토 지방에서는 호조 우지야스가 겐신이 차지한 영토를 침공하기 시작했다. 겐신은 다시 간토 지방으로 출진하여 다테바야시성館林城(군마현 다테바야시시)과 사노성佐野城(도치기현 사노시)을 공격했다. 그런데 겐신이 간토 지방에 머무는 동안에 머리를 조아렸던 호족들이 그가 에치고로 돌아간 뒤에는 다시 호조 가문을 섬겼다. 그때마다 겐신이 간토 지방으로 출진할 수밖에 없었다. 우에스기 겐신의 잦은 동원령으로 군사들의 피로도가 극에 달했다. 겐신이 간토 지방 원정에 나서면 그 틈을 노려 다케다 신겐이 시나노를 침략하며 에치고를 넘봤다.

우에스기 겐신은 다케다 신겐과 결판을 내야겠다고 생각했다. 1564년 7월 가스가야마성을 출발하여 8월 3일에 가와나카지마에 진을 쳤다. 다케다 신겐도 즉시 출진하여 시오자키塩崎(야마나시현 가이시)에 진을 쳤다. 하지만 신중하기로 유명한 신겐은 이번에도 결전을 회피했다. 우에스기 겐신은 아무런 성과도 없이 10월 1일에 가스가야마성으로 돌아왔다. 이 무렵 시나노(나가노현) 일대에서 우에스기 가문을 섬기는 호족은 이야마성을 본거지로 하는 다카나시 마사요리 뿐이었다. 시나노는 사실상 다케다 신겐이 다스리는 지역이 되었다.

1565년 5월 우에스기 겐신이 다시 관동 지방으로 출진할 준비를 했다. 그런데 5월 19일 교토에서 미요시 요시쓰구三好義継(1549~73)를 비롯한 미요시씨 일족과 마쓰나가 히사미치松永久通(1543~77)가 무로마치 막부의 13대 쇼군 아시카가 요시테루를 살해하는 사건이 일어났다. 비보를 접한 우에스기 겐신은 에치젠越前의 다이묘 아사쿠라 요시카게朝倉義景에게 사신을 보내 사건의 진상을 파악했다. 겐신은 고후쿠지興福寺(나라현 나라시)에서 승려로 생활하고 있던 아시카가 요시테루의 동생 아시카가 요시아키足利義昭가 오미近江의 고가甲賀(시가현 고가시)로 피신했다는 정보를 입수하고 측근의 자제를 보내 시중들게 했다.

11월 24일 우에스기 겐신이 가스가야마성을 출발하여 간토 지방으로 출진했다. 1561년에 겐신이 간토 지방으로 진출했을 때 항복했으나 다시 호조 가문을 섬기는 간토 지방의 호족들을 정벌하기 위해서였다. 1566년 2월 16일 이 겐신이 히타치常陸 오다성小田城(이바라키현 쓰쿠바시)을 점령하고 성주 오다 우지하루小田氏治(1534~1602)를 처벌했다.

겐신은 남쪽으로 진군하여 시모사下総의 우스이성臼井城(지바현 사쿠라시)을 공격했으나 이기지 못했다. 겐신은 많은 사상자를 내고 3월 25일 가스가야마성으로 돌아왔다.

우에스기 겐신이 본거지로 돌아가자, 겐신의 무위에 굴복했던 간토 지방의 호족들이 다시 호조·다케다 가문과 내통했다. 1566년 10월 겐신이 매우 신임하여 마에바시성前橋城(군마현 마에바시시) 성주로 임명했던 호조 다카히로北条高広(?~1587)가 배반하여 호조 가문과 내통한다는 정보가 입수되었다. 이어서 겐신이 다테바야시성 수비를 맡겼던 나가오 마사나가長尾当長(1527~69)가 배반하여 호조 가문과 내통했다는 소식이 전해졌다. 궁지에 몰린 겐신은 당분간 사노성에 머물다가 에치고로 돌아오지 않을 수 없었다.

마에바시성과 다케바야시성을 사실상 호조 가문에게 빼앗긴 우에스기 겐신은 누마타성을 최전선으로 하여 호조 가문과 대치하게 되었다. 1567년 4월 겐신이 에치고의 우에다上田 지역 무사들을 징집하여 누마타성에 배치했다. 사노성에도 에치고 지역에서 동원된 군사들이 잔류하고 있었으나 호조군의 급습을 두려워하여 전선에서 이탈하는 자들이 늘어났다. 우에스기 겐신이 다시 간토 지방의 누마타성으로 출진했다. 겐신은 호조 가문의 세력권인 마에바시·아시카가足利(도치기현 아시카가시)를 돌파하여 호조 우지마사의 본거지를 공격하려고 했다. 그러자 두려움을 느낀 호조군이 퇴각했다. 11월 21일 겐신은 사노성을 사노 마사쓰나佐野昌綱(1529~74)에게 지키게 하고 에치고로 돌아왔다.

1568년 3월 우에스기 겐신이 엣추越中(도야마현)로 출진하여 호조즈 放生津(도야마현 이미즈시)까지 진군했을 때 믿을 수 없는 보고를 받았다. 에치고 북부 이와후네군의 호족 혼조 시게나가本庄繁長가 다케다 신겐과 내통하여 반란을 일으켰다는 것이다. 3월 25일 겐신이 호조즈에서 회군하여 에치고로 돌아왔다. 겐신은 우선 가신 나오에 마사쓰나直江政綱(1509~77)와 가키자키 카게이에柿崎景家(?~1574)가 이끄는 부대를 에치고 북부로 급파하고 그 지역의 무사들에게 동원령을 내렸다.

우에스기 겐신의 군사 대부분이 이와후네군으로 향했다는 정보를 입수한 다케다 신겐이 군사를 움직였다. 7월 10일 시나노信濃 북부에 있는 우에스기 가문의 유일한 거점이라고 할 수 있는 이야마성飯山城을 공격했다. 그리고 신겐은 정토진종 신도 세력 즉, 잇코잇키一向一揆와 손을 잡고 에치고를 포위하는 계획을 세웠다. 이에 동조하여 엣추의 마쓰쿠라성松倉城(도야마현 우오즈시) 성주 시이나 야스타네椎名康胤(?~1576)가 반란을 일으켰다. 야스타네는 겐신이 간토 지방으로 출진할 때 본거지 가스가야마성의 수비를 맡길 만큼 신뢰했던 호족이었다. 겐신은 충격에서 헤어나기 어려웠다.

우에스기 겐신은 시나노와 엣추 그리고 이와후네군의 적을 동시에 상대해야 했다. 가스가야마성에 있는 군사만으로 대내외 위기에 대처하기 어려웠다. 겐신은 이와후네군에서 혼조 시게나가를 포위하고 있던 나오에 마사쓰나에게 서신을 보내 군사 일부를 가스가야마성으로 보내라고 명령했다. 겐신은 군사를 나누어 시나노와 엣추 전선으로 급파했다. 겐신이 기민하게 대응하자 이야마성 주변에 포진했던 다케다군이 물러났다. 그러자 겐신은 이와후네군에서 불러들인 부대를 돌려보내고, 이어서 호조 카게히로北条景広(1548~79), 이로베 가쓰나가色部勝長(?~1568) 등이 이끄는 부대를 증파했다. 다케다 신겐의 급습에 대비하기 위해서도 혼조 시게나가 난을 서둘러 진압할 필요가 있었다. 10월 21일 겐신이 이와후네군으로 출진했다. 1569년 3월 18일 혼조 시게나가가 항복했다.

우에스기·다케다·호조 가문이 서로 다투는 사이에 오다 노부나가는 1568년 9월에 무로마치 막부의 13대 쇼군 아시카가 요시테루의 동생 아시카가 요시아키足利義昭를 받들고 교토로 입성했다. 노부나가는 아시카가 요시아키를 무로마치 막부의 15대 쇼군으로 옹립했다. 그러나 노부나가가 요시아키를 쇼군으로 앉힌 것은 그에게 충성하기 위해서가 아니었다. 쇼군将軍의 권위를 이용하여 권력을 휘두르기 위해서였다. 노부나가가 야망을 드러내자 쇼군 요시아키와 노부나가의 사이가 틀어졌다. 여러 지역의 다이묘가 노부나가의 무례함을 성토했다. 이 무렵부터 우에스기·다케다·호조 가문의 관계는 전쟁보다는 외교를 우선하는 전략으로 전환했다.

1569년 윤5월 우에스기 겐신은 호조 우지야스가 보낸 사신을 접견했다. 이때 우에스기·호조 가문은 천지신명에게 맹세하며 평화롭게 지내기로 협약했다. 우에스기 겐신이 숙적 호조 가문과 손을 잡은 것은 매우 이례적인 일이었다. 그 이유는 호조·다케다 가문의 관계가 악화했고 우에스기 겐신은 간토 지방을 공격하느라 지쳐있었다. 그런데 때마침 무로마치 막부가 양자의 화목을 권하는 서신을 보내자 우에스기·호조 가문이 강화를 서둘렀다. 강화의 조건은 다음과 같았다. 호조씨 일족을 우에스기 가문에 인질로 보내고, 고즈케上野(군마현), 무사시武蔵(도쿄토와 사이타마현·가나가와현의 일부)의 이와쓰키성岩槻城(사이타마현 이와쓰키시) 등을 우에스기 가문의 영지로 인정한다.

그러나 우에스기·호조 가문의 동맹은 얼마 지나지 않아서 파기되었다. 1571년 10월 호조 우지야스北条氏康가 56세의 나이로 사망했는데, 임종에 즈음하여 아들 호조 우지마사北条氏政에게 다음과 같이 유언했다. "우에스기 겐신은 의지가 되지 못한다. 다케다 신겐과 우호 관계를 맺어야 한다." 호조 우지마사는 부친의 유언에 따라 다케다 가문과 동맹을 맺었다. 그때 다케다 신겐은 호조 우지마사에게 우에스기 가문과 절연하라는 조건을 제시했다. 호조 우지마사는 다케다 신겐의 제안을 받아들였다.

1571년 3월 우에스기 겐신이 다시 엣추越中로 출진했다. 이미 겐신에게 충성을 맹세한 도야마성冨山城(도야마현 도야마시) 성주 진보 나가모

土神保長職(?~1572)의 요청으로 출병한다는 명분을 내걸었다. 3월 17일 겐신이 대군을 이끌고 진즈가와神通川(기후현에서 도야마현을 관통하는 하천)를 건너 진격했다. 겐신은 도야마성과 신조성新庄城(도야마시 신조초)을 공략하고, 나아가 모리야마성守山城(도야마현 다카오카시)을 점령한 후 본거지로 돌아왔다.

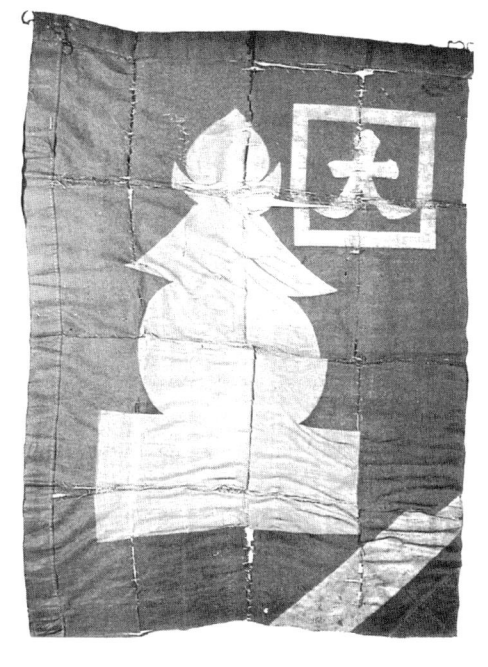

잇코잇키 깃발

1572년 봄 우에스기 겐신이 간토 지방으로 출진하여 고즈케의 이시쿠라성石倉城(군마현 마에바시시)을 점령하고 다케다군과 대진했으나 결전을 치르지 않고 물러났다. 5월이 되자 엣추 지역의 정세가 급박하게 돌아갔다. 잇코잇키 세력이 봉기하여 히노미야성日宮城(도야마현 이미즈시)으로 향한다는 정보가 입수되었다. 6월 15일 잇코잇키 세력의 공격으로 우에스기 가문의 가신 산폰지 사다나가三本寺定長(1519~?)가 이끄는 부대가 패주했다. 아군이 패전했다는 소식을 들은 히노미야성의 우에스기군이 세키도산石動山(이시카와현 가시마군)으로 후퇴했다. 그 소식을 들은 겐신이 출진을 결심했다.

잇코잇키 세력의 봉기에 호응하여 마쓰쿠라성의 시이나 야스타네가 다케다 가문과 내통하며 반란을 일으켰다. 시이나군이 진즈가와 동쪽까지 진격했다. 우에스기 겐신이 직접 군사를 이끌고 출진하여 시이나군을 도야마성으로 몰아넣었다. 9월 17일 새벽 시이나군이 히노미야성으로 퇴각했다. 겐신이 도미사키성富崎城(도야마현 도야마시)을 공격하자, 우에스기군의 공격을 견딜 수 없었던 적장이 항복했다. 겐신은 엣추에서 1573년 새해를 맞이했다. 겐신이 잇코잇키 세력이 농성하는 도야마성 주변에 요새를 구축했다. 적군을 고립시킨 겐신은 4월 21일 가스가야마성으로 돌아왔다.

1573년 4월 12일 다케다 신겐이 사망했다. 겐신은 그 소식을 듣고 눈물을 흘렸다고 전한다. 그러나 겐신은 다케다 신겐이 사망하면서 찾아온 기회를 놓치지 않았다. 겐신은 다케다 신겐이 사망했으니 다케다군이 시나노信濃(나가노현)를 지나 에치고越後(니가타현) 지역을 침략하는 일이 없을 것이라고 확신했다. 겐신은 대군을 거느리고 엣추 지역 공략에 나섰다. 겐신은 순식간에 엣추를 평정하고 나아가 가가加賀(이시카와현 남부)로 진출할 계획을 세웠다. 그런데 겐신이 가가 지역으로 진출하면 오다 노부나가와 충돌할 수밖에 없었다. 우에스기·오다 세력의 충돌은 노토能登 반도의 나나오성七尾城(이시카와현 나나오시) 쟁탈전으로 시작되었다.

1576년 3월 나나오성 성주 하타케야마 요시타카畠山義隆(1556~76)가 급사하고 어린 아들 요시하루義春가 대를 이었다. 하타케야마 가문의 가신들은 우에스기 겐신에 의지할 것인지 아니면 오다 노부나가에 의지할 것인지를 놓고 대립했다. 그해 가을 우에스기 겐신이 엣추로 출진하여 도가오성栂尾城(도야마현 도야마시)과 마스야마성增山城(도야마현 도나미시)을 차례로 공략하고 나나오성으로 진격했다. 나나오성은 산이 높고 골이 깊은 천혜의 요새였다. 용맹하기로 이름난 우에스기군도 공격하기 쉽지 않았다. 겐신은 노토能登에서 1577년 새해를 맞이했다. 봄이 되자 호조 가문의 공세에 맞설 수 없었던 간토 지방의 다이묘들이 잇달아 겐신에게 지원을 요청했다. 겐신은 노토에서 에치고로 돌아와 간토 지방으로 출진했다.

　1577년 윤7월 다시 엣추로 출진한 겐신은 우오즈魚津(도야마현 우오즈시)를 거쳐 서쪽으로 나아가 스에모리성末森城(이시카와현 하쿠이군)을 공격하고 나나오성으로 향했다. 나나오성의 장수들이 오다 노부나가에게 구원을 요청하고 엣추와 가가加賀의 접경 지역으로 출진하여 우에스기군을 도발했다. 이 무렵 나나오성 일대에 전염병이 유행했다. 혼란한 틈을 타서 유사 쓰구미쓰遊佐続光(?~1581)가 오다 노부나가와 손을 잡고 우에스기 겐신에 맞서자고 주장하는 가신들을 모두 죽이고 성문을 열었다. 9월 15일이었다.

　한편, 오다 노부나가는 본거지 기후성岐阜城(기후현 기후시)을 출발하여 에치젠越前(후쿠이현 북부)까지 진군하였으나 우에스기 겐신이 나나오성을 점령했다는 소식을 듣고 가가加賀로 나아가 미나토가와湊川(도야마현 히미시를 관통하는 하천)에 진을 쳤다. 겐신은 에치고·엣추·노토의 군사를 동원하고 자신도 가가로 향했다. 겐신이 출진했다는 소식을 들은 오다 노부나가가 후퇴 명령을 내렸다. 겐신은 기회를 놓치지 않고 퇴각하는 오다군을 공격하여 승리했다. 오다군을 물리치고 나나오성에 입성한 겐신은 승리를 만끽했다. 우에스기 겐신과 오다 노부나가가 창을 맞댄 것은 나나오성 전투가 처음이자 마지막이었다.

나나오성을 손에 넣은 우에스기 겐신이 노토 일대를 통치하기 위한 법과 조직을 정비한 후 1577년 11월에 귀국 길에 올랐다. 12월 18일 가스가야마성으로 돌아온 우에스기 겐신은 동쪽으로 간토 지방에서 서쪽으로 가가加賀에 이르기까지 자신이 지배하는 지역 호족들의 명부를 작성했다. 12월 23일 겐신이 대대적인 동원령을 내렸다. 오랫동안 우에스기 겐신을 괴롭혔던 가가加賀 일대의 내란이 진정되자 간토 지방으로 진출하여 호조 가문과 최후의 결전을 벌일 심산이었다.

간토 지방 출진은 1578년 3월 15일로 정해졌다. 그런데 출진하기 6일 전인 3월 9일 우에스기 겐신이 쓰러졌다.『上杉年譜』에 따르면 낮 12시경에 중풍中風 즉, 뇌출혈로 쓰러졌다. 겐신은 쓰러지기 몇 개월 전부터 측근에게 다음과 같이 말했다. "어쩐지 살이 빠지고, 마치 몸에 탄환이 박힌 것처럼 가슴이 아프다. 그리고 음식을 먹으면 자주 토한다." 뇌출혈이나 협심증의 전조 증상이었을 것이다. 간토 지방 출진에 차질이 있을 것을 염려한 겐신은 측근에게 함구령을 내렸다. 정신을 잃고 쓰러진 겐신은 결국 회복하지 못하고 3월 13일 오후 2시경에 가스가야마성에서 숨을 거두었다. 향년 49세였다.

우에스기 겐신이 급사했을 때, 후계자가 아직 정해지지 않았다. 그에게 양자가 두 명 있었다. 한 사람은 호조 우지야스의 일곱째 아들이었다. 그의 이름은 원래 호조 우지히데北条氏秀였는데, 우에스기・호조 동맹이 이루어졌을 때 인질로 에치고로 보내졌다. 겐신은 우지히데를 양자로 삼고, 그에게 자신의 이전 이름 카게토라를 물려주고, 나가오 마사카게의 딸과 혼인시켜 가스가야마성의 니노마루二の丸에서 살게 했다. 우에스기 카게토라上杉景虎(1554~79)였다. 다른 한 사람은 호조 카게토라보다 먼저 입적한 양자였다. 그는 우에스기 겐신의 누이와 나가오 마사카게 사이에 태어난 아들로, 겐신의 양자가 된 후에 우에스기 카게카쓰上杉景勝(1556~1623)로 개명했다. 겐신은 카게카쓰를 가스가야마성의 산노마루三の丸에서 살게 했다.

우에스기 겐신이 사망한 후 중신들이 누구를 후계자로 추대할지 논의했다. 겐신의 조카였던 카게카쓰를 지지하는 가신이 많았다. 분위기가 심상치 않다고 여긴 카게토라는 오다와라성에 있는 형 호조 우지마사에게 도움을 청했다. 우지마사는 즉시 다케다 가쓰요리에게 원군을 요청했다. 가쓰요리는 2만여 명의 군사를 이끌고 우에스기 카게카쓰와 싸울 준비를 한다는 소문을 냈지만 군사를 움직이지 않았다. 1579년 4월 카게카쓰가 카게토라를 공격했다. 형세가 불리하다고 판단한 카게토라가 스스로 목숨을 끊었다. 향년 28세였다.

카게카쓰가 정식으로 우에스기 겐신의 후계자가 되었다. 카게카쓰는 훗날 도요토미 히데요시를 섬겼다. 1598년 1월 10일 카게카쓰가 히데요시의 명령에 따라 가스가야마성에서 아이즈会津(후쿠시마현 아이

우에스기 겐신 동상 - 요네자와성

즈와카마쓰시)로 영지를 옮겼다. 1601년 8월 24일 카게카쓰는 도쿠가와 이에야스의 명령에 따라 아이즈에서 요네자와성米沢城(야마가타현 요네자와시)으로 본거지를 옮겼다. 이때 카게카쓰는 우에스기 겐신의 시신이 든 옹관甕棺을 요네자와성으로 옮겼다. 옹관 안에는 갑옷을 입고, 대도를 허리에 찬 겐신의 시신이 앉은 채로 있었다.

1609년 우에스기 카게카쓰는 요네자와성 혼마루의 동남쪽에 우에

스기 겐신의 안식을 기원하기 위한 사원과 유체를 모실 사당을 짓기 시작했다. 3년 후인 1612년 6월 5일 사원과 사당의 공사가 완료되었다. 카게카쓰는 사당에 우에스기 겐신의 옹관을 안치했다. 겐신의 사당은 미도御堂라고 불렸다. 미도는 우에스기 겐신을 신으로 받드는 곳이었다. 그곳은 우에스기 가문의 성스러운 장소로 특별하게 보호되었다.

참고문헌

『일본고중세사』, 구태훈, 재팬리서치21, 2016

『일본근세사』, 구태훈, 재팬리서치21, 2016

『오다 노부나가』, 구태훈, 휴먼메이커, 2018

『도요토미 히데요시』, 구태훈, 휴먼메이커, 2022

『도쿠가와 이에야스』, 구태훈, 휴먼메이커, 2023

『名将言行録』, 岡谷繁実, 岩波書店, 1943

『守護領国支配機構の研究』, 今谷 明, 法政大学出版局, 1986

『中世武士の実像 – 合戦と暮しのおきて』, 石井 進, 平凡社, 1987

『大名領国制の研究』, 池 享, 校倉書房, 1995

『室町時代政治史論』, 今谷 明, 塙書房, 2000

『日本中世の朝廷・幕府体制』, 河内祥輔, 吉川弘文館, 2007

『応仁の乱』, 鈴木郎一, 岩波新書, 1973

『戦国法成立史論』, 勝俣鎮夫, 東京大学出版会, 1979

『悪党』, 小泉宜右, 教育社歴史新書, 1981

『戦国・織豊期の社会と文化』, 下村 效, 吉川弘文館, 1982

『自由・狼藉・下剋上の世界』, 佐藤和彦, 小学館創造選書, 1985

『乱世の創造』(『日本文明史』5), 村井康彦, 角川書店, 1991

『室町戦国の社会』, 永原慶二, 吉川弘文館, 1992

『戦国期の政治経済構造』, 永原慶二, 岩波書店, 1997

『戦国の群像』(日本の歴史10), 池上裕子, 集英社, 1992

『戦国時代社会構造の研究』, 池上裕子, 校倉書房, 1999

『戦国時代論』, 勝俣鎮夫, 岩波書店, 1996

『戦国社会史論』, 藤木久志, 東京大学出版会, 1974

『豊臣平和令と戦国社会』, 藤木久志, 東京大学出版会, 1985

『雑兵たちの戦場』, 藤木久志, 朝日新聞社, 1995

『下剋上の社会』, 阿部猛, 東京堂出版, 1998

『戦国大名と公儀』, 久保健一郎, 校倉書房, 2001

『名将言行録』1・2, 岡谷繁実, 岩波書店, 1943

『後北条氏研究』, 小和田哲男, 吉川弘文館, 1983

『北条早雲とその子孫』, 小和田哲男, 聖文社, 1990

『北条早雲のすべて』, 杉山博, 新人物往来社, 1984

『後北条領国の地域的展開』, 浅倉直美, 岩田書店, 1997

『戦国北条一族』, 黒田元樹, 新人物往来社, 2005

『斎藤道三』, 高橋和島, 青樹社, 1992

『斎藤道三と義竜・竜興』, 横山住雄, 戎光祥出版, 2015

『松永久秀』, 天野忠幸, 宮帯出版社, 2017

『毛利元就のすべて』, 河合正治, 新人物往来社, 1996

『毛利元就』, 岸田裕之, ミネルヴァ書房, 2014

『武田信玄大事典』, 柴辻俊六, 新人物往来社, 2000

『史伝 武田信玄』, 小和田哲男, 学習研究社, 2001

『戦国大名と信濃の合戦』, 笹本正治, 一草舎, 2005

『武田信玄』, 笹本正治, ミネルヴァ書房, 2005

『上杉謙信』, 福原圭一, 高志書院, 2017

『上杉謙信』, 山田邦明, 吉川弘文館, 2020

무로마치 시대 연표 - ( ) 내 숫자는 월 표시

1333 가마쿠라 막부 멸망(5) 後醍醐天皇 교토로 돌아와 정권을 잡음(6)

1335 足利尊氏 천황 정부에 반기(10)

1336 足利尊氏, 막부를 열고 建武式目 제정(10) 後醍醐天皇 吉野로 도망 (12)

1338 足利尊氏 정이대장군 취임(8)

1358 足利尊氏 사망(4) 2대 쇼군 足利義詮 취임(12)

1367 2대 쇼군 足利義詮 사망(12)

1368 3대 쇼군 足利義満 취임(12)

1378 3대 쇼군 義満 무로마치의 저택으로 거처를 옮김(3)

1391 明徳의 난-山名氏의 반란(12)

1392 남북조 통합(10)

1394 3대 쇼군 義満 태정대신, 4대 쇼군 足利義持 취임(12)

1397 명나라에 사신 파견(4)

1399 応永의 난-大内義弘의 반란(1) 大内義弘 전사(12)

1404 명나라와 감합무역 개시

1419 명나라와 국교 단절

1423 5대 쇼군 足利義量 취임(3)

1429 6대 쇼군 足利義教 취임(3)

1432 명나라와 감합무역 부활(8)

1441 가키쓰嘉吉의 난=6대 쇼군 義教 암살(6)

1442 畠山持国 간레이 취임(6) 7대 쇼군 足利義勝 취임(11)

1445 細川勝元 간레이 취임(3) 赤松満政 패사(4)

1449 8대 쇼군 足利義政(4) 畠山持国 간레이 취임(10)

1452 細川勝元 간레이 취임(11)

1454 畠山 가문 후계자 상속 싸움(4)

1457 쇼군 義政 동생 足利政知를 鎌倉公方로 임명(堀越公方)(12)

1464 畠山政長 간레이 취임(9) 쇼군 義政 동생 義視를 후계자로 삼음(11)

1465 쇼군 義政의 아들 義尚 태어남(11)

1466 斯波 가문 후계자 상속 싸움(7)

1467 斯波義廉 간레이 취임(1) 応仁의 난 일어남(1)

1468 細川勝元 간레이 취임(7)

1471 朝倉孝景 越前의 守護가 됨(5)

1473 山名持豊 사망(3) 細川勝元 사망(5) 9대 쇼군 足利義尚, 간레이 畠山政長 취임(12)

1474 山名政豊, 細川政元와 강화(4)

1475 京極・六角 가문 싸움(9)

1477 応仁의 난 끝남(11) 畠山政長 간레이 취임(12)

1478 8대 쇼군 足利義政, 동생 義視와 화해(7)

1482 쇼군 足利義政 銀閣 조영(2) 細川政元, 畠山義就와 화해(7)

1483 足利義政 銀閣으로 거처를 옮김(6)

1486 畠山政長 간레이 취임(8)

1487 細川政元 간레이 취임(8) 쇼군 義尚 六角氏 토벌(9)

1489 쇼군 義尚 사망(3)

1490 10대 쇼군 足利義稙, 간레이 細川政元 취임(7)

1491 北条早雲, 堀越公方 가문 멸망시키고 伊豆 정복(8)

1493 간레이 細川政元, 10대 쇼군 義稙을 폐하고, 足利義澄를 차기 쇼군으로 옹립(4) 畠山政長, 細川政長에 패사, 足利義澄 越中로 도망(4)

1494 간레이 細川政元, 11대 쇼군 足利義澄 취임(12)

1497 蓮如, 石山本願寺 창건(9)

1507 細川澄之, 부친 細川政元 살해(6), 細川高國, 細川澄之를 죽임(8)

1508 11대 쇼군 義澄 도망하고(4) 10대 쇼군 義稙 다시 쇼군에 취임(7)

1510 三浦의 왜란(4) 간토 간레이 上杉顯定, 長尾爲景에 패사(6)

1513 쇼군 義稙 近江로 도망(3)

1516 막부, 大内義興에게 감합무역 독점권 부여(4)

1521 12대 쇼군 足利義晴 취임(12)

1523 毛利元就, 당주 승계(7)

1524 北条氏綱, 江戸城 점령(1)

1531 細川高國, 三好元長에게 패사(6)

1532 三好元長 전사(6)

1533 一向一揆, 細川晴元와 대립(2)

1536 伊達稙宗, 분국법「塵芥集」제정(4)

1541 武田信玄, 부친 武田信虎 추방(6)

1543 포르투갈 상선, 種子島에 표착, 화승총 전래(8)

1546 13대 쇼군 足利義輝 취임(12)

1547 武田信玄, 「甲州法度」 제정(6)

1548 長尾景虎(上杉謙信), 당주 승계(12)

1552 細川氏綱 간레이 취임(2) 大友義長, 大内氏 가문 당주 승계(3)

1553 今川義元, 「仮名目錄追加」 제정(2)

1555 川中島 전투(7) 厳島 전투(10)

1556 斎藤道三, 아들 義竜에게 패사(4)

1557 毛利元就, 大内氏 멸망시킴(4)

1558 木下藤吉郎(豊臣秀吉), 織田信長의 종자가 됨(2)

1560 桶狹間 전투, 今川義元 패사(5)

1561 長尾景虎(上杉謙信) 간토 간레이 지위 승계(3)

1562 松平家康, 織田信長와 동맹(1)

1565 13대 쇼군 足利義輝 암살(5) 선교사들 교토에서 추방(7)

1566 松平家康, 徳川氏를 칭함(12)

1567 「六角氏式目」 제정(2) 信長, 斎藤氏 멸망시킴(8)
　　　奈良 東大寺 대불전 소실(10)

1568 14대 쇼군 足利義栄 취임(2) 織田信長 상경(9) 쇼군 義栄 사망(9)
　　　15대 쇼군 足利義昭 취임(10)

1569 信長, 쇼군 義昭와 불화(10)

1570 姉川 전투(6)

1571 信長, 長島 一向一揆 세력 2만여 명 몰살(5)

　　　　延暦寺 불타고 승려 전멸(9)
1573 武田信玄 병사(4) 무로마치 막부 멸망(7)
　　　　信長, 朝倉氏・浅井氏 멸망시킴(8) 三好義継, 信長에 패사(11)
1575 長篠 전투(5)
1576 信長, 安土城으로 본거지를 옮김(2) 信長, 石山本願寺 공격(4)
1577 信長, 雑賀一揆 토벌(2) 信長에 맞서던 松永久秀 자결(10)
　　　　上杉謙信, 能登 반도의 長尾城 공략(9)
1578 上杉謙信 급사(3) 尼子勝久 패사(7)
1580 石山本願寺, 信長에 항복(4)
1581 信長, 高野山 공략(8), 鳥取城 전투(10)
1582 信長, 武田氏 멸망시킴(3) 高松城 전투(5)
　　　　本能寺의 변, 信長 자결(6)

北条早雲 연표

1432 備中의 高越城에서 태어남(향년 88세 설), 성명은 伊勢新九郎

1456 備中의 高越城에서 태어남(향년 64세 설)

1464 이 무렵 足利義視의 측근이 되었다고 전함

1467 이 무렵 누이 北川殿와 今川義忠가 혼인함

1473 北川殿가 竜王丸(훗날 今川氏親)를 낳음

1476 今川 가문에서 후계자 계승 문제로 내분이 일어남

1481 문서에 伊勢新九郎라는 서명이 처음으로 보임

1487 9대 쇼군 足利義尚의 측근이 됨, 駿河에 내려가 小鹿範満를 살해함

1488 興国寺城 성주(57세) 장남 伊豆千代丸(훗날 北条氏綱) 태어남

1491 이 무렵에 출가하여 早雲庵宗瑞를 칭함

1493 堀越公方 가문 멸망, 伊豆를 정복함

1494 武蔵의 高見原에 출병하지만 성과 없이 물러남, 今川 가문의 장수로 遠江 침공

1495 小田原城 공략, 小田原城을 탈취한 것은 1496년부터 1501년 사이라는 설도 있음

    아들 氏綱를 小田原城으로 들여보내고, 早雲 자신은 韮山城에 거주

1497 伊豆의 深根城 점령, 伊豆 평정

1498 甲斐에서 茶々丸를 살해함, 伊豆의 深根城에서 죽였다는 설도 있음

1501 今川 가문의 장수로서 三河를 침략하여 松平長親와 싸움,
　　　甲斐의 吉田城 공략

1504 立河原 전투에서 간토 간레이 上杉顯定를 무찌름

1506 相模에서 처음으로 檢地 즉, 토지조사를 실시함

1508 今川 가문의 군대를 이끌고 三河를 침략했으나 松平長親에게 패함

1509 武蔵에 출병하여 江戶城을 압박함

1512 相模의 三浦義同・義意 부자를 新井城으로 쫓아냄

1515 早雲의 손자 氏康 태어남

1516 新井城을 공략하여 三浦氏를 멸망시킴, 相模 평정

1518 당주의 지위를 장남 氏綱에게 물려줌

1519 韮山城에서 사망

斎藤道三 연표

1494 松波基宗의 아들로 태어남 아명은 峰丸

1504 京都 妙覚寺로 출가

1513 환속하여 기름 도매상 奈良屋又兵衛의 딸과 혼인

1521 美濃의 長井長弘와 守護代 斎藤利明 저택에 출입하기 시작함

1523 長井長弘의 알선으로 土岐頼芸의 가신이 됨

1525 西村 가문의 당주가 되어 西村正利로 개명

1526 土岐頼芸의 첩을 아내로 맞이함

1527 장남 義竜 태어남, 정변을 일으켜 土岐頼芸를 守護로 옹립함

1530 長井長広 살해하고 長井 가문의 당주가 됨, 長井正利로 개명

1532 明智光継의 딸을 정실로 삼음

1535 딸 濃姫 태어남

1536 越前의 朝倉 가문의 군대를 물리침

1538 守護代 斎藤 가문의 당주가 됨, 출가 의식 거행 후 斎藤道三 칭함

1541 土岐頼芸의 아들 頼秀를 공격함

1542 守護 土岐頼芸를 추방하고 美濃를 차지함

1544 朝倉教景・織田信秀 연합군을 물리침

1547 織田信秀, 稲葉山城 공격했으나 대패함

1548 장남 義竜에게 당주 지위를 물려줌, 鷺山城으로 거처를 옮김

1549 道三의 딸 濃姬, 信秀의 아들 信長와 혼인

1553 織田信長와 正徳寺에서 대면

1555 斎藤義竜, 부친 道三에게 선전포고

1556 長良川 전투에서 장남 義竜에게 패사함

1567 織田信長 美濃 평정

松永久秀 연표

1533 三好千熊丸(훗날 三好長慶)를 섬김

1542 木沢長政 잔당 토벌

1549 三好長慶의 최측근으로 알려짐

1552 막부의 소송에 참여

1553 丹波 공격에 참전, 동생 松永長頼 丹波 평정에 종사, 滝山城 성주가 됨, 소송 사무를 관장함

1556 三好 가문의 분국법 제정 참여, 주군 三好長慶를 滝山城으로 초대

1559 大和의 信貴山城 성주가 됨, 그 후 大和 평정에 힘씀

1560 관직 弾正少弼 승진, 막부 쇼군의 최측근, 大和의 郡山城 점령, 信貴山城에 天守閣 조영

1561 관직 從四位下 승진, 막부가 桐紋・塗輿 특권 부여,

源氏를 칭하기 시작함

1562 多聞山城 축성, 조정에 거금 헌상

1564 조정에 改元 주청

1565 三好氏 일족 13대 将軍 足利義輝 암살, 義輝의 동생 義昭를 奈良에

　　　유폐

　　　동생 松永長頼 丹波에서 전사

1566 三好氏 3인방과 싸워 대패함, 堺로 도망, 三好氏 3인방 滝山城 점령하

　　　고 畿内를 제압함

1567 久秀, 大和로 물러남, 奈良 東大寺의 대불전 소실

1568 織田信長 상경, 信長가 久秀가 大和를 평정할 수 있도록 지원함

1571 信長에 등을 돌림, 은밀히 武田信玄과 내통함

1573 信長에 항복

1577 久秀 부자, 다시 信長에 반기를 듦, 信貴山城에서 자결

毛利元就 연표

1497 安芸의 郡山城에서 毛利弘元의 차남으로 태어남, 아명은 松寿丸

1500 형 毛利興元가 당주 지위 승계

1501 생모 福原氏 사망

1506 부친 弘元 사망

1511 元服式, 元就를 정식 이름으로 사용함

1515 형 興元의 장남 幸松丸 태어남

1516 형 興元 사망, 2살이 된 幸松丸가 당주의 지위를 계승함

1517 元就 初陳 즉, 처음으로 전투에 나아감

1523 幸松丸 급사, 元就가 당주의 지위 승계, 장남 隆元 태어남

1524 이복 동생 元綱의 元就 암살 음모, 元綱를 주살함

1525 尼子氏와 절연하고 大内氏를 섬기기 시작함,

　　　米山城 성주 天野興定 복속함

1530 차남 元春 태어남

1533 大内義隆의 추천으로 관직 従五位下, 右馬頭에 임명,

　　　高松城 성주 熊谷信直 복속함, 3남 隆景 태어남

1534 장녀를 宍戸隆家에게 시집보냄, 宮城 성주 宮直信 복속함

1535 多賀山城 성주 多賀山久意 항복함, 甲山城 성주 山内直信와 화친함

1537 장남 隆元를 大内義隆에게 인질로 보냄

인물별 연표　315

1540 尼子晴久의 침략을 물리침

1541 陶晴賢와 함께 尼子氏의 대군을 물리침

1542 大内 가문의 出雲 원정에 참진

1543 大内軍 퇴진, 元就 천신만고 끝에 고향으로 돌아옴

1544 尼子晴久의 군대를 布野에서 격파

1546 당주의 지위를 장남 隆元에게 물려 줌

1547 차남 元春를 吉川 가문의 대를 잇게 함

1551 陶晴賢, 주군 大内義隆를 죽이고, 大友義鎭의 동생 晴英를 大内氏의 당주로 영입함, 晴英는 大内義長로 개명함

1553 毛利隆元의 아들 輝元 태어남, 尼子軍을 물리침

1554 陶晴賢와 절연함, 晴賢軍에 맞섬

1555 嚴島 전투에서 毛利軍이 대승함, 陶晴賢 자결

1557 大内義長를 죽임, 大内氏 멸망, 세 아들에게 교훈장을 줌

1559 元就, 隆元 부자 正親町 天皇의 즉위식 비용 헌상

1562 毛利・吉川・小早川軍이 松山城 총공격, 毛利軍 尼子氏 총공격

1563 毛利・大友氏 강화 성립, 毛利隆元 佐々部에서 급사

1566 出雲의 富田月山城 포위 작전, 尼子氏 항복

1567 2월 19일 元就 吉田로 개선

1568 毛利軍, 伊予와 豊前 공략

1570 輝元와 元春 尼子氏 잔당 토벌, 元就 병석에 누움

1571 6월 14일 郡山城에서 사망

武田信玄 연표

1521 武田信虎의 장남으로 태어남, 아명은 太郎

1533 上杉朝興의 딸과 혼인

1534 信玄의 부인 출산 중 사망

1536 武田晴信를 칭함, 三条公頼의 딸과 혼인, 信濃의 佐久郡 전투 초진

1538 장남 義信 태어남

1541 武田信虎 추방

1542 高遠頼継, 藤沢頼親 등을 무찌름, 禰津元直의 딸을 첩으로 들임

1543 長窪城 성주 大井貞隆 생포

1545 高遠城 점령, 藤沢頼親 항복

1546 内山城 大井貞清 항복, 아들 勝頼 태어남

1547 佐久郡 小田井原 전투에서 승리, 志賀城 점령

1548 上田原 전투 패배, 塩尻峠 전투 승리

1549 佐久郡 春日城 점령, 平原城 방화

1550 小笠原長時의 林城 점령, 戸石城 공략, 장남 義信 元服式

1552 장남 義信, 今川義元의 딸과 혼인

1553 葛尾城・和田城・塩田城 함락. 제1차 川中島 전투

1554 장녀 北条氏政와 혼인

1555 제2차 川中島 전투, 今川義元의 중재로 上杉謙信과 강화

1557 飯山城 공략, 제3차 川中島 전투

1559 信玄이라는 법명이 처음으로 사용됨

1561 北条氏康, 信玄에 원군 요청, 제4차 川中島 전투

1562 武田勝頼, 高遠城 성주가 됨

1564 信濃의 野尻城 공략, 제5차 川中島 전투

1565 아들 勝頼, 織田信長의 양녀와 혼인

1567 장남 武田義信 자결 형식으로 처형

1568 信濃의 飯山城 공략, 德川家康와 함께 駿河의 今川氏 영토 공략

1569 今川氏를 지원하기 위해 駿河로 진군한 北条軍과 대진, 大宮城 공략, 武蔵의 鉢形城 공략, 相模에 침략하여 小田原城에 방화하고 물러남

1570 大宮의 浅間神社에 北条氏政 토벌을 기원함, 伊豆의 韮山城 공격

1571 三河의 足助城, 野田城, 吉田城 등 공략

1572 利根川 연변에서 上杉謙信과 대진, 遠江에 난입, 二俣城 포위, 遠江의 三方原에서 德川家康의 대군을 무찌름

1573 朝倉義景, 信玄의 遠江 승리 축하 서신을 보냄, 本願寺 光佐, 信玄에게 승리축하 서신을 보냄, 三河의 野田城 공략, 4월 12일 사망

上杉謙信 연표

1530 越後의 春日山城에서 守護代 長尾爲景의 아들로 태어남

1536 장남 晴景 당주 지위를 승계함, 爲景 사망, 謙信, 林泉寺로 출가

1537 晴景, 守護 上杉定実에게 정무를 반환함

1538 上杉定実, 伊達 가문에서 양자를 들임

1539 定実의 양자 문제로 내란이 일어남

1542 定実, 은거의 뜻을 밝힘

1543 謙信, 환속하여 春日山城으로 돌아옴

1544 栃尾城으로 거처를 옮김

1545 黒田秀忠, 黒滝城에서 반기를 듬

1547 謙信, 다시 반기를 든 秀忠를 공격하여 죽임

1548 長尾氏 일족이 謙信을 당주로 추대하면서 내분이 일어남, 守護 上杉定実의 중재로 晴景의 양자가 되는 형식으로 당주의 지위를 승계함, 春日山城으로 들어감

1550 上杉定実 사망, 막부가 謙信을 守護 대행으로 임명함

1551 長尾房長・政景 부자, 謙信에게 항복함

1552 関東 간레이 上杉憲政, 謙信에게 몸을 의탁함, 憲政, 謙信에게 関東 간레이 지위를 물려 줌, 조정으로부터 從五位下 弾正少弼 관직에 임명됨, 처음으로 関東 지방 출병

1553 長尾晴景 사망, 川中島에 출병, 가을에 1차 상경, 後奈良 天皇과 막부의 13대 쇼군 足利義輝 알현, 大德寺 참배

1554 北条高広, 武田信玄과 내통하여 배반

1555 北条高広 항복, 川中島 출병

1556 홀연히 春日山城에서 자취를 감춤

1557 信濃의 善光寺로 출진

1558 13대 쇼군 義輝, 상경을 요청

1559 武田信玄과 휴전 성립, 2차 상경, 쇼군 義輝과 正親町 天皇 알현

1560 처음으로 越中 출진, 富山城・増山城 공략, 関東 출진, 沼田城 공략

1561 小田原城 공격, 鶴岡八幡宮에서 関東 간레이 취임식, 上杉政虎로 개명, 川中島 출진, 八幡原에서 武田信玄과 격전, 関東 출진, 輝虎로 개명

1562 館林城・佐野城 공략, 関東 출진

1563 関東 출진, 川中島 출진, 佐野城 공략

1565 信濃 출진, 関東 출진

1566 足利義昭가 사자를 越後에 보냄, 越中의 増田城 공략

1568 越中의 金山城 공략, 本庄繁長의 배반으로 급거 귀국, 本庄城 공략

1569 本庄繁長 항복, 北条 가문과 맹약, 里見義弘 배반, 越中 출진, 武田信玄 화해 요청

1570 北条氏秀를 양자로 삼음, 謙信이라는 법호 사용

1571 越中 출진, 佐竹義重와 대진, 北条氏政와 절교

1572 越中 출진, 一向一揆 세력 토벌, 織田信長와 동맹

1573 越中 평정, 朝日山城 공략, 関東 출진

1576 織田信長와 절교, 越中 출진, 毛利輝元와 信長 협공 약속,
　　　能登 七尾城 공략
1577 足利義昭, 謙信에게 상경 요청, 七尾城 점령, 七尾城 구원 織田軍 격퇴
1578 동원령 내림, 초상화를 그리게 함, 3월 13일 사망

색인

ㄱ

가마쿠라 막부 19, 20, 22, 55, 65, 67, 69, 152, 165, 305
가메주야마성 157
가사하라 기요시게 223
가키쓰의 난 31, 32, 33, 36
간레이 31, 32, 34, 35, 37, 39, 41, 47, 48, 51, 58, 60, 62, 68, 74, 79, 81, 82, 88, 92, 94, 109, 119, 120, 121, 123, 125, 127, 133, 306, 307, 308, 311, 319, 320
간토쿠보 30, 31, 32, 33
갓산토다성 164, 180, 181, 183, 184
겐치 25, 26
고가쿠보 82
고나라 천황 52, 274, 281
고료신사 41
고류성 156
고리야마성 152, 153, 154, 158, 159, 160, 161, 167, 174, 175, 176, 184
고리야마 전투 160
고메야마성 156, 165
고바야카와 다카카게 166, 171, 172, 177, 179, 184
고쓰치미카도 천황 44, 52
고요군칸 91
고자이 모토나가 122, 123
고카시와바라 천황 52
고코쿠지성 80, 81, 84, 86, 92
고하나조노 상황 44
고후쿠지 137, 146
교고쿠 모치키요 42, 49
구마가이 노부나오 156, 171
구스노키 마사토라 136
기나이 51, 62, 128, 140, 141, 148
기소 요시야스 226
기후성 109
깃카와 모토하루 156, 171, 172, 176, 184

ㄴ

나가시노 전투 196
나가이 나가히로 102, 103, 105,

322 전국시대 다이묘들

107, 108
나가이 노리히데 59, 108
나베시마 나오시게 65, 66
네즈 모토나오 222
노히메 108, 111
니라야마성 84, 87, 91, 95
니시무라 간쿠로 105, 108
니조성 143
니치운 101, 102

ㄷ

다몬야마성 141, 149
다이쓰인 184, 185
다카마쓰성 156
다케다 구니노부 42
다케다 노부쓰나 210
다케다 신겐 15, 58, 149, 209, 218
다테 마사무네 67, 68, 69
대불전 73, 117, 145, 146, 308, 314
뎃포 29
도라고젠 256
도요토미 히데요시 14, 15, 21, 55, 56, 60, 64, 65, 66, 67, 68, 69, 302
도쿠가와 이에야스 12, 21, 58, 61, 116
도키 마사후사 102, 103, 104, 105

도키 시게요리 43, 49
도키 요리아키 59, 103, 105, 106, 107, 109, 110, 111, 113, 114
도키 요리타케 103, 105, 106, 107, 110
동군 42, 43, 44, 45, 46, 47, 49, 51

ㄹ

레이쇼인 234, 235
롯카쿠 다카요리 43
롯카쿠 사다요리 61
루이스 프로이스 140, 146
류조지 다카노부 65

ㅁ

마쓰나가 나가요리 131, 132, 133, 135, 144
마쓰나가 히사미치 141, 144
마쓰나가 히사히데 15, 62, 73, 74, 116, 117, 119, 127, 128, 129, 130, 133, 134, 135, 136, 137, 138, 139, 140, 141, 142, 143, 144, 145, 146, 147, 148, 149, 150
모가미 요시아키 68
모리 다카모토 155, 171, 182

모리 데루모토 64, 184
모리 모토나리 15, 25, 63, 64, 73,
	74, 150, 151, 152, 153,
	154, 155, 156, 157, 158,
	160, 161, 162, 163, 164,
	165, 166, 167, 169, 170,
	171, 172, 173, 174, 175,
	176, 177, 178, 179, 180,
	181, 182, 183, 184, 185
모리 히로모토 153
무라카미 다케요시 177, 178
무라카미 미치야스 177
무라카미씨 176
무로마치 막부 13, 20, 21, 22, 23,
	24, 30, 31, 32, 45, 47, 49,
	50, 51, 60, 61, 62, 67, 73,
	77, 78, 81, 82, 87, 88, 99,
	105, 119, 120, 123, 130,
	133, 140, 145, 148, 149,
	154, 181, 309
미나모토노 요리토모 19, 20, 22,
	66, 67
미노코쿠쇼큐키 98
미도 124, 213, 301
미야노성 175, 176, 178, 179
미요시 나가요시 62, 118, 119,
	127, 128, 129, 131, 132,
	133, 134, 135, 136, 138,
	139, 140, 141, 142

미요시 모토나가 118, 119, 126,
	127, 134
미요시씨 3인방 62, 129, 135, 142,
	143, 144, 145, 147, 148,
	149
미요시 요시쓰구 62, 142, 143,
	144, 145, 147, 148, 149
미요시 요시오키 73, 117, 138,
	139, 140, 141
미요시 유키나가 119, 120, 123,
	124, 125, 126

ㅅ

사가라 다케토 162, 167, 168
사기야마성 112
사이토 도산 15, 25, 59, 73, 74, 96,
	97, 98, 99, 100, 101, 102,
	103, 105, 106, 107, 108,
	109, 110, 111, 112, 113,
	114, 115
사이토 도시나가 102, 105, 108
사이토 도시마사 108
사이토 요시타쓰 106, 114
사카이 29, 118, 124, 134, 145
사쿠마 노부모리 148, 149
사타케 요시노부 56
사토미 요시요리 55
산조 부인 215

서군 42, 43, 44, 45, 46, 47, 48,
　　　49, 51, 59, 61, 63
센고쿠다이묘 15, 22, 24, 54, 55,
　　　56, 57, 58, 59, 61, 62, 63,
　　　64, 65, 66, 67, 68, 74, 75,
　　　96, 97, 105, 113, 115, 151
쇼코쿠지 45, 131
쇼토쿠지 111, 112
슈고다이 22, 23, 24, 50, 51, 56,
　　　58, 59, 60, 62, 63, 65, 66,
　　　102, 105, 108, 109, 123,
　　　126, 132, 168
슈고다이묘 22, 23, 24, 50, 51, 56,
　　　58, 65, 66, 105
스에 하루카타 63, 160, 161, 162,
　　　163, 168, 169, 170, 171,
　　　172, 173, 174, 175, 176,
　　　177, 179, 180
시기산성 137, 138, 145, 147, 150
시라가성 181, 182
시마즈 요시히사 66
시바 요시카도 38, 39, 41, 43
시바 요시토시 37, 38, 42
시시도 모토요시 156, 158, 159
시토미야마성 157
신구토 180, 181
쓰쓰이성 137
쓰쓰이 준케이 137, 148

ㅇ

아나야마 노부타다 237, 241
아마고 구니히사 158, 180, 181
아마고 요시히사 181, 183
아마고 하루히사 63, 157, 158,
　　　159, 160, 161, 180, 181
아마노 오키사다 156, 165
아사쿠라 노리카게 50
아사쿠라 다카카게 46, 51, 110
아시가루 45, 46, 84
아시나 모리우지 69
아시카가 다카우지 20
아시카가 마사토모 82, 83, 84, 85,
　　　88
아시카가 시게우지 82
아시카가 요시노리 31, 38, 82
아시카가 요시마사 34, 47, 48, 77,
　　　79, 82, 88
아시카가 요시미 31, 32, 36, 37,
　　　45, 49, 77, 88
아시카가 요시미쓰 31, 32
아시카가 요시아키 21, 147, 148,
　　　149
아시카가 요시즈미 21, 88, 121,
　　　123, 124, 125
아시카가 요시테루 62, 73, 128,
　　　133, 144, 147
아시카가 요시히데 145, 148

아시카가 요시히사 47, 49, 120
아자이 나가마사 62
아카마쓰 마사노리 36, 37, 39, 42
아카마쓰 미쓰스케 33, 34, 36, 38
아쿠토 120
아키야마 도라시게 239
야마나 마사토요 48
야마나 모치토요 34, 36, 37, 38,
  39, 40, 41, 43, 45, 46, 48
야히코 신사 218
에라 후사히데 172, 173, 174
에스기 사다마사 79, 92
오가성 110, 114
오기마치 천황 134, 136, 281, 282
오닌고키 85
오닌의 난 13, 14, 15, 21, 24, 30,
  31, 32, 34, 47, 50, 51, 52,
  55, 59, 61, 63, 66, 77, 109,
  119, 120, 137
오다 노부나가 12, 14, 15, 20, 21,
  58, 59, 60, 61, 62, 64, 108,
  109, 111, 112, 114, 116,
  117, 146, 148, 149, 302
오다 노부히데 60, 109, 111, 112
오다와라성 55, 73, 81, 92, 93, 95
오다와라큐키 80
오모리 후지요리 92
오모토우라 179
오시카 노리미쓰 78, 79, 80

오야마다 야타로 210
오우치 마사히로 44, 45, 48, 49,
  63, 167
오우치 요시나가 170, 171, 180
오우치 요시오키 63, 125, 126
오우치 요시타카 63, 155, 162,
  163, 164, 165, 167, 168,
  169, 170, 171, 173, 183
오이 노부사토 210, 211
오케하자마 전투 58, 61
오쿠다이라 사다카쓰 239
오토모 요시시게 65, 169, 170,
  181, 184
와타나베 가요 164
요네자와성 300
요시미 마사요리 171
우에스기 겐신 15, 59, 143, 150,
  257
우에스기 노리마사 59
우에스기 노리자네 82
우에스기 노리타다 82
우에스기 노리후사 213, 216, 260
우에스기 아키사다 93, 94
유사 쓰구미쓰 297
이나바야마성 101, 102, 107, 108,
  109, 111, 114
이노우에 모토모리 154
이마가와 요시모토 58, 61
이마가와 우지자네 58

이마가와 우지치카 80, 86
이시야마혼간지 137, 149, 150
이쓰쿠시마 174, 175, 176, 177, 178, 179, 180
이쓰쿠시마 신사 178, 179
잇시키 요시나오 43
잇코잇키 120, 295

ㅈ

장원제도 13, 21, 52, 54
조소카베 모토치카 67
조자이지 101, 112
조케인 217, 234
조쿠오닌코키 143

ㅊ

차차마루 84, 85, 86, 87, 88

ㅋ

쿠사쓰성 176
크리스트교 27, 65, 146

ㅎ

하극상 14, 15, 24, 73, 74, 97, 98, 113

하타케야마 마사나가 35, 37, 39, 40, 41, 42, 43, 47, 48, 50, 51
하타케야마 요시나리 37, 39, 40, 41, 43, 49, 50, 51
호리코시쿠보 83, 84, 85, 86, 87, 88, 89, 90
호소카와 가쓰모토 35, 36, 37, 40, 41, 42, 43, 44, 46, 48, 51, 119
호소카와 다카쿠니 124, 125, 126
호소카와 마사모토 21, 48, 51, 88, 121, 122, 123, 124
호소카와 스미모토 122, 123, 124, 125, 126
호소카와 스미유키 122, 123
호소카와 하루모토 126, 127, 128, 131, 132, 133, 134, 135
호조고다이키 91
호조 소운 15, 21, 25, 55, 73, 75, 76, 77, 78, 81, 83, 84, 85, 86, 87, 88, 89, 90, 91, 92, 93, 94, 95
호조 우지쓰나 75, 95
히노 도미코 35, 36, 37, 39, 43, 48, 88
히로나카 다카카네 173, 176

구태훈

성균관대학교 문과대학 사학과 명예교수

전국시대 다이묘들

발행인 구자선
초   판 2023년 3월 10일
증보판 2023년 11월 15일
발행처 (주)휴먼메이커
주   소 경기도 용인시 기흥구 강남서로 9 아카데미프라자 8층 825호
　　　　전화 : 070-7721-1055
이메일 h-maker@naver.com
등   록 제2017-00006호

ISBN   979-11-982304-4-7(03910)
정 가   21,000원